O LEGADO DE LENIN

Cem Anos da Morte de Vladimir I. Lenin (1924-2024)

Conselho Editorial da LF Editorial

Amílcar Pinto Martins - Universidade Aberta de Portugal

Arthur Belford Powell - Rutgers University, Newark, USA

Carlos Aldemir Farias da Silva - Universidade Federal do Pará

Emmánuel Lizcano Fernandes - UNED, Madri

Iran Abreu Mendes - Universidade Federal do Pará

José D'Assunção Barros - Universidade Federal Rural do Rio de Janeiro

Luis Radford - Universidade Laurentienne, Canadá

Manoel de Campos Almeida - Pontifícia Universidade Católica do Paraná

Maria Aparecida Viggiani Bicudo - Universidade Estadual Paulista - UNESP/Rio Claro

Maria da Conceição Xavier de Almeida - Universidade Federal do Rio Grande do Norte

Maria do Socorro de Sousa - Universidade Federal do Ceará

Maria Luisa Oliveras - Universidade de Granada, Espanha

Maria Marly de Oliveira - Universidade Federal Rural de Pernambuco

Raquel Gonçalves-Maia - Universidade de Lisboa

Teresa Vergani - Universidade Aberta de Portugal

Osvaldo Coggiola
(Organizador)

O LEGADO DE LENIN

Cem Anos da Morte de Vladimir I. Lenin (1924-2024)

Andrey Kolganov
Angelo Segrillo
Arlene Clemesha
Daniel Gaido
Darya Mitina
Edgar Azevedo
Enric Mompó Martinez
Fabiana Lontra
Flo Menezes
Gianfranco Pala
Leon Trotsky
Lincoln Secco
Liudmila Bulavka-Buzgalina
Luiz Bernardo Pericás
Maximiliano Jozami
Ruy Mauro Marini
Savas Mikhail-Matsas
Sungur Savran
Támas Krausz

2024

Copyright © 2024 os organizadores e autores
1ª Edição

Direção editorial: Victor Pereira Marinho e José Roberto Marinho

Capa: Fabrício Ribeiro
Projeto gráfico e diagramação: Fabrício Ribeiro

Edição revisada segundo o Novo Acordo Ortográfico da Língua Portuguesa

Dados Internacionais de Catalogação na publicação (CIP)
(Câmara Brasileira do Livro, SP, Brasil)

O legado de Lenin: cem anos da morte de Vladimir I. Lenin (1924-2024) / organização Osvaldo Coggiola. – São Paulo: LF Editorial, 2024.

Vários autores.
Bibliografia.
ISBN 978-65-5563-431-0

1. Chefes de Estado - União Soviética - Biografia 2. Comunismo 3. Lenin, Vladimir Ilitch, 1870-1924 I. Coggiola, Osvaldo.

24-196328   CDD-320.092

Índices para catálogo sistemático:
1. Políticos: Biografia e obra 320.092

Eliane de Freitas Leite - Bibliotecária - CRB 8/8415

Todos os direitos reservados. Nenhuma parte desta obra poderá ser reproduzida sejam quais forem os meios empregados sem a permissão da Editora.
Aos infratores aplicam-se as sanções previstas nos artigos 102, 104, 106 e 107 da Lei Nº 9.610, de 19 de fevereiro de 1998

LF Editorial
www.livrariadafisica.com.br
www.lfeditorial.com.br
(11) 2648-6666 | Loja do Instituto de Física da USP
(11) 3936-3413 | Editora

SUMÁRIO

ISKRA E O "MODELO LENINISTA" DE ORGANIZAÇÃO PARTIDÁRIA 7
Daniel Gaido e Maximiliano Jozami

LENIN, TROTSKY E O CONCEITO DE REVOLUÇÃO PERMANENTE 43
Angelo Segrillo

LENIN E A REVOLUÇÃO SOVIÉTICA 59
Osvaldo Coggiola

LENIN EM ABRIL DE 1917 81
Lincoln Secco

LENIN, OS BOLCHEVIQUES E A DEMOCRACIA 91
Enric Mompó Martínez

LENIN E AS FASES DO IMPERIALISMO 105
Gianfranco Pala

O INTERNACIONALISMO CULTURAL DE LENIN 115
Flo Menezes

DE LENIN AO LENINISMO 137
Osvaldo Coggiola

LENIN, A REVOLUÇÃO DE OUTUBRO E CUBA 169
Luiz Bernardo Pericás

LENIN E OS POVOS DO ORIENTE ISLÂMICO 185
Arlene Clemesha

VERDADES E MENTIRAS SOBRE LENIN 197
Leon Trotsky

LENIN E CHE GUEVARA 213
Luiz Bernardo Pericás

AS TRADUÇÕES DA OBRA DE LENIN NO BRASIL 221
    Fabiana Lontra

LENIN E A REVOLUÇÃO BRASILEIRA 235
    Ruy Mauro Marini

O LEGADO DE LENIN NEGADO 241
    Sungur Savran

PORQUE OS FILISTEUS NÃO GOSTAM DE LENIN 251
    Liudmila Bulavka-Buzgalina

LENIN E AS QUESTÕES NÃO RESOLVIDAS DA REVOLUÇÃO 263
    Andrey Kolganov

O OUTRO TESTAMENTO DE LENIN 269
    Edgar Azevedo

LENIN: UMA ALTERNATIVA AO CAPITALISMO 275
    Tamás Krausz

EM DEFESA DE LENIN 279
    Darya Mitina

LENIN PARA O FUTURO 283
    Savas Mikhail-Matsas

ISKRA E O "MODELO LENINISTA" DE ORGANIZAÇÃO PARTIDÁRIA

Daniel Gaido[1] e Maximiliano Jozami[2]

O marxismo emergiu historicamente na Rússia como uma ruptura com os *narodniks* (populistas). Segundo o principal historiador do movimento, Franco Venturi, o populismo russo teve origem em 1857 com o lançamento do jornal *Kolokol* (O Sino), de Aleksandr Herzen e Nikolai Ogariov, a partir do seu exílio em Londres. Ao mesmo tempo, Nikolai Chernyshevsky promoveu ideias populistas na Rússia, através do jornal *Sovreménnik* ("O Contemporâneo"). A sua agitação centrou-se originalmente na abolição da servidão, para que os camponeses mantivessem as suas terras e a sua organização comunal de aldeia (a *obshchina* ou *mir*), que os populistas russos consideravam como a base para uma futura transição direta da Rússia para o socialismo, sem ter de passar pelo purgatório do capitalismo. Após a abolição da servidão em 1861, suas exigências centraram-se na abolição do pagamento de resgates e na concessão de liberdades democráticas. Em 1862, Chernyshevsky foi preso e confinado na fortaleza de Pedro e Paulo, onde escreveu seu famoso romance *O que Fazer?* cujo título Lenin emprestaria quarenta anos depois para seu livro de mesmo nome. O legado de Chernyshevsky foi continuado e desenvolvido por vários indivíduos e organizações, incluindo a primeira sociedade secreta, "Terra e Liberdade" (*Zemlyá i Volya*) (1861-1864). O movimento atingiu a maioridade com a campanha "Ir ao Povo" de 1874 e, após o seu fracasso, com a criação da segunda organização, "Terra e Liberdade", em 1876.

Os populistas consideraram os camponeses como sujeitos da revolução social e estabeleceram colónias agrícolas para levar a cabo agitação nas zonas rurais, o que falhou em grande parte. O seu sucesso inesperado entre os trabalhadores urbanos converteu alguns dos seus membros, como Vera Zasulich,

---

[1] Pesquisador do *Consejo Nacional de Investigaciones Científicas y Técnicas* (CONICET) da Argentina; professor de História da Universidade Nacional de Córdoba (UNC).

[2] Licenciado em Psicologia, Pesquisador do CONICET.

Georgi Plekhanov, Pavel Axelrod e Lev Deich, ao marxismo. O partido também tinha seções "desorganizadoras", que se tornaram a base dos grupos terroristas que eventualmente assumiram o controle de "Terra e Liberdade" a partir de 1878. O governo respondeu aos ataques contra figuras governamentais responsáveis de atos particularmente cruéis com uma política de terrorismo de Estado que só conseguiu fortalecer a tendência terrorista dentro de *Zemlyá i Volya*. A partir de 1º de fevereiro de 1878, os ataques não foram mais realizados por figuras isoladas, mas por um órgão instituído pelo partido, denominado Comitê Executivo do Partido Socialista Revolucionário.

Em São Petersburgo, os opositores ao terrorismo político reuniram-se em torno de Georgi Plekhanov e Mikhail Popov, que solicitaram o apoio de ativistas que ainda estavam nas colônias agrícolas, os chamados *derevenshchiki* ou "aqueles do campo". Em junho de 1879, nos congressos de Lipetsk e Voronezh, a tendência terrorista saiu vitoriosa com a institucionalização do "Comitê Executivo", ao qual foi atribuído o papel de órgão dirigente do partido. Plekhanov foi o único delegado que se opôs abertamente à nova orientação terrorista em Voronezh. Não obtendo nenhum apoio, levantou-se e saiu da reunião. Em 26 de agosto de 1879, o Comité Executivo condenou formalmente o czar Alexandre II à morte e, em 12 de setembro, proclamou-se "uma sociedade secreta totalmente autónoma nas suas atividades". Isto marcou o fim da organização "Terra e Liberdade".

Foi acordado que nenhuma das seções usaria o antigo nome *Zemlyá i Volya*. O grupo liderado por Plekhanov, apoiado por Zasulich, continuou empenhado na agitação entre o campesinato e adoptou como símbolo a exigência dos camponeses de que as terras fossem divididas igualmente e distribuídas entre os antigos servos. Este grupo, portanto, chamou o órgão do partido de *Chiorny Peredel* ("Repartição Negra"). *Chiorny Peredel* foi infiltrado por um agente provocador que conseguiu impedir a publicação de seu órgão na Rússia e forçou Plekhanov, Zasulich e Deich a emigrar, mas desempenhou um importante papel histórico ao insistir na necessidade de retomar o trabalho entre o povo em todas as circunstancias, argumentando que "a libertação do povo deve ser obra do próprio povo". Embora ainda apoiasse a proposição populista de que o problema agrário era o elemento central da revolução russa, Plekhanov começou a observar nas páginas do jornal *Chiorny Peredel* (do qual apenas cinco números foram publicados) que "o centro de gravidade da economia está avançando em direção à indústria." A compreensão desta ideia levaria Plekhanov e seus companheiros ao marxismo quatro anos depois (Venturi 1960).

O grupo que preferiu levar a tática terrorista até às últimas consequências procurou sublinhar sua decisão de lutar pela realização da vontade do povo russo, que considerava ser a destruição do absolutismo, por isso chamou o órgão político de Comité Executivo de *Narodnaya Volya* ("A vontade do povo"). Seu primeiro número apareceu em outubro de 1879. O quinto número apareceu pouco antes de conseguirem assassinar o czar Alexandre II em 1º de março de 1881. A última edição, com o número 11-12, foi publicada em outubro de 1885, mas a organização já havia sido esmagada logo após a execução do czar e o enforcamento de Rysakov, Zhelyabov, Mikhailov, Kibalchich e Sofya Perovskaya em 3 de abril de 1881. As esperanças de *Narodnaya Volya* de que a remoção do czar daria início a uma revolta camponesa foram frustradas, os camponeses consideraram o seu assassinato como uma conspiração da nobreza em retaliação pela sua libertação da servidão. O comando do Estado passou para as mãos do czar Alexandre III e do seu conselheiro ultra-reacionário, Konstantin Pobedonóstsev, que proclamou num manifesto datado de 29 de abril de 1881 "a firme determinação do soberano em manter e defender a autocracia" (Venturi 1960).

As tendências terroristas continuaram a ressoar ao longo da década de 1880. Uma tentativa de assassinato em particular teve um impacto central na vida de Lenin: em 1º de março de 1887, sexto aniversário do assassinato de Alexandre II, seu irmão mais velho, Alexandre Ulyanov, de 21 anos, juntou-se a uma conspiração para eliminar Alexandre III. Foi enforcado, junto com quatro de seus companheiros, em 8 de maio de 1887. Lenin, então com dezessete anos, declararia mais tarde: "meu caminho foi marcado por meu irmão mais velho" (Pomper 2010). Em 12 de setembro de 1883, o grupo "Emancipação do Trabalho", a primeira organização marxista russa, foi criado em Genebra. Seus membros incluíam Plekhanov, Zasulich, Deich, Pavel Axelrod e Vasily Ignatov. Dois anos após a sua fundação, o seu efetivo numérico foi reduzido de cinco para três membros. Ignatov morreu pouco depois, enquanto Lev Deich, parceiro de Zasulich, foi preso em fevereiro de 1884 na Alemanha por contrabandear literatura da Suíça para a Rússia. Ele foi posteriormente entregue à *Okhrana* (polícia política) e exilado na Sibéria Ocidental, onde permaneceu até a primavera de 1901 (suas memórias do exílio na Sibéria foram traduzidas para o inglês, ver Deutsch 1903).

O grupo "Emancipação do Trabalho" começou a publicar uma "Biblioteca do Socialismo Contemporâneo" e a contrabandeá-la para a Rússia. Embora Vera Zasulich (uma famosa heroína terrorista que em 24 de janeiro de 1878 atacara o brutal governador de São Petersburgo, general Fyodor Trepov, atirando nele à queima-roupa) fosse de longe a figura mais conhecida do grupo, seu ideólogo era o jovem Georgi Plekhanov, filho de uma família nobre, que tinha vinte e seis anos em 1883. Plekhanov fizera sua estreia política em dezembro de 1875, dirigindo-se a uma pequena multidão, composta maioritariamente por intelectuais, em frente à Catedral de Kazan, em São Petersburgo (um fato sem precedentes na Rússia autocrática). Mais tarde, Plekhanov atuou como propagandista entre os trabalhadores industriais da capital e se opôs à tendência terrorista, acreditando que somente a ação de massa poderia derrubar a autocracia e garantir os direitos democráticos. No início da década de 1880, assediado pela polícia, emigrou: só regressaria à Rússia em 1917 (Baron 1976).

O primeiro grande trabalho teórico de Plekhanov foi *O Socialismo e Luta Política* (Plekhanov 1883), rapidamente seguido por *Nossas Diferenças* (Plekhanov 1885), onde submeteu teorias populistas a críticas exaustivas. Plekhanov argumentou que a "Santa Rússia" estaria sujeita ao desenvolvimento do capitalismo como qualquer outra nação, criando uma classe crescente de trabalhadores assalariados cuja organização política seria tarefa de revolucionários, que não seriam mais populistas, mas marxistas ou, na linguagem da época, os socialdemocratas. *O Socialismo e a Luta Política* marcou a transição do campesinato para a classe trabalhadora como sujeito revolucionário da esquerda russa. Plekhanov destacou que os marxistas "não concebem as tarefas da revolução socialista como 'a regeneração de todo o povo em geral'. Tentam organizar os trabalhadores num partido especial, para assim separar os explorados dos exploradores e dar expressão política ao antagonismo económico" (Plekhanov 1883). Ele insistiu que os intelectuais socialistas "devem ser os líderes da classe trabalhadora no próximo movimento de emancipação, apresentar-lhe claramente os seus interesses políticos e económicos, a ligação recíproca desses interesses, induzi-la a adoptar um papel independente na vida social da Rússia"; "eles devem esforçar-se por todos os meios para que a nossa classe trabalhadora, durante o primeiro período da vida constitucional da Rússia, possa participar como um partido especial, com um determinado programa político-social" (Plekhanov 1883).

E afirmava categoricamente que o futuro partido dos trabalhadores, se quisesse ser consistentemente revolucionário, teria de adoptar um programa e uma tática marxistas:

> *Sem teoria revolucionária não há movimento revolucionário, no verdadeiro sentido da palavra. Cada classe que aspira à sua emancipação, cada partido político que chega ao poder, só é revolucionário na medida em que representa as correntes sociais mais progressistas e, consequentemente, apoia as ideias mais avançadas do seu tempo. Uma ideia com conteúdo revolucionário é como a dinamite, que não pode ser substituída por nenhum explosivo.* Em sua polêmica com Nikolai Mikhailovsky, o teórico do *Narodnaya Volya* que propôs uma "sociologia subjetiva", Plekhanov insistiu que a história não era uma série de eventos aleatórios que poderiam ser manipulados à vontade de acordo com algum ideal arbitrário, por mais nobre que fosse, mas um processo regido por leis. O indivíduo só pode esperar realizar seus ideais subjetivos alinhando-se com uma classe social progressista, e aqueles que exaltaram o papel dos "heróis" individuais acima da "multidão" condenaram-se à futilidade. A liberdade consistia na aceitação consciente da necessidade histórica, que impunha aos revolucionários russos uma série de tarefas políticas codificadas pela primeira vez no programa do grupo "Emancipação do Trabalho" (Plekhanov 1895).

O primeiro programa de "Emancipação do Trabalho", delineado em 1884, ainda apresentava fortes influências terroristas, e mesmo o segundo projeto de programa, escrito três anos depois, declarava que os sociaisdemocratas russos não se oporiam aos "chamados atos de terrorismo se provassem necessário para os interesses da luta" (Plekhanov 1887). Seria um processo gradual até que o desenvolvimento de um movimento de massas transformasse os marxistas russos em adversários das táticas do terrorismo individual. Contudo, o passo principal já tinha sido dado: Plekhanov declarou no seu discurso perante o congresso inaugural da Segunda Internacional, em 1889: "O movimento revolucionário na Rússia triunfará apenas *como movimento da classe trabalhadora* ou nunca triunfará!" (Plekhanov 1889, ênfase no original). A visão do grupo "Emancipação do Trabalho" sobre o desenvolvimento histórico da Rússia e as tarefas políticas que dele surgiam foi corroborada estatisticamente no texto de Lenin *O Desenvolvimento do Capitalismo na Rússia*: o processo de formação de um mercado interno para a grande indústria (Lenin 1899a). O subtítulo revelou a intenção política subjacente. Os teóricos populistas argumentaram que o capitalismo não poderia desenvolver-se na Rússia porque sua chegada tardia impedia a indústria russa de aceder ao mercado mundial, enquanto as massas camponesas, devido à sua extrema pobreza, não conseguiam fornecer um mercado interno adequado para o desenvolvimento dos seus produtos. Lenin mostrou que a diferenciação social entre os camponeses já tinha dado lugar a uma importante classe de trabalhadores assalariados que só iria crescer no futuro, e cuja organização deveria ser o objetivo dos revolucionários, porque só através dos trabalhadores urbanos poderiam chegar às massas camponesas das aldeias.

A dimensão desta nova classe social, que surgira pela primeira vez na cena nacional com a onda de greves dos trabalhadores têxteis de São Petersburgo em 1896, ainda era pequena. De acordo com estatísticas oficiais, havia 2,2 milhões de trabalhadores nas indústrias mineiras e transformadoras em 1900. Se forem incluídos os trabalhadores não sujeitos a inspecções de fábrica, obtém-se um número de aproximadamente dois milhões e meio. A isto somam-se mais meio milhão de trabalhadores nos transportes e cerca de 300 mil na construção em áreas urbanas, atingindo um total de 3,3 milhões. Isto equivalia a apenas 2,5 por cento da população total de 129 milhões em 1897 (Keep 1963). Esta predominância esmagadora da população rural forneceu as bases para a subsequente emergência do neopopulismo, na forma do Partido Socialista Revolucionário criado em 1902 (Hildermeier 2000). Mas os trabalhadores industriais estavam concentrados em centros-chave, a partir dos quais, se actuassem de forma organizada, poderiam exercer uma influência política infinitamente maior do que a sua força numérica.

Os vários círculos socialdemocratas de propaganda da capital uniram-se para formar uma organização chamada "União de Luta pela Emancipação da Classe Trabalhadora" de São Petersburgo. Em dezembro de 1895, antes que a nova organização pudesse fazer notar sua existência, seis dos seus líderes mais proeminentes, incluindo Lenin, foram presos. Foi Mártov quem, uma semana depois, deu o seu nome à União e organizou a publicação dos seus primeiros panfletos; no entanto, ele quase não teve tempo de promover a organização antes de ser capturado pela polícia junto com vários outros líderes. Seguiram-se outras prisões e, em agosto de 1896, apenas um dos dezessete membros do núcleo original, Stepan Radchenko, permanecia livre. A União não estava, portanto, em posição de liderar os trabalhadores têxteis durante a sua famosa greve. No outono de 1896, Radchenko estava demasiado ocupado tentando evitar a sua própria prisão para liderar adequadamente a União. Embora tenha mantido a sua composição oficial, a autoridade passou para uma nova equipe liderada por Vladimir Majnovets (Akimov), Vladimir Ivanshin e Konstantin Takhtarev. Os novos dirigentes da União enfatizaram luta pela satisfação das necessidades económicas imediatas dos trabalhadores em detrimento da luta política contra o regime autocrático: esta foi a origem do "economismo" (Keep 1963).

Os editores de jornais críticos ao regime deram espaço para artigos de escritores marxistas, e até apareceram alguns jornais que divulgaram abertamente as suas ideias. No verão de 1896-1897, um grupo de marxistas de Samara liderados por Pyotr Maslov ganhou o controle de um jornal local, *Samarskiy Vestnik* (O Mensageiro de Samara), que publicou contribuições de Pyotr Struve e vários de seus companheiros. Pouco depois, uma revista mensal de sucesso, *Nóvoye Slovo* (A Nova Palavra), apareceu em São Petersburgo, editada por Struve. Diferentes indivíduos com posições de influência, particularmente no campo cultural, desenvolveram simpatias pelo marxismo. Entre os "marxistas legais" de São Petersburgo, as figuras mais conhecidas foram o economista Mikhail Tugan-Baranovski e o publicitário Pyotr Struve, que mais tarde se tornou um dos principais ideólogos do liberalismo russo.

Já em 1895, Lenin tinha chamado a crítica de Struve ao conteúdo económico do populismo de um "reflexo do marxismo na literatura burguesa", embora Struve ainda pertencesse aos círculos dos "marxistas legais" (Lenin 1894). A advertência de Lenin foi presciente: em 1901, Struve havia se tornado o centro das atenções nos círculos *zemstvo* liberais. Quando os líderes liberais decidiram, na primavera de 1902, lançar um jornal clandestino, Struve foi escolhido como editor. *Osvobozhdenie* (Libertação), como era chamado o jornal, começou a ser publicado em julho de 1902. Assim como o *Iskra*, foi publicado no exterior e distribuído na Rússia por grupos de simpatizantes. Embora Struve não tenha feito uma proposta aberta a favor de um governo constitucional, preferindo falar da necessidade de "direitos e de um *zemstvo* onipotente de toda a Rússia", depois de alguns meses começou a propor a convocação de uma assembleia constituinte baseada em princípios e sufrágio universais. Na esfera tática, *Osvobozhdenie* propôs colaboração com os sociais-democratas. Em meados de 1903, após a fundação da liberal *Soyuz Osvobozhdeniya* (União para a Libertação), a revista tornou-se o órgão oficial da União. Em 1905, Struve se tornaria um dos fundadores do liberal Partido Democrático Constitucional (Kadetes), o principal partido burguês russo.

Em outubro de 1897, foi criada uma organização socialista judaica chamada "União Geral dos Trabalhadores Judeus da Rússia e da Polónia" ou, simplesmente, "Bund" (*Allgemeinen Jüdischen Arbeiterbund*), de cujas fileiras saiu um dos principais líderes da social-democracia russa, Yuli Osipovich Tsederbaum, mais conhecido como Julius Martov. Foi o Bund quem tomou as providências práticas para o Primeiro Congresso do Partido Operário Socialdemocrata Russo (POSDR), realizado em Minsk entre 1º e 3 de março de 1898. O Congresso designou a União dos Socialdemocratas Russos no Exterior como a agência do partido no estrangeiro e a *Rabochaya Gazeta* de Kiev como seu órgão oficial. Pouco depois, a polícia realizou uma ampla operação contra o POSDR, com cerca de 500 detenções, incluindo 175 em Kiev e mais de 50 em Moscou. Em janeiro de 1899, a polícia afirmou ter capturado oito dos nove delegados ao Congresso. A *Rabochaya Gazeta* cessou sua publicação e o Comitê Central ficou paralisado. O legado mais importante do Primeiro Congresso do POSDR foi o manifesto escrito por Piotr Struve (que, como vimos, em breve se tornaria um dos principais porta-vozes do liberalismo russo), cujo fragmento principal dizia:

> *Quanto mais a leste da Europa nos movemos, mais fraca, covarde e implacável é a burguesia em termos políticos, e maiores são as tarefas culturais e políticas pelas quais a responsabilidade recai sobre o proletariado. A classe trabalhadora deve e irá carregar nos seus ombros largos a causa da luta pela liberdade política. Isto é essencial, mas é apenas o primeiro passo para a realização da grande missão histórica do proletariado, para a criação daquela ordem social na qual não haverá lugar para a exploração do homem pelo homem. (...) Ao tomar como tarefa imediata do partido o objetivo da conquista da liberdade política, a socialdemocracia avança em direção ao objetivo já indicado pelos gloriosos ativistas da*

antiga "Vontade do Povo". Mas os meios e o caminho que a socialdemocracia escolhe são diferentes. Esta escolha é determinada pelo desejo consciente de ser e permanecer um movimento de classe das massas trabalhadoras organizadas. A socialdemocracia está firmemente convencida de que "a libertação da classe trabalhadora só pode ser obra da própria classe trabalhadora" e adaptará todas as suas ações sem desvio a este princípio fundamental da socialdemocracia internacional (Daniels 1993).

A repressão que se seguiu ao Congresso de Minsk de 1898 reforçou a tendência para a descentralização e a autonomia local dos socialistas e contribuiu para a propagação da tendência conhecida como "economicismo". O partido transformou-se num "conglomerado de organizações locais (os chamados comités)", entre as quais existia uma ligação puramente ideológica (Lenin 1904c). Com o colapso da iniciativa de Minsk, o centro de gravidade do POSDR voltou ao grupo de emigrantes da Europa Ocidental. Rosa Luxemburgo, na sua crítica ao livro de Lenin, *Um Passo Adiante, Dois Passos Atrás* em *Die Neue Zeit* (uma crítica em que acusou erradamente Lenin de "ultracentralismo" – ver a resposta de Lenin em Lenin 1904c), definiu corretamente o problema com o qual o grupo que editaria o jornal Iskra teria que enfrentar a partir do final de 1900:

O problema sobre o qual a socialdemocracia russa tem trabalhado desde há alguns anos é o da transição do tipo de organização por círculos em nível local fragmentado e completamente autónomo, que correspondia à fase preparatória e predominantemente propagandística do movimento, para o tipo de organização necessária para a ação política unificada das massas em todo o Estado. Mas como a característica distintiva das antigas formas de organização, que se tornaram insustentáveis e politicamente obsoletas, era a fragmentação e a autonomia total, o autogoverno das organizações locais, a palavra de ordem da nova fase, a do trabalho organizacional preparado em grande escala, era, naturalmente, centralismo. A afirmação da ideia centralista foi o leitmotiv da brilhante campanha de três anos levada a cabo pelo Iskra *em preparação para o recente congresso do partido, que foi de fato o seu congresso fundador; e a mesma ideia dominou toda a geração mais jovem de socialdemocratas na Rússia* (Luxemburgo 1904).

Dez anos antes do Primeiro Congresso do POSDR, em 1888, Plekhanov foi forçado a aceitar a formação de uma organização conhecida como "União dos Social-democratas Russos no Exterior", à qual o grupo "Emancipação do Trabalho" aderiu com a condição de de editar suas publicações. Na prática, a novo organização quase não existia. Mas em 1894, Plekhanov e os seus amigos, desesperadamente sem fundos, foram forçados a fazer novas concessões e a fundir o seu grupo com a União. Foi acordado que continuariam a desempenhar as suas tarefas editoriais, que incluíam a publicação de um jornal intitulado *Rabotnik* (O Trabalhador), bem como uma série de panfletos sobre assuntos atuais. No outono de 1898, os veteranos estavam politicamente isolados. Quando a União dos Socialdemocratas Russos no Exterior realizou seu primeiro congresso em 1898, os oponentes do grupo "Emancipação do Trabalho", que tinha a maioria, apresentaram uma moção para aceitar como membros duas pessoas, Boris Krichevsky e Pavel Teplov ("Sibiriak"), a cuja candidatura Plekhanov e Axelrod se opuseram. Ambos expressaram a sua desaprovação ao renunciarem aos seus direitos como editores das publicações da União. O congresso decidiu lançar um novo jornal, no lugar do extinto *Rabotnik*, denominado *Rabocheie Dielo* (A Causa Operária), cuja primeira edição foi publicada em abril de 1899. A equipe editorial do *Rabocheie Dielo* era composta, naquela época, por de Krichevsky, Teplov, Vladimir Ivanshin, Vladimir Akimov e Alexander Martynov.

Dois dos principais porta-vozes "economistas" eram Sergei Prokopovich, um economista que emigrou para a Suíça em 1896, e a sua esposa Yekaterina Kuskova. O casal mudou-se para a Bélgica, onde ficou impressionado com o apoio maciço de que gozavam as organizações laborais belgas e com a ênfase que davam aos métodos constitucionais de luta. Numa carta a Axelrod durante a primavera de 1898, Prokopovich fez uma comparação nada lisonjeira entre o socialismo belga e o russo, declarando que nem ele nem Kuskova continuariam a aceitar o programa oficial do Grupo "Emancipação do Trabalho", como faziam os membros da União dos Socialdemocratas Russos no Exterior (Keep 1963). Em 1899, Kuskova escreveu o mais famoso documento "economista", o chamado *Credo*, publicado pela primeira vez pelos oponentes do "economismo" juntamente com um "Protesto dos Socialdemocratas da Rússia", redigido por Lenin e assinado por dezessete exilados políticos. na Sibéria (Lenin 1899b, onde é reproduzido o texto integral do Credo). Partindo do pressuposto de que "a fofoca sobre um partido político independente dos trabalhadores é o produto da transplantação para o nosso solo de objetivos estrangeiros e resultados estrangeiros", o Credo chegava à conclusão de que "para o marxista russo só há uma solução: participação, isto é, ajuda na luta económica do proletariado, e participação na atividade da oposição liberal" (Lenin 1899b). Lenin apontou as implicações disso: os sociais-democratas deveriam unir-se numa frente política liderada por liberais, deixando os trabalhadores lutarem apenas por objetivos puramente económicos e colocando o movimento operário sob a hegemonia ideológica da burguesia.

Em *O que Fazer?* Lenin escreveu que a fama do Credo se devia à franqueza com que ele "revelou a tendência política fundamental do 'economicismo': que os trabalhadores assumam o comando da luta econômica (mais precisamente seria da luta sindicalista, uma vez que esta última também inclui especificamente a política dos trabalhadores), e que a intelectualidade marxista se fundiria com os liberais para a 'luta' política" (Lenin 1902a). O desenvolvimento do "economicismo" coincidiu com o surgimento da controvérsia revisionista no Partido Socialdemocrata Alemão (Tudor e Tudor 1988). Confrontado com a iniciativa de Eduard Bernstein de converter a socialdemocracia num partido reformista no quadro da democracia parlamentar burguesa, Plekhanov decidiu defender os princípios marxistas revolucionários. Ele foi um dos primeiros escritores marxistas de reputação internacional (outros chamados 'ortodoxos' foram Alexander Helphand – Parvus – e Rosa Luxemburgo, do Império Russo) a abrir fogo contra Bernstein e seus colegas revisionistas (Plekhanov 1898, 1899a, 1899b). Foram eles que, juntamente com o dissidente britânico Belfort Bax, instaram Karl Kautsky a enfrentar o desafio reformista e a tornar-se o principal porta-voz do campo "ortodoxo" contra o revisionismo de Bernstein (Kautsky 1899, Bernstein 1899). A consequência final das teorias de Bernstein foi o ministerialismo de Millerand, uma versão inicial da teoria da Frente Popular de Stalin. Em junho de 1899, Alexandre Millerand, líder do *Parti Socialiste de France*, juntou-se ao "governo de defesa republicano" de René Waldeck-Rousseau juntamente com o carniceiro da Comuna de Paris de 1871, o general Gallifet, usando como desculpa o caso Dreyfus. Em *O que fazer?* Lenin denunciou o "ministerialismo" de Millerand e a sua ligação com o revisionismo de Bernstein com as seguintes palavras:

> *Caso a crítica teórica de Bernstein e suas aspirações políticas ainda não fossem claras para algumas pessoas, os franceses tiveram o cuidado de demonstrar claramente o que é o "novo método". A França justificou, mais uma vez, a sua antiga reputação de "um país em que as lutas de classes históricas foram cada vez mais levadas à sua conclusão decisiva, mais do que em qualquer outro lugar" (Engels, do prefácio à obra de Marx O 18 Brumário de Luis Bonaparte). Em vez de teorizar, os socialistas franceses começaram a trabalhar imediatamente. As condições políticas da França, mais desenvolvidas no sentido democrático, permitiram-lhes passar imediatamente para o "bersteinianismo prático", com todas suas consequências. Millerand deu um exemplo brilhante deste bernsteinianismo prático: não admira que Bernstein e Vollmar tenham sido tão rápidos a defender e elogiar Millerand com tanto zelo! Na verdade, se a social-democracia é, em essência, simplesmente um partido de reformas, e deve ter a coragem de o admitir francamente, um socialista não só tem o direito de entrar num ministério burguês, mas deve sempre aspirar a isso. Se a democracia implica, no fundo, a supressão da dominação de classe, porque não deveria um ministro socialista encantar todo o mundo burguês com discursos sobre a colaboração de classes? Por que não deveria ele continuar no ministério mesmo depois de os assassinatos de trabalhadores pelos gendarmes terem revelado pela centésima e milésima vez o verdadeiro caráter da colaboração democrática de classes? Por que não deveria ele participar pessoalmente nas felicitações ao czar, a quem os socialistas franceses não dão agora outros nomes senão os do herói do enforcamento, do* knut *e da deportação? E em troca desta infinita degradação e autoflagelação do socialismo perante o mundo inteiro, da corrupção da consciência socialista das massas trabalhadoras – única base que nos pode assegurar a vitória – em troca de tudo isto, alguns projetos bombásticos de reformas miseráveis, tão miseráveis, que conseguiram obter mais dos governos burgueses!* (Lenin 1902a)

Segundo Lenin, "o mais franco e honesto adepto do economicismo" era o jornal *Rabochaya Misl* (Pensamento do Trabalhador) (Lenin 1902a). A "União de Luta pela Emancipação da Classe Trabalhadora" de Petersburgo lançou o *Rabochaya Misl* em outubro de 1897. Após a segunda edição, em dezembro do mesmo ano, uma série de prisões destruiu o grupo original. O empreendimento foi absorvido por um grupo de intelectuais. O mais proeminente deles foi Karl August Kok, um apoiador de Bernstein que na época morava em Berlim e continuava a publicar o jornal no exterior. A partir da quarta edição, publicada em outubro de 1898, Konstantin Tajtarev, que havia sido apresentado a Kok por Kuskova, juntou-se ao grupo editorial de exilados.

Rabochaya Misl afirmava ser a voz dos trabalhadores de São Petersburgo, embora fosse publicado por um conselho editorial de intelectuais exilados que cultivavam um desprezo arrogante pelas controvérsias teóricas. A intelectualidade, advertiram os editores, não era um defensor confiável da causa popular, e o partido estabelecido em Minsk era uma criação artificial, a ser substituída por uma união de trabalhadores de base ampla. Sua rejeição aos intelectuais, porém, foi seletiva, já que a "Separata" publicada como suplemento da *Rabochaya Misl* nº 7, em julho de 1899, incluía um artigo do revisionista Eduard Bernstein, bem como uma análise em solidariedade ao revisionismo. Refletindo as ilusões geradas em alguns círculos trabalhistas pela tolerância do governo às greves ilegais no final da década de 1890 (Sergei Zubatov, chefe da *Okhrana* de Moscou, criaria sindicatos amarelos), *Rabochaya Misl* proclamou que o objetivo do movimento operário era a satisfação de seus exigências económicas e políticas imediatas. A política era entendida mais como a projeção da luta sindical do que como a preparação ideológica e organizacional para uma revolução. O editorial da primeira edição do *Rabochaya Misl* proclamou que a luta económica, "a luta contra o capital no campo das necessidades diárias essenciais e a greve como meio desta luta" era "a palavra de ordem do movimento operário". Os trabalhadores deveriam mobilizar-se em torno de fundos de greve, que forneceriam "meios, não para cursos de formação ou livros, mas para pão na mesa quando a luta está mais acirrada, durante uma greve". Desta forma, saberiam "que não estão a lutar por alguma geração futura, mas por si próprios e pelos seus filhos" (citado em Lih 2006).

Como escreveu Boris Savinkov (então ativista socialdemocrata em São Petersburgo e mais tarde membro proeminente da "Organização de Combate" do Partido Socialista Revolucionário) num artigo publicado em abril de 1900:

> *Enquanto a organização ativa se der como objetivo refletir as reivindicações, os pontos de vista e o estado de espírito da parte menos avançada do proletariado fabril, ao mesmo tempo que deixa desassistida a maturidade política do seu setor mais avançado, a sua atividade prática irá, sem o perceber, assumir principalmente o caráter de uma agitação sobre questões imediatas. interesses económicos, e o centro de gravidade desta atividade será a publicação de proclamações que exploram cada fato*

individual e cada abuso local numa fábrica (B–v, 'Peterburgskoe dvizhenie i prakticheskie zadachi sotsial' demokratii' ("O movimento de Petersburgo e as tarefas práticas dos socialdemocratas"), *Rabochaya Dielo*, nº 6, abril de 1900, citado em Lih 2006).

Desta forma, a tendência economicista refletia as exigências imediatas do setor menos avançado do proletariado, enquanto, segundo Plekhanov e Lenin, a socialdemocracia deveria aspirar a organizar acima de tudo o seu setor mais avançado. Embora o *Rabochaya Dielo* se opusesse formalmente ao "economicismo" (publicou o protesto de Lenin contra o Credo quando este chegou a Genebra), a sua atitude foi equívoca: afirmou que o Credo era a opinião errada de alguns indivíduos isolados, e não parte de uma tendência mais ampla que incluía a *Rabochaya Misl*. Um dos membros do conselho editorial da *Rabochaya Dielo*, Boris Krichevsky, deu apoio aos "economicistas" ao propor uma "teoria das etapas", segundo a qual os trabalhadores chegariam à consciência de classe antes de mais nada através da agitação económica. Contra isto, Plekhanov argumentou que *Rabochaya Dielo* diminuía a visão do movimento para acomodar os trabalhadores mais atrasados (Keep 1963). Em 1899, Krichevsky escreveu uma série de relatórios sobre a situação francesa para o órgão da socialdemocracia alemã, *Vorwärts*, onde elogiou o ministerialismo de Millerand, dando origem a uma amarga disputa com Martov e Parvus. Quando Plekhanov descobriu que o revisionismo tinha infetado a União dos Socialdemocratas Russos no Exterior, ele e os membros do grupo "Emancipação do Trabalho" romperam com os "jovens". Em março de 1900, o grupo "Emancipação do Trabalho" publicou um panfleto fortemente polémico de Plekhanov, intitulado *Um Vademecum para os Editores do Rabochaya Dielo* (versão inglesa em Mullin 2015). Em abril do mesmo ano, no segundo congresso da União dos Socialdemocratas Russos no Exterior, Plekhanov, Zasulich e Axelrod partiram e, juntamente com alguns seguidores, formaram a "Organização Revolucionária Socialdemocrata".

A velha guarda recebeu apoio de uma nova geração de ativistas recém-retornados do exílio na Sibéria, que incluía Martov, Alexander Potresov e Lenin (este último deixou a Rússia e mudou-se para a Europa em julho de 1900), o que permitiu ao grupo a "Emancipação do Trabalho" refutar a acusação do *Rabochaya Dielo* de que o seu "dogmatismo" era um produto do seu isolamento da realidade russa. Os membros da velha e da nova guarda lançaram juntos, em dezembro de 1900, um novo jornal chamado *Iskra* (A Faísca), nome retirado dos versos do poeta dezembrista Alexander Odóyevsky: "Nosso sacrifício não será em vão / Da faísca a chama brotará." A "Declaração do Conselho Editorial do Iskra" afirmava claramente: "Antes de nos unirmos, e para podermos unir-nos, devemos começar por traçar uma linha de demarcação de forma decisiva e clara" (Lenin 1900). Ao mesmo tempo, Plekhanov começou a editar um órgão teórico chamado *Zaryá* (Amanhecer), onde polemizou com os cada vez mais liberais "marxistas legais". A falta de princípios firmes do *Rabochaya Dielo* levou-o a dar uma volta de 180 graus durante os "eventos da primavera" de fevereiro-março de 1901, quando os trabalhadores saíram às ruas em apoio aos estudantes que protestavam. Após o ataque ao Ministro da Educação Nikolai Bogolepov por Pyotr Karpovich, simpatizante do Partido Socialista Revolucionário, em 15 de março de 1901, os editores do *Rabochaya Dielo* tornaram-se não apenas defensores da ação política mas até mesmo do terrorismo individual, o que forçou Lenin a recapitular "o ponto de vista já estabelecido da social-democracia russa" sobre "o problema do terror" (Lenin 1901) e explicar o seu plano para "a criação de um jornal político totalmente russo" como o núcleo em torno do qual o futuro partido unificado seria formado (Lenin 1901).

Quando as suas esperanças de uma revolução imediata foram frustradas, os editores do *Rabochaya Dielo* decidiram aderir a uma organização comum com o *Iskra*, assinando uma declaração conjunta de princípios em junho de 1901, na qual renunciaram ao seu apoio anterior ao revisionismo, mas mais tarde desistiram disso, levando à separação final. O conflito entre o *Iskra* e o *Rabochaya Dielo* atingiu finalmente um nível crítico em outubro de 1901, com a realização do terceiro congresso da União dos Social-democratas Russos no Exterior. Após a dissolução, o grupo *Iskra* criou a sua própria organização de emigrados, chamada "União Estrangeira da Social Democracia Revolucionária". Durante o ano de 1901, o *Rabochaya Dielo* perdeu sistematicamente influência e, em fevereiro de 1902, cessou completamente sua publicação (Keep 1963). O desenvolvimento de um movimento de massas na Rússia tinha sido previsto pelos protestos que eclodiram na Universidade de São Petersburgo em fevereiro de 1899, que foram reprimidos pela polícia. A punição infligida no ano seguinte aos estudantes que participaram do protesto deu origem a uma nova onda de protestos. Mais de duzentos estudantes foram convocados à força para o exército no outono de 1901. As marchas estudantis em São Petersburgo e Moscou foram acompanhadas por trabalhadores e foram dispersadas pelas tropas cossacas durante os "eventos da primavera" de fevereiro-março de 1901. Estes eventos culminaram no assassinato do ministro da Educação Bogolepov por Karpovich, um estudante expulso, em 14 de março de 1901, e em uma mobilização em massa na Praça Kazan, em São Petersburgo, em 4 de março de 1901.

Entretanto, em maio de 1900 vários milhares de pessoas marcharam em procissão pelas ruas de Kharkov. Os slogans nas suas faixas incluíam reivindicações de direitos civis, bem como uma jornada de trabalho de oito horas. Em agosto de 1900 houve uma greve de duas semanas dos trabalhadores ferroviários em Tbilisi, capital da Geórgia, e em 1º de maio de 1901, foram realizadas manifestações em diversas cidades. Pouco depois, na fábrica de armas Obukhov, perto de São Petersburgo, travou-se uma batalha campal entre grevistas e a polícia, reforçada por tropas; houve muitas prisões e 37 homens foram enviados a julgamento. Houve derramamento de sangue em Batumi, na Geórgia, em março de 1902, quando as tropas confrontaram os trabalhadores petrolíferos que protestavam contra as demissões. Pelo menos 14 pessoas morreram e cerca de 80 ficaram feridas. Em 1902, o Primeiro de Maio foi celebrado em maior escala do que nunca, com reuniões e manifestações em 36 locais. Houve sérias revoltas camponesas na primavera de 1902 nas províncias de Poltava e Kharkov. Os manifestantes foram brutalmente reprimidos e forçados a compensar os proprietários de terras pelos danos causados às suas propriedades (Keep 1960). Foi este contexto de crescentes mobilizações e confrontos com as forças de repressão que fez com que os problemas organizacionais abordados por Lenin em *O que Fazer?* adquirissem relevância urgente.

Em *O que Fazer? Problemas candentes de nosso movimento*, publicado em março de 1902, Lenin enfatizou a ligação entre o "economicismo" russo e o revisionismo alemão, e rejeitou a "liberdade de crítica" revisionista. Parafraseando Plekhanov, ele afirmou: "Sem teoria revolucionária, também não pode haver movimento revolucionário" (Lenin 1902a). Ele destacou o papel da consciência, em contraste com o elemento espontâneo, no desenvolvimento de um movimento operário socialista. Citou Karl Kautsky que, no seu artigo "A Revisão do Programa da Social-Democracia na Áustria", escrevera que "a consciência socialista é algo introduzido na luta de classes do proletariado a partir de fora, e não algo que surge naturalmente dela" ('*Das sozialistische Bewußtsein ist também etwas in den Klassenkampf des Proletariats von außen Hineingetragenes, nicht etwas aus ihm urwüchsig Entstandenes*', Kautsky 1902). Segundo Lenin, a história de todos os países mostrara que, espontaneamente, contando apenas com seus próprios esforços, a classe trabalhadora foi capaz de desenvolver apenas uma consciência "sindicalista", e "a política sindicalista da classe trabalhadora é precisamente a política burguesa da classe trabalhadora": *Falamos sobre espontaneidade. Mas o desenvolvimento espontâneo do movimento operário marcha precisamente para a sua subordinação à ideologia burguesa, marcha precisamente ao longo do caminho do programa do "Credo", uma vez que o movimento operário espontâneo é o sindicalismo, é Nur-Gewerkschaftlerei (luta "unicamente sindical"), e o sindicalismo implica precisamente a escravização ideológica dos trabalhadores pela burguesia. É por isso que a nossa tarefa, a tarefa da socialdemocracia, consiste em combater a espontaneidade, consiste em separar o movimento operário desta tendência espontânea do sindicalismo para se abrigar sob a asa da burguesia* (Lenin 1902a). Uma resenha anônima do livro de Lenin, publicada no jornal liberal de Struve, *Osvobozhdenie* (Libertação), resumiu as questões em disputa da seguinte forma:

> *O programa (dos "economistas" delineado no Credo) sustenta que o sonho de criar um partido político baseado nos trabalhadores não pode ser realizado e, precisamente por isso, é prejudicial. O proletariado russo, dizem os proponentes deste programa, ainda não amadureceu o suficiente para compreender exigências políticas específicas; por enquanto ele só consegue lutar pelas suas necessidades económicas. O trabalhador russo ainda não sente qualquer necessidade de liberdade política, não pode lutar contra a autocracia, é atraído apenas pela luta por salários mais elevados e por uma jornada de trabalho mais curta. Mas tal programa, dada a própria natureza da vida russa actual, não teve nem poderia ter qualquer sucesso num país que tem um regime despótico como o nosso, num país onde não existem direitos democráticos elementares, como o direito à liberdade de expressão, de reunião, etc., onde todas as greves dos trabalhadores são consideradas um crime político e os trabalhadores são forçados a balas e chicotes a regressar ao trabalho – num país como este, nenhum partido pode restringir-se ao estreito quadro de uma luta exclusivamente económica. E o Sr. Lenin protesta com razão contra tal programa. Com base no fato de que uma determinada seção do proletariado russo já amadureceu*

> *para uma compreensão da necessidade da luta contra a autocracia, considera possível e necessário levar a cabo uma luta não só pelas exigências económicas imediatas do proletariado, mas também pela transformação da forma de governo existente* (Osvobozhdenie, Kn. 1, 1903, citado em Lih 2006).

Lenin propôs que a raiz da crise que afetava o POSDR era a falta de unidade resultante dos seus "métodos artesanais" (*kustarnichestvo*) de organização, como os chamava, em referência ao artesão russo, o *kustar*. A tarefa imediata era construir uma organização centralizada de revolucionários profissionais, composta por homens que não tinham outra ocupação senão a atividade política clandestina, e que fossem capazes de realizar trabalho organizacional no mais estrito sigilo sob o estado czarista autocrático. O embrião de tal organização já existia – era a rede de ativistas profissionais que produzia e distribuía o jornal político russo, *Iskra*, publicado no estrangeiro para garantir a sua continuidade face à perseguição política, e contrabandeado para a Rússia. O próprio Lenin descreveu o conteúdo do seu livro, cinco anos depois, da seguinte forma: "*O que Fazer?* É o compêndio das táticas e da política do *Iskra* em termos de organização durante os anos de 1901 e 1902. Um 'compêndio', nem mais nem menos. Quem se der ao trabalho de ver o *Iskra* de 1901 e 1902 ficará sem dúvida convencido disso". Afirmou que o livro estava "consagrado à crítica da direita (revisionista, cuja referência internacional era Eduard Bernstein), não nas correntes literárias, mas na organização socialdemocrata". E insistiu que não tentou desenvolver um novo modelo de partido, mas simplesmente explicar as táticas e ações do grupo *Iskra*: "O panfleto *O que fazer?* expõe sistematicamente as causas da divergência (com a "União dos Socialdemocratas Russos no Estrangeiro") e o caráter das táticas e da atividade orgânica iskristas" (Lenin 1907). E finalizou afirmando o caráter temporário da polêmica: "O principal erro de quem hoje discute com *O que Fazer?* Consiste em separar completamente este trabalho de uma situação histórica específica, de um período específico do desenvolvimento do nosso partido que já passou" (idem).

Lenin referia-se nessa frase à eclosão da revolução russa de 1905 e à conquista, como resultado dela, de certas liberdades democráticas, como o direito de sindicalização e a realização de eleições para a Duma (parlamento), liberdades tomadas do Czar pela greve geral que levou à proclamação do

"Manifesto de Outubro". A disputa no POSDR começou, como se sabe, em torno do parágrafo 1 dos Estatutos, escritos por Lenin, mas totalmente apoiados por Plekhanov durante o congresso. De acordo com a versão de Lenin dos acontecimentos:

> *O artigo 1º dos estatutos define quem é membro do partido. No projeto que apresentei, foi dada a seguinte definição: "Será considerado membro do Partido Operário Socialdemocrata Russo qualquer pessoa que aceite o seu programa e apoie o partido, tanto financeiramente como através da participação pessoal numa das suas organizações". Martov propôs que em vez das palavras que sublinhei se dissesse: colabore pessoalmente com ele numa base regular sob a direcção de uma das suas organizações. A minha fórmula teve o apoio de Plekhanov; a de Martov, com a dos demais membros da Equipe Editorial (antes do Congresso era apoiada por Axelrod). Defendemos que era necessário restringir o conceito de membro do partido para separar quem trabalha daqueles que simplesmente conversam, para acabar com o caos em matéria de organização e com a monstruosa e absurda possibilidade de existirem organizações que, embora fossem integradas por membros do partido, não eram organizações partidárias, etc. Mártov propôs expandir o partido e falou do amplo movimento de classe que exigia uma organização ampla (isto é, difusa), etc. É curioso que quase todos os apoiantes de Mártov se referissem, em apoio às suas ideias, a O que Fazer?! Plekhanov opôs-se fortemente a Martov, salientando que a sua fórmula jauresista abria as portas aos oportunistas, que não podiam desejar nada melhor do que estar no partido sem pertencer à sua organização. "Sob controle e direção", eu disse, "significa que não haveria controle ou direção". Martov saiu vitorioso neste caso: a sua fórmula foi aprovada (por uma maioria aproximada de 28 votos a 23, ou algo assim, não me lembro exatamente), graças ao Bund, que, claro, percebeu instantaneamente onde estava a diferença, e contribuiu com os seus cinco votos a favor da "pior alternativa" (foi assim, com efeito, como o delegado da Rabochaya Dielo explicou o seu voto a favor de Martov!). A acalorada discussão em torno do § 1 dos estatutos e a votação correspondente destacaram mais uma vez o agrupamento político que existia no Congresso e demonstraram palpavelmente que o Bund + Rabochaya Dielo poderia decidir o destino de qualquer questão, apoiando a minoria dos iskristas contra a maioria* (Lenin 1903d).

Na sua intervenção no debate sobre o artigo 1 dos Estatutos, Lenin recordou que em *O que Fazer?* tinha proposto "toda uma série de tipos de organização, desde as mais conspiratórias e mais restritas até às relativamente mais amplas e 'livres'" (Lenin usou o termo alemão *lose*). Mas ao mesmo tempo advertiu "que o partido deve ser apenas o destacamento de vanguarda, o líder da imensa massa da classe trabalhadora, que atua todos (ou quase todos) 'sob o controle e direção' das organizações partidárias", mas que no seu conjunto não pertence e não pode pertencer ao 'partido'". E afirmou que, se a definição de Mártov fosse aceite, o Comité Central não estaria em condições de exercer um controle real sobre aqueles que trabalhavam para o partido, mas não pertenciam a nenhuma das suas organizações: *Nas condições da atividade política nas quais devemos trabalhar, dado o estado rudimentar da organização política atual, seria simplesmente perigoso e prejudicial conceder os direitos de filiação partidária àqueles que não são membros de uma organização partidária, responsabilizar o partido por pessoas que não fazem parte de uma organização (e que talvez não tenham se filiado deliberadamente)* (Lenin 1903c).

Os apoiadores de Martov aproveitaram seu breve período de superioridade numérica no congresso antes da retirada dos delegados do Bund para alterar os estatutos do partido elaborados por Lenin. Na votação, a formulação de Lenin foi rejeitada por 28 votos a 23, enquanto a fórmula de Martov foi aceita por 28 votos a 22, com uma abstenção. No seu ensaio *Um Passo à frente, Dois Passos Atrás (A crise do nosso partido)*, escrito em maio de 1904, Lenin definiu a formulação de Martov como um "pequeno erro", que, no entanto, teve enormes consequências devido à dinâmica subsequente dos acontecimentos: "O pequeno erro do camarada Mártov e do camarada Axelrod foi e poderia continuar a ser um pequeno erro até se tornar o ponto de partida para uma aliança duradoura entre eles e toda a ala oportunista do nosso partido" (Lenin 1904b).

As exegeses subsequentes do debate em torno do parágrafo 1 dos Estatutos tenderam a centrar-se nos requisitos pessoais para a definição de membro do partido, e tais discrepâncias existiram sem dúvida. Por exemplo, Pavel Axelrod, um dos membros fundadores do grupo "Emancipação do Trabalho" e futuro líder do menchevismo, afirmou: "tomemos por exemplo um professor que se considera um socialdemocrata e assim o declara. Se adoptarmos a fórmula de Lenin, estaremos a atirar ao mar um setor daqueles que, mesmo que não possam ser diretamente admitidos numa organização, são, no entanto, membros" (POSDR 1903a). Ao que Plekhanov – outro dos membros fundadores do grupo "Emancipação do Trabalho", mas aliado de Lenin no congresso – respondeu sarcasticamente:

> *De acordo com o projeto de Lenin, apenas alguém que ingresse numa determinada organização pode ser considerado membro do Partido. Aqueles que se opõem ao seu projeto dizem que irá causar dificuldades desnecessárias. Mas em que consistem essas dificuldades? Falam de pessoas que não querem ou não podem aderir a uma das nossas organizações. Mas por que eles não podem? Como alguém que participou em organizações revolucionárias russas, digo que não admito a existência de condições objetivas que constituam um obstáculo intransponível à entrada de qualquer pessoa. E quanto aos senhores que não querem entrar, não precisamos deles. Foi dito aqui que alguns professores que simpatizam com as nossas posições podem achar humilhante aderir a uma organização local. Nisto, lembro-me de Engels dizendo que onde o destino é lidar com professores, é preciso se preparar para o pior (risos). O exemplo é, de fato, particularmente mau. Se algum professor de egiptologia considera que, por saber de cor os nomes de todos os faraós e todas as orações que os egípcios fizeram ao boi Ápis, ingressar na nossa organização está abaixo da sua dignidade, não precisamos desse professor. Falar sobre o controle do partido sobre pessoas de fora da organização é simplesmente brincar com as palavras. Na prática, tal controle é impossível* (POSDR 1903).

Mas já nos debates do II Congresso, o próprio Mártov reconheceu que a discussão girava não só em torno da definição dos membros individuais do partido, mas também das organizações que queriam pertencer a ele: *Para Lenin não existem organizações dentro do partido que não sejam da organização partidária. Na minha opinião, pelo contrário, essas organizações devem existir. A vida cria e engendra organizações mais rapidamente do que conseguimos incluí-las na hierarquia da nossa organização combativa de revolucionários profissionais (...). Acredito que se esse tipo de organização estiver preparada para aceitar o programa partidário e o controle partidário, então poderemos admiti-la no partido, sem com isso convertê-lo numa organização partidária* (Harding 1983).

Como o próprio Mártov reconheceu na sua *História da Socialdemocracia Russa*, escrita em 1919, os mencheviques exigiam "uma certa autonomia para os comités locais e uma certa liberdade de movimento para o Comité Central (residente na Rússia) na implementação prática das diretivas do partido", emanadas do Conselho do Partido e do Conselho Editorial do órgão central, *Iskra*, ambos residentes no exterior para evitar batidas policiais como as que desmantelaram o partido após a realização do seu primeiro congresso em 1898. Além de "maior independência das organizações locais", os mencheviques exigiam "uma posição mais moderada em relação aos elementos oportunistas". Através destas concessões ao localismo e ao oportunismo, os mencheviques esperavam "facilitar a integração das tendências derrotadas do partido – de 'economistas' de diferentes matizes – dentro do partido unificado". É claro que Martov justificou estas concessões como necessárias para combater "o centralismo extremo, bem como as tendências conspiratórias e ditatoriais de Lenin".

Para compreender a divisão do Iskra no segundo congresso do POSDR, é necessário consultar não só as suas atas, mas também os comentários subsequentes sobre o congresso escritos por vários dos seus participantes (Mullin 2016). No "Relatório da Delegação Siberiana" sobre o Segundo Congresso do POSDR – um documento politicamente muito fraco – Trotsky fornece alguns esclarecimentos a este respeito:

> *Não é segredo para ninguém que em toda uma série de cidades existe, ao lado do Comité do Partido, uma grande oposição organizada (Petersburgo, Odessa, Ekaterinoslav, Voronezh...). A fórmula do camarada Lenin coloca os membros de todas estas organizações operárias fora do Partido, quando as suas edições sempre apareceram sob o seu patrocínio. Para não excluir estes grupos do Partido, o Comité Central deveria tê-los declarado – segundo a fórmula de Lenin – organizações do Partido. Mas não o fará, não o poderá fazer porque não estão construídos segundo os princípios que o Partido considera adequados. Resta apenas dizer aos membros destas organizações: Senhores, se desejam continuar no Partido, dissolvam-se e ingressem nas organizações legais do Partido* (Trotsky 1903).

Mas, na opinião de Trotsky, "a organização dos trabalhadores pouco se importará se é um 'membro' ou não, e não se dissolverá". Trotsky temia, portanto, que o centralismo levasse à exclusão de toda uma série de organizações locais do partido, o que o levou a apoiar temporariamente os "moles" inscritos na fórmula de Martov. Na sua opinião, o Partido "faria melhor se reeducasse, reestruturasse e utilizasse racionalmente todas as organizações operárias possíveis, geradas durante a época de decomposição do Partido":

> *A fórmula de Mártov pode tornar-se um excelente instrumento nas mãos do Comité Central (e o próprio Mártov o indicou). "Se quiserem permanecer no Partido, dirá ele aos representantes da Organização dos Trabalhadores, devem colocar-se sob a direção da organização do Partido, o Comité local." Isto será suficiente para que a Organização dos Trabalhadores aceite um representante do Comité, e este tentará (!) realmente empurrar a "linha" de acordo com as opiniões gerais do Partido, apenas pela força da sua influência, bem entendido* (Trotsky 1903).

Esse "tentarei" revela a natureza de compromisso da fórmula de Martov, que na prática levaria a fração menchevique a chegar a acordos com antigos opositores do *Iskra* – como Lenin repetidamente denunciou – e a comprometer a própria ideia de centralizar as ações do partido que guiou o grupo *Iskra* desde a sua criação. Uma versão semelhante dos acontecimentos aparece na "Carta aos Camaradas sobre o Segundo Congresso do POSDR" de Pavlovich (Petr Krasilov), um apoiador de Lenin e, como Trotsky, delegado ao segundo congresso. Tanto Pavlovich como Trotsky, apesar de estarem em lados opostos da divisão do *Iskra*, partilhavam um entendimento comum das diferentes fórmulas para o primeiro parágrafo: ambos viam a versão de Martov como uma lacuna constitucional que teria permitido que grupos faccionais se dissolvessem oficialmente no Segundo Congresso – organizações locais como *Iuzhni Rabochi* (Trabalhador do Sul), os apoiantes da *Rabochaia Dielo* (Causa dos Trabalhadores), o grupo *Borba* (Luta, formado em Paris no verão de 1900 por David Riazanov, Yuri Steklov e Emmanuil Gurevich) e os "economistas" da "União dos Socialdemocratas Russos no Exterior" – continuar a operar dentro do POSDR (Pavlovich 1903, Trotsky, 1903).

Desta forma, os grupos anti-*Iskra* e toda uma série de grupos puramente locais não teriam de se dissolver e aderir aos comités locais do POSDR para que os seus membros continuassem a fazer parte do POSDR. Utilizando a definição de membro do partido, Lenin tentava forçar estes grupos a fundirem-se com os comités, enquanto Mártov permitia que permanecessem independentes. Neste sentido, a diferença residia tanto nos direitos e responsabilidades das organizações e facções que se consideravam parte do POSDR, como nos direitos e responsabilidades dos membros individuais do partido, embora a primeira consideração mal esteja refletida nas atas do Segundo Congresso.

Os apoiadores do *Iskra* que temiam uma ruptura com as facções não-*Iskra* no Congresso, lideradas por Martov, tentaram chegar a vários compromissos com elas, e no processo dividiram o *Iskra*, acreditando que poderiam formar uma maioria contra os "linha dura" (que naquela altura incluíam não só Lenin mas também Plekhanov) usando os votos dos bundistas, "economistas" e delegados indecisos. Martov esperava incluir no Comité Central pelo menos um apoiador do jornal centrista *Iuzhni Rabochi*, e pensava que esta iniciativa seria apoiada pelos apoiadores do Bund, pelos economicistas do *Rabochaya Dielo* e pelos poucos neutros no congresso devido à incapacidade destes grupos de apresentarem uma lista própria. Este plano falhou quando os representantes do Bund se retiraram do Congresso, porque tinham recebido instruções da sua própria organização para sair se suas diretrizes organizacionais federativas não fossem aceites. As propostas do Bund foram rejeitadas por todas as outras facções no Congresso, pelo que os seus cinco delegados deixaram o Congresso, seguidos pelos representantes da "União dos Socialdemocratas Russos no Exterior", privando os "brandos" iskrisitas (Martovistas) da sua maioria, e transformando-os em membros da minoria (mencheviques).

Não tendo conseguido obter a maioria no Conselho Editorial do *Iskra*, o novo plano dos martovistas era o boicote aos órgãos centrais do partido – o Comité Central, o Conselho Editorial do *Iskra* e o Conselho do Partido – e a criação de um aparato faccional "menchevique" para agitar por um boicote semelhante por parte dos comités locais. O objetivo declarado desta campanha era conseguir uma mudança na composição destas instituições que devolveria a predominância no Conselho Editorial do *Iskra* aos apoiadores de Martov. Em *Um Passo à Frente, Dois Passos Atrás*, Lenin atribuiu a divisão no Segundo Congresso ao "individualismo intelectual da minoria" (Lenin 1904b), que se recusou a submeter-se às decisões tomadas pela maioria do congresso e reviveu o velho espírito do círculo.

Em outubro de 1903, Martov e os seus apoiadores organizaram o Segundo Congresso da "Liga da Socialdemocracia Revolucionária Russa no Exterior", a organização de emigrados pró-*Iskra* que tinha sido designada pelo Segundo Congresso como órgão oficial do POSDR para os exilados. Nesse congresso, realizado em Genebra, os mencheviques obtiveram a maioria e conseguiram quebrar a resistência de Plekhanov, que deu uma reviravolta de 180 graus e se juntou ao lado menchevique. Como consequência, Lenin renunciou ao Conselho Editorial do *Iskra* em 1º de novembro de 1903, e os martovistas foram cooptados para ele em 21 e 26 de novembro de 1903. Plekhanov, num artigo intitulado *O que Não Fazer?*, publicado em 7 de novembro no número 52 do novo *Iskra*, imediatamente após o congresso da Liga e a demissão de Lenin da redação, começou a falar abertamente sobre a necessidade de fazer concessões aos martovitas, afirmando que isso era essencial para evitar uma cisão (ver a versão em inglês do artigo em Plekhanov 1903 e a resposta de Lenin em Lenin 1903f). Desta forma, através de manobras faccionais, os órgãos centrais do partido passaram a ser dominados pela minoria do congresso.

Como resultado de tudo isto, Lenin acusou "o novo *Iskra*" de "oportunismo em problemas organizacionais" e de "defender o autonomismo contra o centralismo, uma característica fundamental do oportunismo em questões organizacionais". Este autonomismo, produto do "individualismo intelectual", implicava o regresso ao "tempo da desunião e dos círculos separados". Contra esta regressão, Lenin apelou para as decisões do congresso do partido e dos órgãos centrais por ele designados. Lenin também respondeu de forma desafiadora às acusações de jacobinismo, afirmando: "Um jacobino que se identifica totalmente com a organização do proletariado, um proletariado consciente dos seus interesses de classe, é um social-democrata revolucionário. Um girondino que anseia por professores e estudantes secundários, que teme a ditadura do proletariado e anseia pelo valor absoluto das reivindicações democráticas é um oportunista" (Lenin 1904b). Para enfatizar o fato de que não defendia nenhum novo modelo "jacobino" de organização partidária, mas apenas "as velhas ideias do *Iskra* sobre organização" (Lenin 1903a), ele reimprimiu em janeiro de 1904 o esboço do seu livro *O Que Fazer?* publicado em setembro de 1902 sob o título "Carta a um camarada sobre nossas tarefas organizacionais". Neste esboço, Lenin descreve as tarefas necessárias para "a unificação prática do partido" e para "a criação de um centro dirigente" da seguinte forma:

> *O número de membros do comitê precisa de ser reduzido; atribuir, na medida do possível, a cada um deles uma função importante e responsável, pela qual responderão; criar um centro dirigente, em número muito*

> *limitado; organizar uma rede de representantes executivos que vincularão o comitê a cada grande fábrica, cuidarão da distribuição regular da literatura e fornecerão ao centro uma imagem exata desse trabalho de distribuição e de todo o mecanismo de trabalho; e, por último, formar numerosos grupos e círculos que se encarreguem de diversas funções ou reúnam pessoas próximas da socialdemocracia, que os ajudem e os preparem para se tornarem socialdemocratas, para que a comissão e o centro estejam sempre atentos às atividades (e composição) desses círculos; estas são as características que a reorganização do comitê de São Petersburgo e de outros comitês partidários deve ter.*

Na sua introdução de janeiro de 1904, Lenin recomendou ao "novo Conselho Editorial do *Iskra*" "as velhas ideias do *Iskra* sobre organização" (Lenin 1903a). E na sua resposta à crítica do seu livro *Um Passo à Frente, Dois Passos Atrás* publicada por Rosa Luxemburgo em *Die Neue Zeit* (Luxemburgo 1904), Lenin afirmou sem rodeios:

> *O artigo de Rosa Luxemburgo publicado na Neue Zeit não dá a conhecer ao leitor o meu livro, mas sim outra coisa. Vou oferecer alguns exemplos para provar isso. A camarada Luxemburgo diz, por exemplo, que o meu livro é uma expressão clara e detalhada do ponto de vista do "centralismo intransigente". Desta forma, a camarada Luxemburgo assume que defendo um sistema de organização contra outro. Mas na realidade não é assim. O que defendo ao longo do livro, da primeira à última página, são os princípios elementares de qualquer organização partidária que se possa imaginar. O meu livro não examina o problema da diferença entre este ou aquele sistema de organização, mas sim o problema de como é necessário apoiar, criticar e corrigir seja qual for o sistema, desde que não contradiga os princípios do partido* (Lenin 1904c).

Os leninistas consideraram as manobras dos mencheviques como ações indisciplinadas e antidemocráticas, porque contradiziam as decisões do Segundo Congresso, e começaram a convocar um Terceiro Congresso, boicotado pelos mencheviques. O primeiro passo nesta campanha tomou a forma de uma reunião dos seguidores de Lenin na Suíça, em agosto de 1904, na qual a facção "bolchevique" foi de fato fundada. Foi elaborado um plano para persuadir as organizações locais a apoiar a exigência de convocação de um novo congresso do partido. Em 22 de dezembro de 1904, a fração bolchevique lançou seu próprio jornal, *Vpered*. Foi apenas durante a revolução russa de 1905 que a divisão entre bolcheviques e mencheviques, que inicialmente girava apenas em torno de questões organizacionais, adquiriu uma base programática, quando Lenin começou a levantar a perspectiva de uma "ditadura democrática do proletariado e do campesinato" – democrática porque Lenin ainda não caracterizava a revolução russa como socialista e limitou-se a exigir a socialização da terra, ou seja, a nacionalização da renda agrária, que em princípio é compatível com o capitalismo ("Temos um novo slogan: ditadura revolucionária democrática do proletariado e dos camponeses", Lenin 1905).

Certas tendências, tanto dentro da socialdemocracia russa como dentro da Segunda Internacional, já tinham começado a ir além da análise de Lenin e a apresentar a perspectiva de que a revolução russa embarcaria num processo de revolução permanente, combinando tarefas democráticas e socialistas, que Lenin adotaria apenas em 1917. Um dos obstáculos que distorcem a visão da história do movimento revolucionário russo e alemão durante a época da Segunda Internacional é o legado de sua falsificação grosseira por Stalin, que em seu ensaio de 1931 – "Sobre algumas questões na história do bolchevismo" – caluniou Rosa Luxemburgo, afirmando "que o bolchevismo, desde o dia em que surgiu, apoiou a linha de ruptura com o centro kautskyista, enquanto Rosa Luxemburgo naquela época apoiava Kautsky desde a esquerda" (Trotsky 1932). De acordo com Stálin:

> *Todo bolchevique sabe, se é realmente um bolchevique, que Lenin, muito antes da guerra, mais ou menos a partir de 1903-1904, quando o grupo de bolcheviques foi formado na Rússia e quando se tornaram conhecidos os esquerdistas da socialdemocracia alemã, orientou-se para a ruptura com os oportunistas, tanto no Partido Socialdemocrata da Rússia como na Segunda Internacional, particularmente na socialdemocracia alemã. Todo bolchevique sabe que, precisamente por isso, os bolcheviques, já então (1903-1905), conquistaram nas fileiras dos oportunistas da Segunda Internacional o honroso título de "divididos" e "desorganizadores"* (Stalin 1931).

Trotsky refutou estas distorções no seu artigo "Tirem as mãos de Rosa Luxemburgo!", onde afirmou: "É verdade que em 1903-1904 Lenin era um inimigo irreconciliável do oportunismo da socialdemocracia alemã. Mas ele considerava apenas a tendência revisionista teoricamente liderada por Bernstein como oportunista" (Trotsky 1932). Trotsky mencionou os testemunhos que citamos acima, acrescentando outros. Naquela época, Kautsky lutava contra Bernstein. Lenin considerava Kautsky seu professor e não perdeu a oportunidade de indicá-lo. Nas obras de Lenin daquela época e de vários anos mais tarde não há sequer um indício de uma crítica de princípio contra a tendência Bebel-Kautsky. Por outro lado, há muitas declarações sobre o bolchevismo não ser uma tendência independente, mas uma tradução para as condições russas da tendência Bebel-Kautsky. Aqui está o que Lenin escreveu em meados de 1905, no seu panfleto *Duas Táticas da Socialdemocracia na Revolução Democrática*: "*Onde e quando eu disse que o revolucionismo de Bebel e Kautsky é 'oportunismo'? (...) Onde e quando surgiram discrepâncias entre Bebel e Kautsky, por um lado, e eu, por outro? (...) A completa unanimidade da socialdemocracia revolucionária internacional em todos os grandes problemas de programa e tática é um fato incontestável*" (Lenin 1905a). As palavras claras, precisas e categóricas de Lenin esgotam a questão.

Um ano e meio depois, em 7 de dezembro de 1906, Lenin escreveu, no artigo *A Crise do Menchevismo*: "Desde o primeiro momento declaramos: não criamos uma tendência 'bolchevique' especial, simplesmente defendemos sempre e em todo o lado o ponto de vista da socialdemocracia revolucionária. Até alcançarmos a revolução social na socialdemocracia, haverá inevitavelmente uma ala oportunista e uma ala revolucionária" (Lenin 1906b). Ao referir-se ao menchevismo como a ala oportunista da socialdemocracia, Lenin não o comparou ao kautskysmo, mas ao revisionismo. Mais ainda; Ele considerava o bolchevismo a forma russa de kautskysmo, que na sua opinião era na época idêntico ao marxismo. Além disso, o parágrafo transcrito demonstra que Lenin não era de modo algum favorável à ruptura com os oportunistas; não só os aceitou, mas considerou "inevitável" a existência do revisionismo dentro da socialdemocracia até ao momento da revolução social.

Trotsky acrescentou, como testemunho da verdadeira relação entre Kautsky e Lenin até 1914, a resposta do primeiro ao questionário de Plekhanov sobre as forças motrizes e perspectivas da revolução russa, de outubro de 1906, resposta que constitui uma refutação clara das perspectivas mencheviques (Kautsky 1906a). Em 20 de dezembro de 1906, Lenin acolheu com entusiasmo a resposta de Kautsky ao questionário de Plekhanov sobre o caráter da revolução russa: "*Kautsky confirma plenamente a nossa afirmação de que nós defendemos a posição da socialdemocracia revolucionária contra o oportunismo e não criamos uma tendência bolchevique 'peculiar'*" (Lenin 1906c).

> *Segundo Stalin, já em 1903, Lenin exigia uma ruptura na Alemanha com os oportunistas, não só com os da direita (Bernstein), mas também com os da esquerda (Kautsky). Mas em dezembro de 1906, Lenin, como já vimos, orgulhosamente apontou a Plekhanov e aos mencheviques que a tendência de Kautsky na Alemanha e a do bolchevismo na Rússia eram... idênticas. Esta é a primeira parte da incursão de Stalin na história ideológica do bolchevismo. A consciência do nosso pesquisador é semelhante ao seu conhecimento! Na realidade, o centrismo kautskyista apareceu sete anos depois da cisão do POSDR, em 1910, durante a polémica sobre a greve de massas; controvérsia que Kautsky travou, não contra Lenin, mas contra Rosa Luxemburgo. Quando Rosa Luxemburgo começou a discutir com Kautsky, Lenin não participou dessa luta nem apoiou Rosa Luxemburgo até 1914. Totalmente absorvido pelos problemas russos, manteve extrema cautela nos assuntos internacionais. Para Lenin, a estatura revolucionária de Bebel e Kautsky era infinitamente maior do que aos olhos de Rosa Luxemburgo, que os observava muito de perto, em ação, e estava diretamente envolvida na atmosfera da política alemã. Lenin foi apanhado completamente de surpresa pela capitulação da socialdemocracia alemã em 4 de agosto. Sabe-se que ele acreditava que a edição do Vorwärts onde foi publicada a declaração patriótica da fração social-democrata era uma falsificação do Estado-Maior alemão. Só depois de se ter tornado absolutamente convencido da horrível verdade é que ele reviu a sua caracterização das tendências fundamentais da social-democracia alemã, e fê-lo à maneira leninista, de uma vez por todas* (Trotsky 1932).

De acordo com o testemunho de Trotsky, ainda em agosto de 1914 Lenin estava simplesmente tentando adaptar o modelo partidário de Bebel e Kautsky às difíceis condições da autocracia czarista. Tudo isto sugere que devemos ser cautelosos contra leituras anacrónicas que projetam a controvérsia entre bolcheviques e mencheviques no tempo, em direção ao nascimento mítico de um "leninismo" entendido como um tipo particular de organização partidária. Este mito teve origem na política de "bolchevização" (na verdade, burocratização) de Zinoviev, lançada em 1924 para erradicar os simpatizantes de Trotsky dos partidos comunistas mundiais, no âmbito da sua aliança com Kamenev e Stalin, conhecida como a "troika" (Broué 1997), assumida pelo líder do trotskismo norte-americano – que por omissão permaneceu à frente da Quarta Internacional durante a Segunda Guerra Mundial – James Cannon, um ex-zinovievista (Cannon 1924, 1943).

Utilizando fontes da época, fica claro que o modelo de organização partidária proposto por Lenin em seu livro *O que Fazer?* para o nascente movimento socialdemocrata russo, não representava um "novo tipo de partido" (um "partido de quadros" em oposição a um "partido de massas"), mas simplesmente uma adaptação do exemplo do Partido Sociademocrata da Alemanha (o SPD, "partido orientador" da Segunda Internacional) às condições da resistência russa e à luta fracional contra os "economistas", o Bund judeu e uma série de organizações localistas. Ao mesmo tempo, este modelo de organização partidária não representava uma iniciativa individual de Lenin, mas era o projeto conjunto do grupo que editava o jornal *Iskra* (A Centelha), publicado desde 1º de dezembro de 1900, que viria a organizar o Segundo Congresso do POSDR em julho-agosto de 1903. Isto é demonstrado não apenas pelo apoio do "pai do marxismo russo", Georgi Plekhanov, a Lenin no Segundo Congresso, mas também por as críticas de Vera Zasulich, uma das mais proeminentes representantes do grupo editorial do *Iskra*, à tática de terrorismo individual utilizada pelo recentemente criado Partido Socialista Revolucionário Russo. Esta crítica – publicada no órgão teórico da social-democracia alemã, *Die Neue Zeit*, em dezembro de 1902, mesmo ano em que foi publicado o livro de Lenin – defende exatamente os mesmos argumentos de Lenin e parafraseia passagens de *O que Fazer?*

A subsequente divisão entre bolcheviques e mencheviques no Segundo Congresso do POSDR surgiu devido a divergências que surgiram entre os "duros", centrados em Lenin, e os "brandos" centrados em Martov, divergências que se centraram, por um lado, nos requisitos necessários para ser aceite como membro individual do partido (mais rigorosos no caso de Lenin, que insistia na necessidade de um corpo de revolucionários profissionais capazes de escapar aos ataques da polícia czarista e na necessidade de pôr fim à "métodos artesanais" de luta gerados pela dispersão das atividades dos comitês, e mais frouxos no caso de Martov) e, por outro lado, na possibilidade de que a definição de Martov oferecesse a toda uma série de organizações anti-*Iskra* argumentos para continuar a existir dentro do POSDR, uma concessão que Lenin rejeitou como "oportunismo em questões organizacionais", e que Martov considerou necessária para evitar uma divisão entre apoiantes e oponentes do *Iskra*.

Esta contextualização histórica é particularmente importante para refutar a falsificação da história do marxismo pelo stalinismo, segundo a qual Lenin já havia iniciado uma polêmica em 1903 com o centro kautskyista (na verdade ainda inexistente), em contraste com a posição supostamente centrista de Rosa Luxemburgo. Na verdade, até agosto de 1914, Lenine tentava simplesmente transportar o modelo partidário de Bebel e Kautsky para as difíceis condições da autocracia czarista. Relativamente à atitude de Lenin em relação aos partidos de massas, temos o seguinte testemunho numa carta que enviou a Inessa Armand em abril de 1914:

> *É incorrecto dizer que o partido alemão é o partido mais oportunista da Europa. Apesar de tudo, é o melhor partido, e a nossa tarefa é tirar dos alemães tudo o que há de mais valioso (a massa de jornais, o grande número de membros do partido, a adesão massiva dos sindicatos, a assinatura sistemática de jornais, o controle rigoroso sobre os parlamentares – os alemães são melhores neste controle do que os franceses e os italianos, para não falar da Grã-Bretanha –, e assim por diante), adotando tudo isto sem fazer o jogo dos oportunistas* (Lenin 1914).

Referências citadas

Baron, Samuel H. 1976, *Plekhanov: El padre del marxismo ruso*, Madri: Siglo XXI.

Bernstein, Eduard, *Las premisas del socialismo y las tareas de la socialdemocracia* (janeiro de 1899), México: Siglo XXI, 1982.

Broué, Pierre 1997, *Histoire de l'Internationale Communiste, 1919-1943*, Paris: Fayard.

James P. Cannon and the Early Years of American Communism: Selected Writings and Speeches, 1920-1928, Nova York: Spartacist Publishing Co., 1992, pp. 232-243.

Cannon, James 1943, *The Struggle for a Proletarian Party*, Nova York: Pioneer Publishers.

Daniels, Robert V. (ed.) 1993, *A Documentary History of Communism in Russia from Lenin to Gorbachev*, Burlington, Vermont: University of Vermont Press.

Deutsch, Leo 1903, *Sixteen Years in Siberia: Some Experiences of a Russian Revolutionist*, Londres: John Murray.

Harding, Neil 1983, *Marxism in Russia: Key Documents 1879-1906*, Cambridge University Press.

Hildermeier, Manfred 2000, *The Russian Socialist Revolutionary Party before the First World War*, Nova York: St. Martin's Press.

Kautsky, Karl 1899, *Bernstein und das sozialdemokratische Programm. Eine Antikritik*, Stuttgart: Dietz Verlag.

Kautsky, Karl 1902, "Die Revision des Programms der Sozialdemokratie in Oesterreich", *Die Neue Zeit*, 1. Bd. (1902), H. 3, 20. 1901-1902, pp. 68-82.

Kautsky, Karl 1906, "Fuerzas motrices y perspectivas de la revolución rusa, 1906", traducido y editado por Daniel Gaido y Paula Ávila, *Revista Izquierdas* (Chile), nº 24, julho 2015, pp. 246-283.

Keep, J.L.H. 1963, *The Rise of Social Democracy in Russia*, Oxford: Clarendon Press.

Lenin, El contenido económico del populismo y su crítica en el libro del señor Struve (reflejo del marxismo em la literatura burguesa), em Lenin, *Obras Completas*, Madri: Akal Editor, 1974, Tomo I: 1893-1894, pp. 351-540.

Lenin, "Protesta de los socialdemócratas de Rusia", publicado por primera vez em dezembro de 1899 em una *separata* de la revista *Rabochaya Dyelo*, nº 4-5, em Lenin, *Obras Completas*, Madri: Akal Editor, 1976, Tomo IV: 1899-abril de 1901, pp. 169-184.

Lenin, "Declaración de la redacción de *Iskra*," escrito em setembro de 1900, em Lenin, *Obras Completas*, Madri: Akal Editor, 1976, Tomo IV: 1899-abril de 1901, pp. 359-366.

Lenin, "¿Por dónde empezar?", *Iskra*, núm. 4, maio de 1901, em Lenin, *Obras Completas*, Madri: Akal Editor, 1976, Tomo V: maio 1901-fevereiro 1902, pp. 9-20.

Lenin, *¿Qué hacer? Problemas candentes de nuestro movimiento* (março 1902), em Lenin, *Obras Completas*, Madri: Akal Editor, 1976, Tomo V: maio 1901-fevereiro 1902, pp. 351-556.

Lenin, "Por qué la Socialdemocracia debe declarar una guerra decidida y sin cuartel a los Socialistas Revolucionarios", escrito em junho-julho de 1902, publicado por primeira vez em 1923 na revista *Prozhekior*, nº 14, em Lenin, *Obras Completas*, Madri: Akal Editor, 1976, Tomo VI: janeiro de 1902 – agosto de 1903, pp. 214-217.

Lenin, "Aventurerismo revolucionario", *Iskra*, nº 23, 1° de agosto de 1902, y nº 24, 1° de setembro de 1902, em Lenin, *Obras Completas*, Madri: Akal Editor, 1976, Tomo VI: janeiro de 1902 – agosto de 1903, pp. 218-240.

Lenin, "El socialismo vulgar y el populismo, resucitados por los Socialistas Revolucionarios", *Iskra*, nº 27, 1º de novembro de 1902, em Lenin, *Obras Completas*, Madri: Akal Editor, 1976, Tomo VI: janeiro de 1902 – agosto de 1903, pp. 291-298.

Lenin, "Nuevos acontecimientos y viejos problemas", *Iskra*, nº 29, 1 de dezembro de 1902, em Lenin, *Obras Completas*, Madri: Akal Editor, 1976, Tomo VI: janeiro de 1902 – agosto de 1903, pp. 306-312.

Lenin, "La tesis fundamental contra los eseristas", escrito em noviembre-dezembro de 1902, publicado por primera vez em 1936 em *Proletárskaia Revolutsia*, nº 7, em Lenin, *Obras Completas*, Madri: Akal Editor, 1976, Tomo VI: janeiro de 1902 – agosto de 1903, pp. 301-305.

Lenin, "Carta a un camarada sobre nuestras tareas de organización" (janeiro de 1904), em Lenin, *Obras Completas*, Madri: Akal Editor, 1976, Tomo VI: janeiro de 1902 – agosto de 1903, pp. 253-279.

Lenin, "Proyecto de estatuto del POSDR", em Lenin, *Obras Completas*, Madri: Akal Editor, 1976, Tomo VI: janeiro de 1902 – agosto de 1903, p. 515.

Lenin, "Discursos e intervenciones en la discusión de los estatutos del partido", 2 (15) de agosto, em Lenin, *Obras Completas*, Madri: Akal Editor, 1976, Tomo VI: janeiro de 1902 – agosto de 1903, pp. 547-551.

Lenin, "Información sobre el II Congreso del POSDR", primera mitad de setembro de 1903, em Lenin, *Obras Completas*, Madri: Akal Editor, 1976, Tomo VII: setembro de 1903-dezembro de 1904, pp. 17-37.

Lenin, "II Congreso de la 'Liga de la Socialdemocracia Revolucionaria Rusa em el Extranjero'", 13-18 (26-31) de octubre de 1903", em Lenin, *Obras Completas*, Madri: Akal Editor, 1976, Tomo VII: setembro de 1903-dezembro de 1904, pp. 75-93.

Lenin, "Carta a la redacción de *Iskra*", *Iskra*, núm. 53, 25 de novembro de 1903, em Lenin, *Obras Completas*, Madri: Akal Editor, 1976, Tomo VII: setembro 1903-dezembro 1904, pp. 125-129.

Lenin, *Un Paso Adelante, Dos Pasos Atrás* (La crisis en nuestro partido) (maio de 1904), em Lenin, *Obras Completas*, Madri: Akal Editor, 1976, Tomo VII: setembro de 1903-dezembro de 1904, pp. 229-452.

Lenin, "*Un Paso Adelante, Dos Pasos Atrás*: Respuesta de N. Lenin a Rosa Luxemburgo" (segunda mitad de setembro de 1904), em Lenin, *Obras Completas*, Madri: Akal Editor, 1976, Tomo VII: setembro de 1903-dezembro de 1904, pp. 519-530.

Lenin, *Dos Tácticas de la Socialdemocracia en la Revolución Democrática* (julho de 1905), em Lenin, *Obras Completas*, Madri: Akal Editor, 1976, Tomo IX: junho-novembro 1905, pp. 9-137.

Lenin, "El socialismo y el campesinado", *Proletari*, nº 4, 19 Setembro de 1905, em Lenin, *Obras Completas*, Madri: Akal Editor, 1976, Tomo IX: junho-novembro 1905, pp. 309-317.

Lenin, "La crisis del menchevismo", *Proletari*, núm. 9, 7 de dezembro de 1906, em Lenin, *Obras Completas*, Madri: Akal Editor, 1976, Tomo XI: junho 1906- janeiro 1907, pp. 368- 393.

Lenin, "El proletariado y su aliado en la revolución rusa", *Proletari*, núm. 10, 20 de dezembro de 1906, em

Lenin, "Prólogo a la recopilación *12 años*" (novembro de 1907), em Lenin, *Obras Completas*, Madri: Akal Editor, 1977, Tomo XIII: pp. 88-107.

Lenin, "how the socialist-revolutionaries sum up the revolution and how the revolution has summed them up," *Proletari*, nº 41, 7 (20) janeiro 1909, Lenin, *Collected Works*, Moscou: Progress Publishers, 1973, Vol. 15, pp. 330-344.

Lenin, "Letter from V.I. Lenin to Inessa Armand" (written in April, prior to 8th, 1914), in Lenin, *Collected Works*, Moscou: Progress Publishers, 1977, Vol. 43, pp. 396-397.

Lih, Lars T. 2006, *Lenin Rediscovered:* What Is to Be Done?, Leiden: Brill.

Luxemburgo, Rosa 1904, "Organisationsfragen der russischen Sozialdemokratie", *Die Neue Zeit*, 22. 1903-1904, S. 529-535.

Mullin, Richard 2015, *The Russian Social-Democratic Labour Party, 1899-1904: Documents of the 'Economist' Opposition to Iskra and Early Menshevism*, Leiden: Brill.

Plekhanov, Georgi, El socialismo y la lucha política, em Plekhanov, *Obras Escogidas*, Buenos Aires: Editorial Quetzal, 1964, tomo II, pp. 7-67.

LENIN, TROTSKY E O CONCEITO DE REVOLUÇÃO PERMANENTE

Angelo Segrillo[3]

Aspecto fascinante da Revolução Russa de 1917 foram as relações entre Lenin e Trotsky. Companheiros durante a Revolução e inimigos políticos antes dela, o capítulo do desenvolvimento das disputas teóricas entre os dois constitui um ponto de eterna discussão.[4] No cerne do problema encontra-se a questão da *revolução permanente*. No Ocidente, de modo geral, associada mais diretamente ao nome de Trotsky, a teoria da revolução permanente acabou também encontrando um nicho na herança teórica leninista devido às próprias características de compressão temporal da distância entre a Revolução de Fevereiro (democrático-burguesa) e a de Revolução de Outubro (socialista). Por exemplo, o verbete "Revolução Permanente" (*Permanentnaya Revolyutsiya*) da *Enciclopédia Histórica Soviética* dizia:*A ideia da revolução permanente foi concebida primeiramente por Marx e Engels no [...] Manifesto Comunista e na Mensagem do Comitê Central à Liga dos Comunistas [... Lenin] desenvolveu-a na teoria da transformação da revolução democrático-burguesa em socialista [...] em 1905 ("Duas Táticas da Social-Democracia na Revolução Democrática", "Relação da Social-Democracia Com o Movimento Camponês"). Estas posições de Lenin em 1905 serviram de base para que ele chegasse, em 1915, à conclusão da possibilidade do socialismo em um só país [no ensaio "Sobre o Slogan dos Estados Unidos da Europa" ...]. A teoria marxista-leninista da revolução permanente foi desvirtuada cruamente por Parvus e Trotsky, que criaram em 1905 a chamada teoria da "revolução permanente", na base da qual estava a negação menchevique das*

---

3   Professor Associado de História Contemporânea da Universidade de São Paulo (FFLCH). Doutor pela UFF e Mestre pelo Instituto Pushkin de Moscou, é autor dos livros *O Declínio da URSS: um estudo das causas* (Record), *De Gorbachev a Putin* (Prismas) e *Karl Marx: uma biografia dialética* (Appris).

4   O presente texto foi originalmente publicado como artigo na revista *Tempos Históricos* (vol. 5/6, p. 239-254, 2003/2004). Agradecemos aos editores de *Tempos Históricos* pela permissão de reproduzi-lo aqui.

possibilidades revolucionárias do campesinato [...] Pela teoria de Trotsky, o proletariado sozinho, sem aliados, de uma só vez, poderia derrubar a autocracia e tomar o poder nas mãos [...] Lenin indicou que a teoria de Trotsky era semi-menchevista, pois ela "pega emprestado dos bolcheviques o chamado para a luta revolucionária e decidida do proletariado para a tomada pelo poder e emprestado dos mencheviques ... a negação do papel do campesinato".[5] (SIS, vol. 11, p. 43-44)

A ideia original de Marx a que se refere o verbete está contida no seguinte parágrafo da *Mensagem do Comitê Central à Liga dos Comunistas* (de março de 1850), que procura explicar qual deveria ser a estratégia dos comunistas na Alemanha:

> *Enquanto os pequeno-burgueses democráticos querem acabar a revolução o mais rápido possível [...] é nosso interesse e nossa tarefa tornar a revolução permanente até que todas as classes exploradoras tenham sido expulsas de sua situação de domínio, até que o proletariado tenha conquistado o poder do Estado e que a associação dos proletários tenha avançado tanto não apenas em um país, mas em todos os países dominantes do planeta que a competição entre esses proletários tenha cessado e que as principais forças produtivas estejam concentradas nas mãos dos proletários [...] O grito de guerra deve ser: a Revolução em Permanência* (Marx & Engels, 1961-1971, vol. 7, p. 245-248 e 254).

Trotsky tomaria como base essa passagem de Marx e descreveria sua teoria da revolução permanente aplicada às condições russas da seguinte maneira:

> *A revolução permanente, no sentido que Marx havia atribuído a esta concepção significa uma revolução que não termina senão com a liquidação total da sociedade de classe [...] É preciso distinguir três categorias de ideias que se unem [...] nessa teoria. Primeiro, ela compreende o problema da passagem da revolução democrática para a revolução socialista [...] Quanto ao seu segundo aspecto, [... este] caracteriza a própria revolução socialista. Durante um período, cuja duração é indeterminada, todas as relações sociais se transformam no curso de uma luta interior comum. A sociedade muda de pele sem parar. As transformações econômicas, técnicas, científicas, na família, nos modos, nos costumes formam,*

---

5 A bibliografia utilizada neste texto está em diversas línguas. Quando a obra original estiver em idioma estrangeiro, fica subentendido que as citações dali extraídas são de tradução do próprio autor.

> *ao se completarem, combinações e relações recíprocas tão complexas que a sociedade não pode chegar a um estado de equilíbrio. Nisso se revela o caráter permanente da própria revolução socialista. Quanto ao seu terceiro aspecto, a teoria da revolução permanente considera o caráter internacional da revolução socialista, que resulta do presente estado da economia e da estrutura da humanidade. O internacionalismo não é um princípio abstrato: constitui o reflexo político e teórico do caráter mundial da economia, do desenvolvimento mundial das forças produtivas e do impulso mundial da luta de classes. A revolução socialista começa no terreno nacional, mas não pode parar aí. A revolução proletária só pode ser mantida nos quadros nacionais sob a forma de um regime provisório [...] Quando existe uma ditadura proletária isolada, as contradições interiores e exteriores sucedem-se e aumentam inevitavelmente. Se o Estado Proletário permanecer isolado, sucumbirá finalmente, vítima dessas contradições. Sua salvação reside unicamente na vitória do proletariado dos países avançados. Desse ponto de vista, a revolução nacional não constitui uma meta em si, mas apenas um elo da corrente internacional. A revolução internacional, malgrado seus recuos e refluxos provisórios, representa um processo permanente* (Trotsky, 1972, p. 40-44).

Esse trecho é de um texto da década de 1930, mas Trotsky já havia formulado sua teoria da revolução permanente nos livros "Nossa Revolução" e "Balanço e Perspectivas" de 1906. Neles, insistia na tese que a incipiente burguesia russa, espremida entre o poder do interventor Estado russo e do capital estrangeiro, era fraca demais para executar as tarefas da sua própria revolução democrático-burguesa e, portanto, o proletariado seria obrigado a completar a realização dessas tarefas. (Trotsky, 1979, p. 27-28 e 58) E, uma vez feito isso, o proletariado seria forçado, por conta da própria situação revolucionária, a levar adiante a revolução para a etapa socialista. (*Ibid.*, p. 72-75, onde são dados os exemplos de como a colocação em prática por um partido revolucionário de medidas como as 8 horas de trabalho diário ou o salário-desemprego levariam a *lock-outs* por parte dos patrões, o que forçaria um partido consistentemente socialista, ao invés de recuar, a confiscar estas empresas, o que em si já inicia um processo de estatização ou socialização) O aguçamento da luta de classes por esta passagem à luta pelo socialismo levaria a uma reação tremenda das classes descontentes com o poder operário. A reação seria tamanha que o jovem proletariado russo necessitaria da ajuda do proletariado dos países mais avançados para aguentar a pressão não apenas de todas as classes contrarrevolucionárias russas como da burguesia internacional, que tentaria sufocar o nascente poder soviético. Daí a necessidade de que a revolução se espalhasse aos países adiantados. (*Ibid.*, p. 117)

Como assinalou o próprio Stalin, (1946-1951, vol. 8, p. 19) o principal motivo de desacordo intelectual entre Trotsky e Lenin (1972-1976, vol. 15, p. 371; *Ibid.*, vol. 21, p. 419) na época se referia, não tanto ao caráter "permanente" e "internacional" da revolução, mas quanto ao papel do campesinato. Enquanto Lenin pregava uma aliança operário-camponesa (sob hegemonia do proletariado) para levar adiante e completar a revolução democrático-burguesa na Rússia (a despeito da fraqueza da burguesia do país), para Trotsky (1979, p. 61-62) o campesinato nunca tivera política própria, era vacilante e constituía um aliado pouco confiável para o proletariado: no máximo, poderia ser um parceiro subordinado (fornecendo alguns ministros, por exemplo) em um governo de total hegemonia proletária. Principalmente porque, pela teoria da revolução permanente de Trotsky, (1979, p. 70-71 e 102-103) o governo operário seria forçado a passar logo da etapa democrático-burguesa à socialista e, portanto, quaisquer vantagens que o campesinato (como classe pequeno-burguesa) pudesse almejar dentro de uma etapa democrático-burguesa (como, por exemplo, os latifúndios expropriados serem divididos entre pequenos proprietários rurais) se esvairia assim que se passasse à etapa socialista (onde a terra não seria dada à ninguém como propriedade privada).

Não que Lenin (1972-1976, vol. 9, p. 136 e 236-237) não estivesse consciente das possíveis vacilações (dentro da etapa democrático-burguesa da revolução) e mesmo reacionarismo (dentro da etapa socialista) do campesinato. Ao contrário, isto sempre foi apontado por ele em seus escritos. Entretanto, Vladimir Ilitch parecia crer que a etapa democrático-burguesa da revolução seria mais "longa" ou teria maior separação da etapa socialista que Trotsky com sua teoria da revolução permanente. Ou seja, haveria na concepção leniniana mais tempo e espaço para que fossem exploradas completamente as possibilidades "progressistas-revolucionárias" do campesinato na etapa democrático-burguesa da revolução, antes que se entrasse na fase socialista em que provavelmente o campesinato (pequenos proprietários rurais) se viraria contra o governo proletário que passaria, então, a contar com o apoio apenas do proletariado rural. (*Ibid.*)

Aí está o centro do problema que quero analisar neste ensaio. A questão de um possível "etapismo" em Lenin em relação à Trotsky *no período pré-1917*. Obviamente o termo "etapismo" aqui está utilizado em termos relativos. Etapismo, em seu sentido genérico, refere-se às concepções de que um país atrasado em termos de capitalismo tem que passar por um período suficientemente longo sob um regime burguês para que somente então (após criadas as condições burguesas pré-necessárias) seja realizada a passagem à revolução socialista com a socialização dos meios de produção. Exemplo disso seriam vários dos principais ideólogos mencheviques que consideravam que a Rússia deveria desenvolver-se capitalisticamente primeiro (e mesmo sob domínio da burguesia) antes de tentar o salto ao socialismo.

É claro que nem Trotsky nem Lenin podem ser "acusados" de etapismo no sentido descrito acima. Trotsky, ao contrário, desde 1906, com sua teoria da revolução permanente, poderia ser até acusado de uma visão demasiado "anarquista" da passagem imediata da fase democrático-burguesa para a socialista. Lenin (1972-1976, vol. 9, p. 103; *Ibid.*, vol. 12, p. 457-458), por sua vez, sempre defendeu a liderança do proletariado, tanto na fase democrático-burguesa quanto (obviamente) na fase socialista. Mas, até antes da primeira guerra mundial, parece notar-se em Lenin (1972-1976, vol. 12, p. 457) uma percepção de que a revolução na Rússia tinha caráter eminentemente burguês e que seria prematuro falar-se de maneira antecipada em pulo para o socialismo. Com a Primeira Guerra Mundial, a internacionalização do conflito, o entrelaçamento cada vez maior das relações (belicistas ou não) entre os povos e a possibilidade do espoucar de situações revolucionárias em vários pontos da Europa parece aumentar em Lenin (1972-1976, vol. 21, p. 347, 381 e 418) a impressão de que uma situação revolucionária na Rússia poderia levar ao detonamento de revolução socialista na Europa. Finalmente, em 1917 a extrema aceleração dos acontecimentos na Rússia com o estouro da Revolução de Fevereiro e a situação de poder dual (governo provisório-Sovietes) levou a que Vladimir Ilitch desembarcasse na Rússia com suas "Teses de Abril" e outros escritos que muitos entenderam como um autêntico chamado para a passagem imediata da etapa democrático-burguesa para a socialista da revolução.

Esse desenvolvimento do pensamento estratégico leninista não era visto assim pela historiografia oficial soviética. Segundo esta, a concepção de Lenin de uma revolução "ininterrupta" ou "permanente" (no sentido da transformação relativamente rápida da revolução democrático-burguesa em socialista) não veio em consequência da guerra ou da aceleração dos acontecimentos em 1917, mas já tinha sido formulada por Lenin em 1905. Para provar isso, Stalin, (1946-1951, vols. 6 e 8) em seus ensaios "Questões do Leninismo" e "Fundamentos do Leninismo", cita as duas passagens seguintes de 1905 de Lenin (respectivamente de "A Relação dos Social-Democratas com o Movimento Camponês" e "Duas Táticas da Social-Democracia na Revolução Democrática"):

> *Da revolução democrática nós imediatamente começaremos a passar, na medida de nossas forças, as forças do proletariado organizado e consciente, à revolução socialista. Nós somos pela revolução ininterrupta. Nós não pararemos no meio do caminho...*
>
> *Não caindo no aventurismo, nem traindo nossa consciência científica, nem indo atrás de popularidade barata, nós podemos dizer apenas o seguinte: nós ajudaremos os camponeses com todas as nossas forças a realizar a revolução democrática, para que se torne mais fácil a nós, partido do proletariado, passar o quanto mais rápido à tarefa nova e superior da revolução socialista* (Lenin, 1972-1976, vol.9, p. 236-237)

e

> *O proletariado deve levar a termo a revolução democrática, trazendo junto de si a massa do campesinato a fim de reprimir à força a reação da autocracia e paralisar a instabilidade da burguesia. O proletariado deve completar a revolução socialista, trazendo junto de si a massa dos elementos semi-proletários da população, a fim de quebrar a força da resistência da burguesia e paralisar a instabilidade do campesinato e da pequena burguesia* (Lenin, 1972-1976, vol. 9, p. 100)

Essas duas citações, principalmente a primeira ("somos pela revolução ininterrupta") parecem indicar de modo inequívoco (ainda mais quando associadas ao comportamento político do autor em 1917) que Lenin, já em 1905, não ficava atrás de Trotsky em termos da "revolução permanente" pregada por Marx (principalmente quando juntadas a uma outra citação de caráter similar em seu texto "Revisão do Programa Agrário do Partido do Proletariado" de abril de 1906; Lenin, 1972-1976, vol. 10, p. 191-192)

A nível meramente exegético, de citação de trechos de textos, não encontrei na coleção das *Obras Completas* de Lenin, entre 1907 e 1914 nenhuma outra passagem que se aproximasse de uma afirmativa tão categórica utilizando o conceito ou a palavra *permanentnaya* ("permanente") ou *nepreryvnaya* ("ininterrupta") ao qualificar a possível revolução russa. Ao contrário, talvez refletindo a disposição de espírito trazida pelo refluxo da revolução neste período, pode-se apresentar uma série de citações de Lenin em que ele diz claramente que a revolução russa tinha um caráter eminentemente burguês e que qualquer sonho de um "salto no escuro" imediato para o socialismo seria uma apreciação incorreta naquele momento. Por exemplo, Lenin (1972-1976, vo. 12, p. 457-458) no V Congresso do Partido, em 1907, declarou ao criticar a concepção menchevique de que "o proletariado não poderia e não deveria ir além da burguesia russa na revolução burguesa":

> *Os bolcheviques tiveram a opinião oposta. Eles defendiam inequivocamente que, em seu conteúdo social e econômico, nossa revolução é burguesa. Isto significa que os objetivos da revolução que está ocorrendo na Rússia não ultrapassam os limites da sociedade burguesa. Mesmo a vitória mais completa da revolução atual, i.e., a realização da mais completa democracia e o confisco de todas as propriedades rurais pelo campesinato, não afetaria a base do sistema social burguês. A propriedade privada dos meios de produção, ou a agricultura privada [...] e a economia de mercadorias continuará [...]*
>
> *Tudo isto é indubitável para qualquer marxista. Mas daí não advém que a burguesia [... deva ser] o líder da revolução. [... Nas condições da Rússia] somente o proletariado é capaz de consumar a revolução [...burguesa]. Mas esta vitória só pode ser alcançada se o proletariado conseguir liderar uma grande parte do campesinato. A vitória da presente revolução [burguesa] na Rússia é possível apenas como a ditadura democrático-revolucionária do proletariado e do campesinato.*

Citações igualmente claras sobre o caráter burguês da revolução russa, com colocações da temeridade de se fazer previsões sobre a possibilidade da passagem *imediata* para a revolução socialista foram feitas em diversos outros anos até 1914 (ver por exemplo, citações de 1908, 1910 e 1911, respectivamente, em Lenin, 1972-1976 vol. 15, p. 331-332; *Ibid.*, vol. 17, p. 128; *Ibid.*, vol. 17, p. 128). O mais surpreendente é notar que, no mesmo texto de 1905 ("Duas Táticas da Social-Democracia na Revolução Democrática", citado por Stalin) em que Lenin havia falado na passagem da revolução democrática para a socialista, encontra-se uma passagem com sentido aparentemente oposto e mais próximo das citações arroladas no parágrafo acima. Aprovando a resolução tomada pelo partido no III Congresso sobre as tarefas de um governo provisório revolucionário, ele afirmava:

> [...] *A resolução, ao tornar tarefa do governo provisório revolucionário a implementação do programa mínimo do partido, elimina as ideias absurdas e semi-anarquistas de efetivar imediatamente o programa máximo e a conquista do poder para uma revolução socialista. O grau de desenvolvimento econômico da Rússia (uma condição objetiva) e o grau de consciência de classe e de organização das amplas massas do proletariado (uma condição subjetiva inseparavelmente ligada à condição objetiva) torna impossível a imediata e completa emancipação da classe trabalhadora. Apenas as pessoas mais ignorantes podem fechar os olhos à natureza burguesa da revolução democrática que está ocorrendo agora [...] Em réplica às objeções anarquistas de que nós estamos adiando a revolução socialista, nós dizemos: nós não a estamos adiando, mas tomando os primeiros passos em direção à ela da única maneira possível, ou seja, de uma república democrática* (Lenin, 1972-1976, vol. 9, p. 28-29).

Como entender esta aparente contradição? Em uns poucos pontos Lenin diz que é pela revolução "ininterrupta" até a fase socialista e em uma série (bem maior entre 1907 e 1914) de outros declara que a revolução russa tem caráter inequivocamente burguês e que quaisquer ideias de "salto" para a etapa socialista seria indício de pensamento "semi-anarquista"... Críticos mais cínicos poderiam apontar isto como uma demonstração do "camaleonismo" de Lenin, sua capacidade tática de adaptar a teoria à prática mutante. Eu prefiro avançar uma outra hipótese. E ela tem a ver com as perspectivas diferenciadas de Lenin e Trotsky sobre o conceito de "revolução permanente".

Quanto a Trotsky, a situação é bem mais clara. Desde 1906, com a publicação dos ensaios "Nossa Revolução" e "Balanço e Perspectivas", ele se comprometera formalmente com uma teoria radical de revolução permanente em que a revolução, para ser eficaz, *tem que* passar da etapa burguesa para a socialista imediatamente, além de se espalhar em escala internacional. O caráter inequívoco e claro desta concepção abriria o flanco de Trotsky a ataques posteriores nos anos 20: se a revolução não estava se espalhando pelo mundo nos anos 20, então o que restaria aos bolcheviques fazer?

Lenin, com seu caráter mais prático, mais "pé-no-chão", mais afinado com as necessidades organizacionais da luta revolucionária, parecia manter uma atitude mais cautelosa do que o intelectualmente impetuoso Trotsky. Sem descartar a possibilidade de uma revolução "ininterrupta", parecia mantê-la como *um dos* possíveis caminhos que a revolução poderia tomar, mas não o único. Tudo dependeria do contexto histórico e da luta de classes. Não é a toa que as duas citações mais diretas de Lenin pela revolução "ininterrupta" sejam de 1905, ano em que a revolta na Rússia estava em ascensão e quando tudo parecia possível. Depois, com o refluxo da revolução em 1906-1912, segue-se avaliações bem mais "moderadas" das possibilidades revolucionárias no país, sumindo as declarações sobre o caráter "ininterrupto" do processo e abundando reflexões sóbrias sobre o caráter eminentemente burguês daquela etapa da luta.

Ou seja, para Lenin, o caráter "ininterrupto" ou não da revolução, ou o ritmo da aproximação entre suas fases democrática e socialista, não poderiam ser fixados *a priori* e dependeriam de uma avaliação correta do equilíbrio de forças da luta de classes no país nos diversos momentos. Isto fica claro mesmo na citação de Lenin acima mais inequívoca a favor da revolução "ininterrupta". Se a alargarmos um pouco para entender melhor o contexto de 1905 em que Lenin discorria (sobre a possibilidade do campesinato, uma vez resolvidas as tarefas democráticas, vir a se tornar antirrevolucionário), teremos:

> *[...] Antagonismo de classe entre o proletariado rural e burguesia camponesa é inevitável e nós o mostramos de antemão, explicamo-lo, e nos preparamos para a batalha na base deste antagonismo. Uma das causas imediatas de tal batalha pode ser a seguinte questão: para quem e como será dada a terra confiscada? Nós não encobrimos esta questão, nem prometemos distribuição igualitária, "socialização", etc. O que dizemos é que esta é uma questão que nós travaremos posteriormente, lutando novamente, em um novo campo e com novos aliados. Lá certamente estaremos com o proletariado rural, com toda a classe proletária, contra a burguesia camponesa. Na prática isto pode significar a transferência da terra para os pequenos camponeses proprietários (onde as grandes propriedades rurais baseadas em servidão feudal ainda prevalecem, e onde ainda*

não há condições materiais para a produção socialista de larga escala) ou nacionalização (em caso de vitória completa da revolução democrática) ou ainda as grandes propriedades capitalistas serem transferidas para as associações de trabalhadores, pois, a partir da revolução democrática nós imediatamente, de acordo com nossa força (a força do proletariado consciente e organizado), começaremos a passar à revolução socialista. Nós somos pela revolução ininterrupta. Nós não pararemos na metade do caminho. Se nós não prometemos agora e imediatamente todo tipo de "socialização" é porque nós conhecemos as condições reais para que esta tarefa seja cumprida, e nós não encobrimos a nova luta de classe que cresce dentro do campesinato, mas revelamos esta luta.

Inicialmente nós apoiamos o campesinato em masse *contra os senhores rurais, apoiamos com toda força e meios, inclusive o confisco. Então (o melhor seria dizer, ao mesmo tempo) nós apoiamos o proletariado contra o campesinato em* masse. *Tentar calcular agora qual será a combinação de forças dentro do campesinato "no dia seguinte" da revolução (revolução democrática) é um utopismo vazio. Sem cair em aventureirismo ou ir contra a nossa consciência científica, sem buscar popularidade barata, nós podemos afirmar e afirmamos apenas uma coisa: nós faremos todos os esforços para ajudar o campesinato como um todo a conseguir a revolução democrática. a fim de facilitar para nós, o partido do proletariado, passarmos tão rápido quanto possível à nova e superior tarefa: a revolução socialista* (Lenin, 1972-1976, vol. 9, p. 236-237)

Na passagem acima fica claro que Lenin, *a priori*, não prometia nem "socialização" (aspas dele) nem adivinhar de antemão qual seria, na realidade, a "combinação de forças" e o ritmo "do dia seguinte da revolução democrática". Prometia sim uma luta contínua ("ininterrupta") para que a revolução, *de acordo com a força* do proletariado, pudesse se processar sempre voltada para a chegada mais rápida *possível* ao socialismo. Ou seja, enquanto Trotsky já dizia "de antemão" que a revolução tinha que ser permanente e internacional (ou não seria uma revolução socialista), Lenin deixava sempre aberta a porta para a ocorrência de outras possibilidades históricas. E, principalmente, pregava uma análise constante da mutante realidade revolucionária para a formulação das estratégias proletárias, ao invés de basear-se em esquemas rígidos *a priori* sobre os caminhos futuros da luta de classes.

"Second Party Congress: The Debate on Clause 1 of the Party Rules", em *Marxism in Russia: Key Documents 1879-1906*, Cambridge University Press, pp. 279-288.

"The Programme of the Russian Social Democratic Labour Party", em *Marxism in Russia: Key Documents 1879-1906*, Cambridge University Press, pp. 288-293.

"The Organisational Statutes of the RSDLP", em *Marxism in Russia: Key Documents 1879-1906*, Cambridge University Press, pp. 293-295.

Struve, Pyotr 1898, "Manifesto of the Russian Social Democratic Labour Party", em *Marxism in Russia: Key Documents 1879-1906*, Cambridge University Press, pp. 223-225.

(Artigo publicado, com mais notas e referências, em *Izquierdas* [Santiago do Chile] nº 35, setembro 2017, http://dx.doi.org/10.4067/S0718-50492017000400318)

Plekhanov, Georgi, La concepción monista de la historia, em Plekhanov, *Obras Escogidas*, Buenos Aires: Editorial Quetzal, 1964, tomo I, pp. 8-276.

Plekhanov, Georgi, "Bernstein y el materialismo", em Plekhanov, *Obras Escogidas*, Buenos Aires: Editorial Quetzal, 1966, tomo II, pp. 301-319.

Plekhanov, Georgi, *La crítica de nuestros críticos*, revista *Zariá*, nº 2-3 em Plekhanov, *Obras Escogidas*, Buenos Aires: Editorial Quetzal, 1966, tomo II, pp. 105-221.

Plekhanov, Georgi 1884, "Programme of Social-Democratic Emancipation of Labour Group", em Plekhanov, *Selected Philosophical Works*, Moscú: Progress Publishers, Vol. I, 1974, pp. 353-357.

Plekhanov, Georgi 1885, *Our Differences*, em Plekhanov, *Selected Philosophical Works*, Moscú: Progress Publishers, Vol. I, 1974, pp. 107-352.

Plekhanov, Georgi 1887, "Second Draft Programme of the Russian Social-Democrats", em Plekhanov, *Selected Philosophical Works*, Moscú: Progress Publishers, Vol. I, 1974, pp. 358-362.

Plekhanov, Georgi 1887, "Speech at the International Workers' Socialist Congress in Paris", Plekhanov, *Selected Philosophical Works*, Moscú: Progress Publishers, Vol. I, 1974, pp. 398-400.

Plekhanov, Georgi 1899a, "Konrad Schmidt gegen Karl Marx und Friedrich Engels", *Die Neue Zeit*, 17. 1898, pp. 133-145.

Plekhanov, Georgi 1899b, "Materialismus oder Kantianismus?", *Die neue Zeit*, 17. 1898, pp. 589-632.

Plekhanov, Georgi 1900, "Vademecum for the Editorial Board of *Rabochee Delo* (February 1900) and Editorial Comments on the Protest of the 17 in *Rabochee Delo* nº 4" em Richard Mullin (ed.), *The Russian Social-Democratic Labour Party, 1899-1904: Documents of the 'Economist' Opposition to Iskra and Early Menshevism*, Leiden: Brill, 2015, pp. 76-163.

Plekhanov, Georgi 1903, "What is not to be done", *Iskra*, nº 52, 7 novembro 1903, em Richard Mullin (ed.), *The Russian Social-Democratic Labour Party, 1899-1904: Documents of the 'Economist' Opposition to Iskra and Early Menshevism*, Leiden: Brill, 2015, pp. 483-494.

Second Ordinary Congress of the Russian Social-Democratic Labour Party, 1903: Complete Text of the Minutes, Londres: New Park, 1978.

Estas análises levaram Lenin a manter um *low profile* em termos de possibilidades de uma revolução *ininterrupta* na Rússia no período de refluxo da revolução entre 1907 e 1912. Entretanto, o estourar da Primeira Guerra Mundial, a internacionalização do conflito e o acirramento das condições na Rússia devido a estes fatores, fez com que Lenin passasse a conceber como forte a possibilidade da revolução russa acontecer pelo caminho que parecia mais natural dentro das ideias clássicas do marxismo: a explosão da revolução na Rússia servir de sinal para o estouro da revolução socialista no Ocidente avançado. Essa ideia, muito comum entre marxistas de diversas matizes na época (inclusive bolcheviques), também era antiga em Lenin. Por exemplo, ele declarou no IV Congresso do Partido em 1906:

> *Eu formularia esta proposição da seguinte maneira: a revolução russa pode conseguir a vitória sozinha, mas não conseguirá se manter e consolidar seus ganhos por suas próprias forças. Não poderá fazer isso a não ser que haja uma revolução no Ocidente. Sem esta condição, a restauração é inevitável [...] Nossa república democrática não tem outras reservas além do proletariado do Ocidente [...] A Rússia do século XX, que está realizando sua revolução burguesa, está cercada de países nos quais o proletariado socialista está completamente preparado às vésperas da batalha final com a burguesia. Se um evento relativamente insignificante como a promessa de 17 de outubro do czar de liberdade na Rússia deu o poderoso ímpeto que deu ao movimento proletário na Europa ocidental, se um telegrama de São Petersburgo anunciando o notório Manifesto Constitucional foi suficiente para fazer os trabalhadores austríacos saírem às ruas [...] vocês podem imaginar o que o proletariado socialista internacional fará quando receber notícias da Rússia, não com promessas de liberdade, mas com o feito real, a completa vitória [...]*(Lenin, 1972-1976, vol. 10, p. 280-281)

Se Lenin já encarava a situação nestes termos em 1906, o período da I Guerra Mundial seria marcado por uma série de textos do líder socialista afirmando crescer a possibilidade de uma revolução de caráter democrático na Rússia que poderia servir como detonador da revolução socialista no Ocidente. Numa série de escritos em 1914-1915 ("Rascunho da Resolução Proposta pelos Social-Democratas de Esquerda para a Primeira Conferência Internacional

Socialista", "A Derrota da Rússia e a Crise Revolucionária", "Sobre as Duas Linhas na Revolução") ele afirmava:

> *A guerra imperialista está introduzindo a época de revolução social [...] Em face da crise revolucionária na Rússia, que está sendo acelerada pela derrota [militar...] nosso partido preservará o slogan de "transformar a guerra imperialista em guerra civil", i.e., o slogan da revolução socialista no Ocidente [...] O proletariado [russo] deve manter uma batalha constante contra o chauvinismo, uma batalha em aliança com o proletariado europeu por uma revolução socialista na Europa [...] Aqui jaz a fundação objetiva da completa possibilidade de vitória da revolução democrática na Rússia. E não há razão para provarmos que as condições objetivas na Europa Ocidental estão maduras para uma revolução socialista; isto era admitido antes da guerra por todos os socialistas influentes em todos os países avançados* (Lenin, 1972-1976, vol. 21, p. 347, 381 e 418-419)

Ou seja, numa série de escritos durante a guerra, mas já antes de 1917, Lenin parecia bastante otimista quanto às possibilidades de uma revolução (democrática) na Rússia, mas tendia a vê-la como uma possível detonadora da revolução socialista na Europa. Foi em 1917, com a aceleração extrema dos acontecimentos políticos na Rússia (revolução de fevereiro já tendo ocorrido, poder dual governo provisório-Sovietes, etc.) que Lenin passou a constatar a possibilidade real de uma revolução ininterrupta. Uma percepção bastante comum é que este corte se deu com as famosas "Teses de Abril": nelas, assim como em seu famoso discurso de chegada na Rússia (na praça da estação ferroviária Finlândia de Petrogrado) no dia 3 de abril de 1917, Lenin teria proposto já a passagem da revolução de sua etapa democrático-burguesa para a socialista. Na verdade, não era bem assim. Vejamos as próprias palavras de Lenin nas *Teses*:

> *2) O traço específico da situação atual na Rússia é que o país está passando do primeiro estágio da revolução (que, devido à insuficiente organização e conscientização de classe do proletariado, colocou o poder nas mãos da burguesia) ao segundo estágio, que colocará o poder nas mãos do proletariado e das camadas mais pobres do campesinato [...]*
>
> *3) Nenhum apoio ao governo provisório [...]*

> *4) [..] As massas precisam ver que os Sovietes de Deputados dos Trabalhadores são a única forma possível de governo revolucionário [...]*
>
> *5) Não uma república parlamentar, [...] mas uma república de Sovietes de Deputados de Operários, Trabalhadores Rurais e Camponeses [...]*
>
> *8) Não é nossa tarefa imediata "introduzir" o socialismo, mas apenas colocar a produção social e a distribuição de produtos sob controle dos Sovietes de Deputados dos Trabalhadores [...]* (Lenin, 1972-1976, vol. 24, p. 22-24)

Assim, o segundo estágio da revolução (democrática) a que se referia Lenin não significava a introdução imediata do socialismo e sim fazer com que o controle e hegemonia do processo revolucionário passasse exclusivamente para o proletariado (na forma dos Sovietes) ao invés de ficar dividido com a burguesia do governo provisório. Uma das razões que leva o autor deste ensaio a crer que a posição de Lenin sobre a possibilidade de uma revolução "ininterrupta" não era tão inequívoca (já em 1905), como querem fazer crer as passagens de Stalin e da Enciclopédia Histórica Soviética acima citadas, é o fato de que houve resistência às *Teses de Abril* de Lenin dentro do próprio partido bolchevique: Kamenev escreveu artigo contra isso e alguns bolcheviques chegaram a acusar Lenin de "trotskismo" ao tentar "forçar" a passagem de uma etapa a outra da revolução.[6] Lenin respondeu a estas críticas em suas "Cartas sobre Tática":

> *"Quanto ao esquema geral do camarada Lenin," escreve o camarada Kamenev, "ele nos parece inaceitável já que parte da pressuposição de que*

---

6   Deutscher, 1968, p. 278. O fato da posição de Lenin nas "Teses de Abril" de 1917 ter recebido críticas de "trotskismo" dentro do próprio partido bolchevique, certas afirmações do próprio Stalin (1946-1951, vol. 8, p. 20; *Ibid.*, vol. 6, p. 101: "alguns camaradas [bolcheviques erroneamente] pensam que Lenin [...] chegou à ideia da revolução permanente após a guerra imperialista [...], que antes disso ele achava que a revolução na Rússia se manteria no quadro da revolução burguesa [...] dizem que estas afirmações chegaram a vir a luz na imprensa comunista"), além da ausência de referências de Lenin à "revolução ininterrupta" no período 1907-1913 reforçam a opinião de que as referências de 1905 de Lenin à revolução ininterrupta não significavam que uma abordagem "permanentista" (no sentido de passagem rápida ou imediata da fase democrático-burguesa à socialista) da revolução fosse uma característica enfatizada e consolidada do leninismo e do bolchevismo no período pré-guerra. Sobre isso, também fornece pistas algumas passagens no texto "A Revolução Proletária e o Renegado Kautsky" de Lenin (1972-1976, vol. 28, p. 299-300).

a revolução democrático-burguesa está completa e aponta para a transformação imediata da revolução em revolução socialista."

Aqui há dois erros.

Primeiro. A questão da "completitude" da revolução democrático-burguesa está colocada erradamente [...]

A realidade nos mostra tanto a passagem do poder às mãos da burguesia (uma revolução democrático-burguesa do tipo usual) e, lado a lado com o governo real, a existência de um governo paralelo que representa a "ditadura revolucionário-democrática do proletariado e do campesinato". Este "segundo governo" cedeu, ele mesmo, o poder à burguesia, se acorrentou ao governo burguês.

Esta realidade está coberta pela velha fórmula bolchevique do Camarada Kamenev que diz que "a revolução democrático-burguesa não está completa"?

Não, não está. A fórmula está obsoleta. É inútil. Está morta. É inútil tentar revivê-la[...]

[...] Os slogans e ideias bolcheviques em geral foram confirmados pela história, mas concretamente as coisas se passaram diferentemente: elas são mais originais, mais peculiares, mais variadas que qualquer um poderia esperar

[...] A ditadura democrático-revolucionária do proletariado e do campesinato já se tornou uma realidade.

[...] Isto me traz ao segundo erro no argumento do camarada Kamenev citado acima. Ele me critica, dizendo que meu esquema aponta para a transformação imediata da revolução [democrático-burguesa] em revolução socialista.

Isto é incorreto. Eu não apenas não aponto para a transformação imediata da nossa revolução em socialista como, na verdade, adverti contra isso quando na tese número 8 eu afirmo: "Não é nossa tarefa imediata "introduzir" o socialismo..."

[...] Eu "aponto" apenas para o seguinte [...] Eu estou convencido que os Sovietes tornarão a atividade independente das massas uma realidade mais rapidamente e efetivamente que uma república parlamentar [...] Eles decidirão mais efetivamente, mais praticamente e mais corretamente quais passos podem ser tomados em direção ao socialismo e como estes passos devem ser tomados. Controle sobre os bancos, a fusão dos bancos em

> *um, não é ainda socialismo, mas são um passo em direção ao socialismo. Hoje estes passos estão sendo tomados na Alemanha pelos Junkers e burguesia contra o povo. Amanhã o Soviete será capaz de tomar estes passos mais efetivamente para o benefício do povo se todo o poder do Estado estiver em suas mãos* (Lenin, 1972-1976, vol. 24, p. 44, 50 e 52-54)

Ou seja, mesmo nas *Teses de Abril*, Lenin tinha uma visão cautelosa da "passagem ao socialismo" pregando uma busca incessante *naquela direção*, mas sem concepções fechadas *a priori* sobre isso e com análises constantes da realidade concreta. *A teoria sempre relacionando-se à prática concreta*. Este parece o fio condutor leninista. A própria prática histórica imporia o desenvolvimento da revolução russa e da atitude leninista para com ela. Com a aceleração dos acontecimentos revolucionários e a dinâmica da própria Revolução de Outubro, tornava-se visível a todos que aquela era uma revolução de caráter socialista. Isto foi claramente colocado em um dos principais textos de Lenin no "dia seguinte da revolução" ("As Tarefas Imediatas do Governo Soviético", de abril de 1918) em que ele comentava

> *a distinção entre as prévias revoluções burguesas e a revolução social atual. Em revoluções burguesas a tarefa principal das massas do povo trabalhador era o trabalho negativo ou destrutivo de abolir o feudalismo, monarquia e medievalismo [...] Em toda revolução socialista, entretanto (e, consequentemente na revolução socialista que nós começamos na Rússia a 25 de outubro de 1917), a tarefa principal do proletariado, e dos camponeses pobres por ele liderado, é o trabalho positivo ou construtivo de estabelecer um sistema extremamente intricado e delicado de novas relações organizacionais extensivo à produção e distribuição planejada dos bens requeridos pela existência de dezenas de milhões de pessoas [...] A principal dificuldade está na esfera econômica, a saber, a introdução de uma contabilidade estrita e universal e o controle da produção e distribuição de bens, aumentando a produtividade do trabalho e* socializando *a produção na* prática (Lenin, 1972-1976, vol. 27, p. 238-241)

A prática histórica veio determinando ao longo do tempo as análises políticas leninianas. Na opinião do presente autor foi também determinante nas relações entre Lenin e Trotsky em 1917. Adversários teóricos no período 1904-1916, o desenrolar dos acontecimentos de 1917 acabaria por aproximá-los tanto em termos práticos como *teóricos*. Por um lado, Trotsky (1979a, p. 12) se convenceria da superioridade das concepções organizacionais partidárias leninistas (e se juntaria aos bolcheviques). Por outro lado, a própria dinâmica histórica de 1917, com a aceleração dos acontecimentos revolucionários, a rápida transformação da revolução democrático-burguesa em socialista, a rápida ascensão ao poder *exclusivo* do partido do proletariado revolucionário (e igualmente rápida exclusão dos partidos camponeses) parecia seguir um padrão enfatizado previamente bem mais por Trotsky ("revolução permanente") que por Lenin.

A prática histórica, em 1917, acabou unindo os dois gigantes intelectuais socialistas. Trotsky se curvou à concepção organizacional-partidária de Lenin e este, a partir de sua volta à Rússia em abril de 1917, não se esquivou de adotar propostas tático-estratégicas que se assemelhavam a concepções tradicionalmente associadas com a teoria da revolução permanente de Trotsky.

Referências

DEUTSCHER, Isaac. *Trotsky*: o profeta armado. Rio de Janeiro: Civilização Brasileira, 1968.

LENIN, V. I. *Collected Works*. Moscou: Progress Publishers, 1972-1976. 45 vols.

MARX, Karl, ENGELS, Friedrich. *Marx-Engels Werke* ["Obras de Marx-Engels"] (MEW). Berlim: Dietz, 1961-1971. 41 vols.

Sovetskaya Istoricheskaya Entsiklopediya ["Enciclopédia Histórica Soviética"]. Moscou: Izdatel'stvo "Sovetskaya Entsiklopediya", 1961-1976. 16 vols.

STALIN, I.V. *Sochineniya* ["Obras"]. Moscou: Gosudarstvennoe Izdatel'stvo Politicheskoi Literatury, 1946-1951. 13 vols.

TROTSKY, Leon. *Balanço e Perspectivas*. Lisboa: Edições Antídoto, 1979.

TROTSKY, Leon. Prefácio da edição russa de 1919. *In*: TROTSKY, Leon. *Balanço e Perspectivas*. Lisboa: Edições Antídoto, 1979a. P. 9-16.

TROTSKY, Leon. *La Revolution Permanente*. Paris: Gallimard, 1972.

LENIN E A REVOLUÇÃO SOVIÉTICA

Osvaldo Coggiola[7]

A Primeira Guerra Mundial foi uma catástrofe para a Rússia. Seus efeitos catastróficos para os trabalhadores industriais e agrários russos, e até para a pequena burguesia urbana, mudaram rapidamente a situação de retrocesso em que se encontrava a luta contra a autocracia czarista desde o início da guerra. Se o efeito dela fora destrutivo para a tendência combativa do operariado nos anos iniciais, a partir de 1916 a guerra passou a se constituir em fator de radicalização e aceleração políticas dos trabalhadores. Os patrões industriais se recusavam a lhes fazer concessões, e o governo continuava a responder a cada greve com forte repressão, o que fazia renascer no proletariado a ideia de uma greve geral para dar cabo de uma situação cada dia mais insuportável. A radicalização política das massas trabalhadoras se exprimia na estatística das greves e na sua natureza crescentemente política. Rússia voltava a ser o centro europeu da luta e do ativismo operário. Para os marxistas russos, a guerra mundial não era um episódio de natureza conjuntural: só poderia ser entendida como uma expressão histórica da revolta das forças produtivas sociais contra o quadro estreito das relações capitalistas de produção, abrindo a era histórica da revolução socialista. No final de 1914, Lenin declarara a falência da II Internacional Socialista e chamara a construir a III Internacional, convocando os revolucionários a "transformar a guerra imperialista em guerra civil" através do "derrotismo revolucionário": lutando pela derrota da sua própria burguesia em cada país seria possível reconstituir a unidade internacional do proletariado.

Em 1915, a situação do Império dos czares piorou drasticamente quando a Alemanha tomou a iniciativa contra as forças russas. As forças alemãs, muito melhor armadas, com metralhadoras e artilharia pesada, foram terrivelmente eficazes contra as forças mal equipadas da Rússia. Ao final de 1916, Rússia

---

[7] Professor Titular de História Contemporânea no Departamento de História (FFLCH) da Universidade de São Paulo (USP).

havia perdido entre 1,6 e 1,8 milhões de soldados em batalha, com um adicional de dois milhões feitos prisioneiros e um milhão de desaparecidos, o que teve um efeito devastador sobre o moral do exército. Motins começaram a ocorrer, e em 1916 começaram a surgir informações sobre fraternização com o inimigo. Os soldados estavam famintos e careciam de sapatos, munições, mesmo de armas. Confrontado com essa situação, o Czar Nicolau decidiu tomar pessoalmente o comando do exército em 1915, deixando a administração pública nas mãos de sua esposa, a Czarina Alexandra, e dos ministros de Estado. Notícias sobre corrupção e incompetência no governo imperial, e a influência cada vez mais intensa do místico monge Rasputin nos negócios do governo, intensificaram ainda mais a insatisfação popular. Em novembro de 1916, a Duma (parlamento) advertiu o Czar de que um desastre (leia-se revolução) se abateria sobre o país caso alguma forma constitucional de governo não fosse instituída.

A "revolução anunciada" finalmente chegou: a 18 de fevereiro de 1917 os operários da principal fábrica de Petrogrado, a fábrica siderúrgica Putilov, anunciaram uma greve; os grevistas foram demitidos e algumas lojas de São Petersburgo fecharam em protesto. Em 23 de fevereiro (8 de março, no calendário gregoriano ocidental), uma série de reuniões e passeatas aconteceram por ocasião do "Dia Internacional da Mulher Trabalhadora" criado em 1889 pela Internacional Socialista. Trabalhadoras têxteis em passeata apedrejaram janelas de outras fábricas para chamar os operários a se juntarem a elas, gritando "Abaixo a fome! Pão para os trabalhadores!". Depois começaram a virar bondes e saquearam uma grande padaria. A polícia não os reprimiu. Os grevistas não procuraram esconder seus rostos sob o casaco como de costume. Um oficial cossaco gritou a alguns grevistas liderados por uma mulher já velha, "Quem vocês seguem? Vocês são liderados por uma velha bruxa". A mulher respondeu: "Não por uma velha bruxa, mas pela irmã e mãe de soldados no front". Alguém gritou, "Cossacos, vocês são nossos irmãos, vocês não podem atirar em nós." Os cossacos, símbolos do terror czarista, foram embora. Nos dias que se seguiram, a agitação continuou a aumentar, e mais tropas, por empatia ou por medo, se recusavam a atacar os manifestantes. Em meio aos conflitos de rua, alguns policiais e oficiais que ordenavam aos seus soldados que atirassem eram linchados pelas suas próprias tropas.

O abastecimento de combustível e de alimentos parou. Os telegramas informando a situação eram simplesmente ignorados pelo Czar. Houve incidentes diante das lojas de produtos essenciais: as forças repressivas vacilaram novamente. Nicolau II tomou a última de suas muitas decisões desastrosas: ordenou aos militares que disparassem sobre a multidão e contivessem a revolta. A 26 de fevereiro, o exército atirou contra a multidão, que tentava se confraternizar com os soldados, com um saldo de 40 mortos. Partes do exército, no entanto, passaram a apoiar os manifestantes. A violência e a confusão nas ruas se tornaram incontroláveis. Segundo o correspondente francês Claude Anet, em São Petersburgo cerca de 1.500 pessoas foram mortas e cerca de seis mil ficaram feridas; a contagem oficial foi de 1.224 mortos. Na mesma noite, os operários invadiram Petrogrado, os soldados se revoltaram, o Palácio de Inverno do Czar foi sitiado pelos manifestantes.

Era a "Revolução de Fevereiro": os operários começaram imediatamente a eleger delegados aos sovietes de fábrica e ao Soviete de Petrogrado. No dia 27 de fevereiro uma multidão de soldados e trabalhadores com panos vermelhos em suas roupas invadiu o Palácio Tauride, onde a Duma se reunia. Durante a tarde, formaram-se dois comitês provisórios em salões diferentes do palácio. Um deles, formado por deputados moderados da Duma, se tornou o "Governo Provisório". O outro era o Soviete de Petrogrado, formado por delegados dos trabalhadores e soldados e por militantes socialistas das várias correntes. No início, ambos tencionavam coexistir sem maiores atritos. O Soviete elegeu um "Comitê Executivo Permanente" formado por representantes de todos os agrupamentos socialistas. Os bolcheviques tinham nesse comitê dois membros de um total de quatorze. O Soviete decidiu publicar seu próprio jornal diário, o *Izvestia*. Em apenas dez dias, uma greve operária, uma mobilização das mulheres e algumas manifestações de rua se haviam transformado em uma revolução.

Temendo uma repetição do "Domingo Sangrento" de 1905, o grão-duque Mikhail ordenou que as tropas leais baseadas no Palácio de Inverno não se opusessem à insurreição e se retirassem. A 28 de fevereiro, a cidade toda era dos amotinados. Na manhã do mesmo dia Nicolau recebeu um telegrama anunciando que apenas um punhado de suas tropas permanecia leal. O estado de sítio foi proclamado, mas inutilmente, pois não havia tropas leais para colocá-lo em prática. Embarcado em um trem que rumava em direção ao Palácio de Alexandre, o Czar foi obrigado a retroceder 90 milhas, já que a estação seguinte estava em poder dos rebeldes. O trem parou na Estação de Pskov, onde em 2 de março, Nicolau assinou sua abdicação: os centros do poder estavam todos cercados por soldados amotinados. Ele resolveu abdicar em favor do seu irmão, o grão-duque Mikhail Alexandrovich Románov, mas este, apavorado pela revolução, recusou a coroa.

A República instaurou-se de fato, por simples vacância do poder imperial: instalou-se um Governo Provisório, emanando da Duma e comandado pelo príncipe Georgy Lvov, um nobre latifundiário, tendo Alexander Kerensky como Ministro da Guerra: "Lvov não era apenas um revolucionário improvável, era também relutante. Seus ideais provinham das Grandes Reformas – nascera em 1861 – e, no seu âmago, sempre seria um monarquista liberal. Acreditava ser tarefa da nobreza a de colocar-se a serviço do povo. Esse populismo paternalista era um lugar comum nos *zemstvos*. Seus integrantes eram servidores públicos bem intencionados e dedicados, parecidos com os personagens que habitam as páginas de Tolstói e Tchekhov, cheios de aspirações de levar a civilização ao campo, tenebroso e retrógrado. Como filhos liberais de ex-donos de servos (portanto, carregados de culpa) muitos deles imaginavam ser essa a forma de recompensarem o débito que tinham para com os mujiques. Alguns estavam dispostos a consideráveis sacrifícios pessoais. Lvov consumia três meses por ano percorrendo os povoados, em inspeções a escolas e tribunais".[8]

As forças sociais deflagradas pela revolução, no entanto, iam bem além dos limites do humanitarismo aristocrático ou burguês. Quaisquer que fossem as intenções de seus membros, o Governo Provisório era um governo liberal burguês, baseado na continuidade de instituições pré-existentes e comprometido com a manutenção da propriedade privada das grandes empresas e do latifúndio, e interessado em manter a participação russa na Primeira Guerra Mundial. Enquanto isso acontecia, o Soviete de Petrogrado começava a reivindicar para si a legitimidade para governar: já em 1º de março, o Soviete ordenou ao exército que lhe obedecesse, em vez de obedecer ao Governo Provisório. Assim, com a abdicação do Czar, criava-se uma situação de "duplo poder": de um lado, o Governo Provisório, constituído pela oposição liberal da Duma (assembleia de poderes reconhecidamente limitados e que durante uma década

---

[8] Orlando Figes. *A Tragédia de Um Povo*. A revolução russa 1891 – 1924. Rio de Janeiro, Record, 1999.

não tinha contrabalançado em quase nada o arbítrio czarista), que procurava manter a autoridade do Estado e da administração pública; por outro lado, o Soviete de Petrogrado, ao qual se juntaram logo os sovietes constituídos nos diversos centros industriais do restante do país e, depois, no campo.

O ressurgimento dos sovietes (já experimentados na revolução de 1905) e o questionamento das "instituições democráticas" era também produto de uma longa crise institucional, "derivada das concessões feitas pela autocracia em 1905 e da tentativa de derrubá-las parcialmente em 1907. A IV Duma, eleita em 1912, tinha uma maioria parlamentar conservadora disposta a colaborar com o governo czarista num programa legislativo. A oposição liberal, porém, não aceitava uma assembleia com poder de vigiar e legislar, mas não de interferir na administração do país; a Duma não possuía a faculdade de controlar as ações do governo, nem poder para indicar ministros (ou seja, sem poder para governar)".[9] Aos olhos do povo, por isso, a Duma carecia de autoridade e legitimidade. No Soviete de Petrogrado, a maioria inicial correspondia aos socialistas moderados (mencheviques, socialistas revolucionários ou SRs) que defendiam o caráter burguês da revolução em curso, não questionando o Estado nem a propriedade capitalista, contentando-se com o "controle" do governo pelos sovietes, e apoiando o Governo Provisório.

A Revolução de Fevereiro também permitiu que o Partido Socialista Revolucionário (PSR) voltasse a ter um papel político ativo: os líderes exilados do partido voltaram a Rússia. Alexander Kerensky integrou o governo provisório de março 1917 como Ministro da Justiça (tornando-se posteriormente chefe do governo de coalizão em julho de 1917) apesar de sua ligação com o partido ser bastante tênue. Após a queda da primeira coalizão, em abril-maio de 1917, e a reorganização do Governo Provisório, o partido teve um papel maior. Victor Tchernov, seu principal dirigente, foi designado Ministro da Agricultura; tentou desempenhar um papel maior, particularmente em assuntos externos, mas logo se encontrou marginalizado e suas propostas de reforma agrária abrangente foram bloqueadas pelos membros conservadores do governo. Desde seu exílio na Suíça Lenin escrevia, a 4 de março de 1917: "Só um governo operário apoiado, em primeiro lugar, na imensa maioria da população camponesa, sobre os operários agrícolas e os camponeses pobres e,

---

9   George Katkov. *Russia 1917*. La rivoluzione di febbraio. Milão, Rizzoli, 1969.

em segundo lugar, sobre a aliança com os operários revolucionários de todos os países beligerantes, pode dar ao povo o pão, a paz e uma total liberdade". Os responsáveis pela redação da *Pravda* bolchevique, Stalin e Kamenev, se pronunciaram contra essa orientação. A 27 de março, Stalin escrevia: "O governo provisório tomou de fato o papel de consolidador das conquistas do povo revolucionário". A 1º de abril, esses mesmos dirigentes se pronunciaram em favor da reunificação dos bolcheviques com os mencheviques, num POSDR "unificado".[10]

Os bolcheviques, que inicialmente aprovavam na sua maioria essa orientação, sofreram uma reviravolta com as *Teses de Abril* de Lenin (retornado do exílio suíço) que se pronunciavam por um *poder soviético* capaz de realizar as tarefas políticas urgentes assim como as tarefas democráticas (nacionalização da terra, independência das nacionalidades oprimidas) deixadas pendentes pela história precedente da Rússia. Aos poucos, essa orientação foi convergindo com as aspirações populares: aumentos salariais e melhora das condições de trabalho, controle operário da produção, eleições constituintes e uma paz sem anexações por parte de nenhuma potência beligerante. Lenin, porém, foi posto em minoria dentro da direção do bolchevismo, que rejeitou quase de modo unânime as "Teses de Abril" de sua autoria. Leon Trotsky, por sua vez, chegou em maio, vindo de Nova York, onde vivia após escapar do exílio perpétuo na Sibéria: em São Petersburgo ele se deparou com uma "Organização Interdistrital" composta por aproximadamente quatro mil operários que se reivindicavam de suas ideias e trajetória precedente.

Os camponeses deslancharam mais tarde a sua mobilização, que se radicalizou em direção da posse da terra em que trabalhavam, enquanto os soldados manifestavam sua hostilidade à guerra, em especial às operações suicidas e aos castigos impostos pela oficialidade. A mobilização camponesa não tinha uma liderança política consolidada, embora o PSR encabeçado por Tchernov tivesse desenvolvido bases rurais importantes na região central (e mais fértil) da Rússia (os votos ao PSR nessas regiões atingiram 75% nas eleições constituintes realizadas em novembro de 1917). Nos sovietes camponeses, que se formaram em paralelo a um poderoso movimento de ocupação de terras que atingiu a maioria dos latifúndios das regiões férteis (as "terras negras"), "a

---

10   Jean-Jacques Marie. *Lénine*. La révolution permanente. Paris, Payot, 2010.

intelligentsia rural – professores, médicos, especialistas agrários e membros do clero – era sistematicamente excluída dos corpos eleitos, não aparecendo nos registros da revolução rural. Esses registros indicam que os camponeses preferiam candidatos letrados, sensíveis e confiáveis, mas que também pertencessem ao próprio campesinato".[11]

Os acertos para a formação dos destacamentos militares do Soviete começaram em março-abril de 1917. Assim, em Moscou, a 14 de abril, em uma reunião do Soviete, foi adotada uma moção para a criação da Guarda Vermelha. Em Petrogrado, em 17 de abril, criou-se uma comissão para a formação das Guardas Operárias e, em 29 de abril, uma resolução nesse sentido foi publicada no *Pravda* bolchevique. O conselho distrital de Vyborg, em 28 de abril decidiu converter os destacamentos da Guarda Vermelha em destacamentos da milícia de fábrica. Em 17 de maio, uma comissão foi eleita para criar destacamentos da Guarda Vermelha em uma reunião do Soviete de Samara. Os comitês de fábrica desempenharam um papel importante na criação da Guarda Vermelha. Em março e abril, os destacamentos dos trabalhadores armados, criados ou convertidos em destacamentos da Guarda Vermelha apareceram em 17 cidades. Os candidatos à Guarda Vermelha eram aprovados por recomendação de coletivos dos trabalhadores, de sovietes locais e de comitês sindicais. Os Guardas Vermelhos não possuíam uniformes, usavam roupas civis, mas foram emitidos documentos de certificação, emblemas e braçadeiras. Foi exigido pagamento dos empresários para financiar a atividade. As unidades de combate da Guarda Vermelha eram compostas por uma dúzia (10-15 homens), um pelotão (4 dúzias), um esquadrão (3-4 pelotões), um batalhão (3-4 esquadrões).

Entretanto, o processo de desintegração do Estado russo continuava. A comida era escassa, a inflação bateu a casa dos 1.000 %, as tropas desertavam do front matando seus oficiais, propriedades da nobreza latifundiária eram ocupadas, saqueadas e queimadas. Nas cidades, conselhos operários, sovietes, eram criados na maioria das empresas e fábricas. Com a aceleração extrema dos acontecimentos políticos Lenin constatou a possibilidade real de uma revolução *ininterrupta*, afirmando, nas *Teses de Abril*: "O traço específico da situação atual na Rússia é que o país está passando do primeiro estágio da

---

11   Sarah Badcock. The 1917 peasant revolutions. In: *www.jacobinmag.com*, agosto de 2017.

revolução (que, devido à insuficiente organização e conscientização de classe do proletariado, colocou o poder nas mãos da burguesia) ao segundo estágio, que colocará o poder nas mãos do proletariado e das camadas mais pobres do campesinato [...] Nenhum apoio ao Governo Provisório [...] as massas precisam ver que os Sovietes de Deputados dos Trabalhadores são a única forma possível de governo revolucionário [...] Não uma república parlamentar, mas uma República de Sovietes de Deputados de Operários, Trabalhadores Rurais e Camponeses [...] Não é nossa tarefa imediata 'introduzir' o socialismo, mas apenas colocar a produção social e a distribuição de produtos sob o controle dos Sovietes de Deputados dos Trabalhadores".

Nas suas conclusões acerca da derrota da Comuna de Paris, Lenin assinalara que "para que uma revolução social possa ser vitoriosa, duas condições ao menos são necessárias: forças produtivas altamente desenvolvidas e um proletariado bem preparado. Mas, em 1871, estas duas condições faziam falta. O capitalismo francês era ainda pouco desenvolvido, e a França era, sobretudo, um país de pequeno-burgueses (artesãos, camponeses, comerciantes). Mas o que fez falta à Comuna foi o tempo e a possibilidade de se orientar e de abordar a realização de seu programa". Estava esse conjunto de condições reunidas na Rússia de 1917? Lenin sustentou que sim, mas houve forte resistência às suas *Teses de Abril* dentro do partido bolchevique. Kamenev, dirigente do partido, publicou um artigo contrário às Teses, e alguns bolcheviques chegaram a acusar Lenin de "trotskysmo" por tentar "forçar" a passagem das etapas da revolução.

Lenin respondeu a essas críticas em suas *Cartas sobre Tática*: ""Quanto ao esquema geral do camarada Lenin", escreve o camarada Kamenev, "ele nos parece inaceitável já que parte da pressuposição de que a revolução democrático-burguesa está completa e aponta para a transformação imediata da revolução em revolução socialista". Aqui há dois erros. Primeiro. A questão da "completitude" da revolução democrático-burguesa está colocada erradamente. A realidade nos mostra tanto a passagem do poder às mãos da burguesia (uma revolução democrático-burguesa do tipo usual) e, lado a lado com o governo real, a existência de um governo paralelo que representa a "ditadura revolucionário-democrática do proletariado e do campesinato". Este "segundo governo" cedeu, ele mesmo, o poder à burguesia, se acorrentou ao governo burguês. Esta realidade está coberta pela velha fórmula bolchevique do camarada Kamenev que diz que "a revolução democrático-burguesa não está completa"? Não, não está. A fórmula está obsoleta. É inútil. Está morta. É inútil tentar revivê-la...

"Os slogans e ideias bolcheviques em geral foram confirmados pela história, mas concretamente as coisas se passaram diferentemente: elas são mais originais, mais peculiares, mais variadas que qualquer um poderia esperar. A ditadura democrático-revolucionária do proletariado e do campesinato já se tornou uma realidade. Isto me traz ao segundo erro no argumento do camarada Kamenev. Ele me critica dizendo que meu esquema aponta para a transformação imediata da revolução [democrático-burguesa] em revolução socialista. Isto é incorreto. Eu não apenas não aponto para a transformação imediata da nossa revolução em socialista como, na verdade, adverti contra isso quando na tese número 8 eu afirmo: "Não é nossa tarefa imediata "introduzir" o socialismo". Eu estou convencido que os sovietes tornarão a atividade independente das massas uma realidade mais rapidamente e efetivamente que uma república parlamentar. Eles decidirão mais efetivamente, mais praticamente e mais corretamente quais passos podem ser tomados em direção ao socialismo, e como estes passos devem ser tomados. Controle sobre os bancos, a fusão dos bancos em um só, não é ainda socialismo, mas é um passo em direção ao socialismo. Hoje estes passos estão sendo tomados na Alemanha pelos *junkers* e burguesia contra o povo. Amanhã o Soviete será capaz de tomar estes passos mais efetivamente para o benefício do povo se todo o poder do Estado estiver em suas mãos".[12]

O Soviete não seguia essa orientação, mas a tendência de sua base apontava para ela: no pleno do Soviete de Moscou, a 18 de março de 1917, os deputados eleitos pelos operários declararam que se o Soviete lhes negasse a jornada de oito horas de trabalho, ela seria introduzida pela "autoridade revolucionária" dos próprios operários. No mês de abril, uma crise política favoreceu a política de Lenin, quando o chanceler Pável Miliukov emitiu uma nota do governo provisório garantindo aos aliados a continuidade da participação russa na guerra, sem mencionar o reclamo de paz sem anexações nem indenizações. Operários e soldados manifestaram para impor ao Soviete uma atitude intransigente de oposição: Miliukov renunciou, sendo formado um governo de

---

12 V. I. Lenin. *Collected Works*. Moscou, Progress Publishers, 1972-1976, vol. 24.

coalizão entre o principal partido burguês (os cadetes, ou "democratas constitucionalistas", KDT) e os partidos socialistas, com a exceção dos bolcheviques.

O novo Governo Provisório fracassou, pois os aliados da Rússia rejeitavam qualquer programa de paz democrática. Apesar do restabelecimento da disciplina militar, a ofensiva militar propiciada pelo Governo Provisório foi derrotada. A crise agravou-se, com greves e boicotes patronais e radicalização dos trabalhadores, que foram afastando-se dos conciliadores e aproximando-se dos bolcheviques, e ocupações de terras, combatidas pelo governo, o mesmo acontecendo com as revoltas das nacionalidades oprimidas pelo Império Russo (poloneses, ucranianos, bielo-russos). Em junho, as manifestações operárias evidenciaram a influência bolchevique e de seu *slogan* "abaixo os ministros burgueses!". No Primeiro Congresso de Sovietes de Toda a Rússia, realizado em 16 de junho, foi criado um órgão central: o Comitê Executivo Central dos Sovietes que organizou, dois dias depois em Petrogrado, uma enorme manifestação.

Petrogrado tinha uma população total, inchada pela guerra e os deslocamentos populacionais, de 2,7 milhões de habitantes. Na cidade havia 390 mil operários de fábrica, um terço deles composto por mulheres; entre 215.000 e 300.000 soldados no quartel da capital e trinta mil marinheiros e soldados na base naval de Kronstadt, situada nas suas proximidades. Em fevereiro havia 2.000 militantes bolcheviques em Petrogrado (que equivaliam a 0,5% da classe operária industrial). Na abertura da conferência bolchevique de abril, os membros do partido em Petrogrado já haviam aumentado para 16.000. Em finais de junho eles já eram 32.000; 2.000 soldados tinham, além disso, ingressado na Organização Militar Bolchevique e 4.000 tinham se associado ao "Clube Pravda", organismo de massas "não partidário", mas operado pelo bolchevismo. No Primeiro Congresso dos Sovietes de Deputados Operários e Soldados de Toda Rússia havia 533 delegados mencheviques e esseristas (SRs) e 105 delegados bolcheviques, algo entre 15% e 16% do total.[13]

O Governo Provisório havia dado garantias da continuidade da participação russa na guerra mundial, assegurando aos países da Entente que cumpriria todas as obrigações que a aliança entre eles e a Rússia comportava. Depois da crise de abril, essa política foi prosseguida pelo governo constituído em

---

13 Alexander Rabinowitch. *Les Bolchéviks Prennent le Pouvoir.* La révolution de 1917 à Petrograd. Paris, La Fabrique, 2016.

maio de 1917, no qual Kerensky era o ministro da Guerra. Em julho, esse governo lançou uma ofensiva que teve um saldo de 60.000 vítimas russas, entre soldados mortos e feridos. Em decorrência disso, uma segunda crise política de grande envergadura aconteceu em julho-agosto. Em Petrogrado os operários manifestaram contra os ministros burgueses, com uma combatividade que surpreendeu os próprios bolcheviques: "A 5 de julho, o Comitê Executivo Central dos Sovietes e os funcionários do Distrito Militar de Petrogrado lançaram uma operação militar para retomar o controle na capital. As tropas leais ao governo ocuparam a mansão Kchesinskaia e destruíram a sede editorial da *Pravda*. Lenin, que tinha se ocultado, escapou por pouco. É inútil especular se, capturado, teria sofrido o mesmo destino de Rosa Luxemburgo e Karl Liebknecht depois da revolta espartacista, mas uma pista do que poderia lhe ter sucedido é fornecida pela caricatura publicada no jornal de direita *Petrogradskaia Gazeta* dois dias depois:

"Lenin quer um alto cargo? Muito bom! Há um cargo pronto para ele!!!" Caricatura da *Petrogradskaia Gazeta* de 7 de julho de 1917, sob o título "Um alto cargo para os líderes da rebelião"

Tropas leais ao governo também ocuparam a fortaleza de Pedro e Paulo, abandonada pelos soldados do Primeiro Regimento de Metralhadoras por ordem da Organização Militar bolchevique. O Comitê Central bolchevique também instruiu seus seguidores para dar fim às manifestações de rua, convidando os trabalhadores para voltar ao trabalho e os soldados para voltar às casernas. O Governo Provisório ordenou a prisão dos principais líderes bolcheviques: Lenin, Zinoviev (que também passou à clandestinidade) e Kamenev, e dos chefes da Organização Interdistrital, Lunacharsky e Trotsky. Embora alguns dos detidos, como Trotsky, saíram da prisão durante o golpe de Kornilov para organizar a resistência operária, outros só seriam libertados pela Revolução de Outubro. Assim concluíram as "jornadas de julho", que foram nas palavras de Lenin, "muito mais do que uma demonstração e algo menos do que uma revolução": "Embora com alguns de seus líderes na clandestinidade e com seus periódicos *Pravda*, *Soldatskaia Pravda* e *Pravdy Golos* clausurados, o retrocesso experimentado pelo partido bolchevique foi de curta duração. O colapso da ofensiva do 11º Exército na frente sul-oeste diante de um massivo contra-ataque dos exércitos austro-alemães e a deterioração da situação econômica fizeram com que as palavras de ordem bolcheviques conservassem toda sua validade. Em consequência, os periódicos bolcheviques logo reapareceram com títulos ligeiramente alterados e os comitês do partido também ficaram rapidamente em pé".[14]

Os bolcheviques começaram um grande esforço de propaganda, triplicando a tiragem do *Pravda* em menos de um mês (de 100 mil cópias em junho para mais de 350 mil em julho). Em 20 de agosto os bolcheviques ganharam um terço dos votos nas eleições municipais. A atividade dos sovietes diminuía e suas reuniões se tornavam menos concorridas. Enquanto outros partidos socialistas abandonavam os sovietes, os bolcheviques aumentavam sua presença. Logo depois das "jornadas de julho", Lenin escreveu que "as esperanças de um desenvolvimento pacífico da revolução acabaram para sempre" – para ele, essa esperança estava anteriormente viva em função do duplo poder, do poder e autoridade crescente dos sovietes, e da possibilidade de que a pressão política e social obrigasse o Governo Provisório a ceder o poder a quem já o

---

[14] Daniel Gaido. Las jornadas de julio. *Jacobin*, slp, 27 de julho de 2017.

exercia de fato; uma possibilidade que Lenin qualificava como "historicamente excepcional".

Mas Petrogrado ainda estava isolada no país; os bolcheviques chamaram a uma pausa na mobilização: tomar o poder nesse momento na capital (o que era tecnicamente possível, graças ao domínio da guarnição da capital) teria sido provavelmente condenar-se à sorte (a derrota) da Comuna de Paris de 1871. A direita explorou o momentâneo recuo político, aproveitando uma nova ofensiva militar alemã para lançar uma campanha de propaganda acusando os bolcheviques de serem "agentes do Kaiser":[15] o novo Governo Provisório deteve Trotsky e obrigou Lenin a se esconder na Finlândia, enquanto tentava com uma "Conferência de Estado" criar um contrapeso aos sovietes. Kerensky, chefe do novo governo, nominou Kornilov como chefe do exército. Mas este tinha seus próprios planos para uma ditadura militar, embora fizesse jogo duplo: "Kornilov planejou dois golpes, um junto a Kerensky contra os bolcheviques e outro contra o próprio Governo Provisório (embora) ambos esperassem contrastar a pressão dos operários intransigentes, que estavam criando comitês de fábrica para tomar o poder nos locais de trabalho e organizando grupos paramilitares de 'guardas vermelhos' para manter a ordem pública e proteger a revolução contra a violência reacionária".[16] Foi nesse contexto que a extrema direita, com a cumplicidade passiva do governo, tentou sua sorte, seu *va tout*, através da tentativa de um golpe militar; o general Lavr Kornilov tentou implantar uma ditadura, mas seu golpe foi esmagado rapidamente pelas massas mobilizadas, com grande participação dos soldados.

---

15 Uma falsidade baseada na passagem de Lenin e outros dirigentes socialistas russos pelas linhas do front bélico num vagão selado, passagem consentida pelo Estado Maior alemão. Alexander Solzhenitsyn chegou a afirmar que o bolchevismo fora financiado pelo dinheiro alemão, repassado via o estelionatário russo/germânico Parvus (judeu, o que, para esse autor, junto com o papel de Bronstein/Trotsky, evidenciaria a "revolução bolchevique" como o produto de um complô judaico: Alexander Solzhenitsyn. *Lenin à Zürich*. Paris, Grasset, 1980). O acordo político com a Alemanha para o salvo-conduto concedido aos exilados existiu, baseado no interesse germânico em aproveitar a revolução para retirar à Rússia da guerra, permitindo concentrar as enfraquecidas tropas alemãs em uma só frente de combate (a ocidental). Ele beneficiou lideranças de várias correntes políticas, inclusive as que lançaram a calúnia, que teve um ardente defensor e divulgador no menchevique de direita Vichynski, que veio a ser o Procurador de Estado de Stalin durante os Processos de Moscou (1936-1938), durante os quais acusou velhos militantes bolcheviques de antileninismo, vinte anos depois dele próprio ter reclamado publicamente o fuzilamento de Lenin por traição...

16 Paul Le Blanc. Il golpe di Kornilov. In: *www.jacobinmag.com*, agosto de 2017.

"Comovidas pelas notícias do ataque de Kornilov, todas as organizações políticas à esquerda dos cadetes, todas as organizações sindicais, grandes ou pequenas, e os comitês de soldados e marinheiros de todos os níveis, se levantaram em luta contra Kornilov. Seria difícil achar na história recente uma ação política mais potente e eficaz realizada de modo tão espontâneo e unificado".[17] Pressionado, Kerensky demitiu Kornilov a 9 de setembro: Kornilov respondeu com um chamado a todos os russos para que "salvassem sua pátria moribunda'" e ordenou seus soldados cossacos e chechenos para que avançassem sobre Petrogrado, *com a ajuda de especialistas e equipamentos britânicos* (a Grã-Bretanha, a mestra do cinismo entre as nações, se fará depois campeã da "democracia" contra o poder soviético) Sem poder confiar em seu próprio exército, Kerensky buscou ajuda no Soviete, na Organização Militar Bolchevique e nos Guardas Vermelhos. A população da capital mobilizou milícias populares para defender Petrogrado. Muitas delas foram criadas pelos bolcheviques, que também enviaram comandos aos acampamentos de Kornilov para realizar propaganda antigolpista e revolucionária.

Os bolcheviques propuseram aos mencheviques e SRs a ação comum, a *frente única*, contra o golpe militar direitista, e criaram junto com eles organizações que revelaram quem era quem na revolução, segundo uma testemunha ocular menchevique: "Os bolcheviques eram a única organização de grandes dimensões que agia de conjunto sob uma disciplina comum e conectada com as bases sociais democráticas da capital (Petrogrado)... As massas eram organizadas pelo bolchevismo".[18] O Governo Provisório, durante os dias da revolta de Kornilov, solicitou o apoio dos bolcheviques para proteger o governo; os bolcheviques tiveram a oportunidade de se armarem legalmente. Como resultado, os destacamentos da Guarda Vermelha começaram a ser agrupados nos distritos dos trabalhadores, geralmente sob o comando dos líderes bolcheviques. Ao mesmo tempo, a Guarda Vermelha começou a tomar forma não só na região industrial central do país, mas também na Bielorrússia, no Don, no Kuban, na Transcaucásia, na Ásia Central, nos Urais, na Sibéria e no Extremo Oriente. No final de setembro, os destacamentos da Guarda Vermelha já estavam presentes em 104 centros proletários do país. No total, de acordo com algumas

---

17 Alexander Rabinowitch. *Les Bolchéviks Prennent le Pouvoir*, cit.
18 Nikolai N. Sukhanov. *The Russian Revolution 1917*. A personal record. New Jersey, Princeton University Press, 1984.

estimativas, o número de homens engajados na Guarda Vermelha na Rússia antes da Revolução de Outubro atingiu 250 mil.

Todas as organizações e partidos de esquerda (inclusive aqueles que participavam do Governo Provisório) foram arrastadas pelo bolchevismo, através do irrecusável apelo unitário deste; o bolchevismo, no entanto, recusava apoiar o governo Kerensky: "Mesmo agora não devemos sustentar o governo Kerensky. Fazê-lo seria uma falta de princípios", escreveu Lenin, completando: "A guerra contra Kornilov deve ser levada adiante de modo revolucionário, mobilizando as massas, sublevando-as e incendiando-as (Kerensky, ao contrário, tem medo das massas e do povo)". O próprio Kerensky foi obrigado a comparecer diante do Soviete, sendo pressionado para fornecer armas e munições aos trabalhadores, que aceitaram as armas que lhes foram fornecidas e tomaram pela força outras: "Os bolcheviques estiveram na primeira linha de combate, destruíram as barreiras que os separavam dos operários mencheviques e, sobretudo, dos soldados socialistas revolucionários, arrastando-os atrás de si".[19] A tentativa de golpe de Kornilov foi frustrada sem derramamento de sangue, pois seus soldados cossacos e chechenos o desertaram.

A unificação das tendências revolucionárias, primeiro contra o golpe, e depois pela revolução, se produziu em momentos em que, segundo o memorialista Sukhanov, "as massas viviam e respiravam com os bolcheviques, estavam inteiramente nas mãos do partido de Lenin e Trotsky".[20] Os próprios oficiais de Kornilov se queixaram de sua péssima sorte: "Que poderíamos ter feito, quando toda Rússia era bolchevique?". A tentativa do Kornilov foi a gota d'água final da aristocracia russa e das "potências democráticas" intervencionistas: o embaixador norte-americano, David Francis, criticou severamente Kerensky por não ter se alinhado com o general Kornilov e, sobretudo, por não ter fuzilado em julho os "agentes alemães traidores" Lenin e Trotsky. O fracasso do golpe militar contrarrevolucionário precipitou deserções massivas no *front*, radicalizou a revolução agrária, permitiu a extensão da influência bolchevique nos sovietes, onde pela primeira vez os partidários de Lenin obtinham claramente maioria; o caminho para o poder *soviético* e *bolchevique* estava aberto de par em par. Os operários exigiam o fim do governo de coalizão e medidas imediatas. Restava

---

19 Leon Trotsky. *Histoire de la Révolution Russe*. Paris, Seuil, 1950.
20 Nikolai N. Sukhanov. *The Russian Revolution 1917*, cit.

que o partido bolchevique e a direção dos sovietes tomassem esse caminho. O bolchevismo já era a direção da revolução: faltava consagrar esse fato politicamente. O maior obstáculo político nesse sentido não estava nos sovietes (e menos ainda nos comitês de fábrica), mas *na própria direção bolchevique*.

Lenin entendia que a "camisa suja" (a denominação de "socialdemocrata", sujada pela traição dos social-patriotas majoritários na Internacional Socialista durante o conflito bélico mundial) não podia mais ser lavada: ela devia ser jogada fora, resgatando a "camisa limpa" (a denominação partidária) proposta por Marx no *Manifesto* de 1848. Em julho de 1917, Lenin advertira o partido bolchevique sobre o perigo de que diante de uma "virada brusca da história, os mesmos partidos avançados não pudessem, por um período mais ou menos longo, se adaptar à nova situação, repetindo palavras de ordem antes eficazes, mas que depois careceriam de sentido, tanto mais 'subitamente' quanto mais súbita fosse a virada histórica. De onde se deduz um perigo: se a virada for muito brusca ou inesperada, e se o período anterior tiver acumulado excessivos elementos de inércia e de conservadorismo nos órgãos dirigentes do partido, este se mostra incapaz de realizar a sua direção no momento mais grave, para o qual havia se preparado durante vários anos ou décadas. A crise o corrói e o movimento se efetua sem finalidade, predestinado à derrota". O bolchevismo correu esse perigo em 1917. Esta foi a composição, por ordem de votação, do Comitê Central bolchevique eleito no VI Congresso do Partido, em agosto:

1	Lenin
2	Sverdlov
3	Trotsky
4	Zinoviev
5	Stalin
6	Kamenev
7	Uritsky
8	Bubnov
9	Sokolnikov
10	Dzerzhinsky
11	Nogin
12	Miliutin
13	Krestinsky

14	Smilga
15	Sergeev
16	Rykov
17	Bukhárin
18	Shaumian
19	Kollontaï
20	Berzin
21	Muranov
	Suplentes
22	Ioffe
23	Stassova
24	Lomov

    Depois da conquista de uma maioria bolchevique nas principais guarnições militares, uma "revolução bolchevique" parecia inevitável: o bolchevismo já controlava as principais alavancas do poder; todos os outros partidos políticos tinham desfilado no governo, sem resolver os urgentes problemas internos e externos, no quadro de uma crise revolucionária. Um governo bolchevique parecia ser a única esperança das massas mobilizadas. Entre fevereiro e outubro de 1917, os bolcheviques haviam se esforçado para preparar a classe operária com vistas a exercer o poder político. Em um opúsculo prévio à insurreição de outubro (*Os bolcheviques conservarão o poder?*), Lenin consignava que "a principal dificuldade para a revolução proletária consiste em realizar, a escala nacional, o inventário e controle mais preciso, o controle operário da produção e da distribuição". O bolchevismo pensava e agia como partido governante antes de chegar ao governo efetivo: "A primeira conferência dos comitês de fábrica deve ocupar um lugar especial na história da revolução proletária russa. Determinou todo o desenvolvimento posterior da revolução; demonstrou que o proletariado de Petrogrado e toda a massa trabalhadora caminhava com os bolcheviques e que o proletariado estava disposto a defender as palavras de ordem da revolução social em sua luta contra a burguesia até a vitória final".[21] A conquista da hegemonia política dentro da classe operária foi o primeiro passo dos bolcheviques em direção do poder político.

---

21   Ana M. Pankratova. *Los Consejos de Fábrica em la Rusia de 1917*. Barcelona, Anagrama, 1976.

A revolução provocara o surgimento espontâneo de organismos de gestão operária das fábricas. Além da dualidade de poderes entre o Governo Provisório e os sovietes, havia também uma diferença entre os que favoreciam um controle externo da produção, por parte de alguma representação política (partido, sindicato, conselho popular, soviete) e os que propugnavam o controle operário direto. A querela da autoridade e da autonomia, antecipada duas décadas antes por Engels, estava de volta em estado prático. Quem controlaria a fábrica: os próprios operários ou o Estado que se declara seu representante? A dicotomia entre conselho (ou comitê) de fábrica e Estado (parlamentar ou soviético) desenvolveu-se na Rússia durante o ano de 1917 prolongando-se até o início dos anos 1920. Os conselhos de fábrica eram entendidos como expressão pura e direta dos operários, enquanto os sovietes eram vistos como uma representação mais ampla da classe operária e de outras classes oprimidas que não realizavam trabalho produtivo em fábricas. A contradição entre sovietes e conselhos de fábrica não se dava apenas na teoria, mas também em momentos de nítida disputa de poder. Em momentos em que a revolução se combinava com a manutenção de uma maioria conciliadora no Soviete, Lenin chegou a cogitar que a base do futuro poder operário fossem os comitês de fábrica.

A questão, porém, não era organizativa, mas política. O potencial governo bolchevique era uma consequência do vertiginoso desenvolvimento social e político dos oito meses transcorridos desde a Revolução de Fevereiro. Em outubro de 1917, junto com o declínio da influência dos socialistas-revolucionários (SR) no campo, os bolcheviques haviam conquistado a maioria nos sovietes industriais, sobretudo dos seus setores mais dinâmicos. Trezentos mil soldados e marinheiros da guarnição de Petrogrado só aceitavam ordens dos sovietes bolcheviques. Em contrapartida, o governo contava, na capital, com apenas trinta mil soldados a seu favor. Em 25 de setembro os bolcheviques conquistaram a maioria no Soviete de Petrogrado e Trotsky foi eleito seu presidente: "Em setembro de 1917, os mencheviques e os SR, desejosos de achar parceiros para um governo democrático, perderam o controle da situação. Os bolcheviques tentaram negociar com eles um programa comum, com a condição de que parassem de buscar as benesses dos liberais. Seu *não* definiu a sorte da ala bolchevique favorável a um governo de coalizão... e também a daqueles que rejeitaram a oferta. A partir de então, a tomada do poder pelos bolcheviques parecia a única saída realista".[22] A guerra continuava: as palavras de Trotsky no *Proletarii* de 24 de agosto de 1917, no meio da luta contra o golpe de Kornilov, pareciam agora apenas realistas: "Revolução permanente ou massacre permanente! Essa é a luta de cujo resultado depende a sorte da humanidade".[23]

A 16 de outubro, Kerensky transmitiu à guarnição militar de Petrogrado uma ordem de deslocamento para o *front*. Uma vez que a guarnição só obedecia ao Soviete de Petrogrado, Trotsky a conservou na capital, e justificou o descumprimento da ordem do governo provisório com a necessidade de defender a cidade de prováveis ataques do exército alemão. A permanência da guarnição selava a sorte do governo de Kerensky, esvaziado de base popular e impotente do ponto de vista militar. A manobra de Trotsky foi caracterizada como um "golpe de Estado em frio",[24] consistente em apresentar uma manobra ofensiva para chegar ao poder como uma manobra defensiva para proteger a nação. Na noite de 21 de outubro, o Comitê Militar Revolucionário do Soviete (CMR) tomou o controle da guarnição de Petrogrado em nome da seção dos soldados do Soviete. O comandante do distrito, coronel Polkovnikov, recusou inutilmente ceder o comando e foi condenado publicamente como "contrarrevolucionário". A 24 de outubro, em desespero, Kerensky ordenou a repressão policial contra o Soviete de Petrogrado e o partido bolchevique. No dia seguinte devia iniciar-se a reunião do Segundo Congresso dos Sovietes de Toda Rússia: o próprio chefe do Governo Provisório forneceu o motivo formal para sua derrubada.

Quem tomaria a decisão política de derrubá-lo e realizar as promessas da revolução (pão, paz e terra)? Quase exatos dois meses depois do fracasso de Kornilov, meses durante os quais a crescente influência bolchevique nos sovietes e, sobretudo, nos comitês de fábrica, se transformara em maioria numérica explícita, Lenin enfrentou a batalha no Comitê Central bolchevique onde, contra a oposição dos influentes Zinoviev e Kamenev, conseguiu fazer aprovar sua moção de insurreição imediata e de proclamação do poder soviético, derrubando de vez o Governo Provisório burguês. A organização da insurreição, proposta por Lenin, foi aprovada com dez votos a favor (Lenin, Sverdlov,

---

22   Moshe Lewin. *The Making of the Soviet System*. Nova York, New Press, 1994.
23   Leon Trotsky. *L'Année 1917*. Paris, François Maspéro, 1976.
24   Curzio Malaparte. *Tecnica del Colpo di Stato*. Milão, Adelphi, 2011.

Trotsky, Stalin, Uritsky, Dzherzhinski, Kollontaï, Bunbov, Sokolnikov, Lomov) e dois contrários (Zinoviev e Kamenev). No dia imediato seguinte, os dois últimos publicaram um artigo contrário à insurreição, que Lenin considerou uma traição própria de fura-greves, solicitando a exclusão de ambos do partido (o que não aconteceu).

Os eixos da argumentação de Lenin (responsável pelo informe central, que se seguiu aos informes regionais) em favor da insurreição no Comitê Central foram dois: a) "A situação internacional é de tal natureza que a iniciativa deve ser nossa; b) A maioria (popular) está conosco. Politicamente, a situação é propícia para a tomada do poder".[25] *Ambos os fatores foram postos em pé de igualdade como fundamento para a proposição.* A divergência entre Lenin e Trotsky (que estiveram entre os onze membros do CC que votaram pela insurreição), secundária, foi acerca da data insurrecional, que Trotsky propunha adiar para logo depois de inaugurado o Segundo Congresso dos Soviets de Toda a Rússia, sendo derrotado pela proposta de insurreição imediata de Lenin. Um governo soviético sob a hegemonia política bolchevique era a última esperança das massas contra a fome e contra a guerra: a decisão do CC bolchevique e do congresso soviético não fez senão lhe fazer eco.

A insurreição bolchevique começou em 24 de outubro, quando as forças contrarrevolucionárias tomaram medidas modestas para proteger o governo. O CMR (Comitê Militar Revolucionário) enviou grupos de Guardas Vermelhos para tomar as principais agências telegráficas e baixar as pontes sobre o rio Neva. A ação foi rápida e sem impedimentos. Um comunicado declarando o fim do Governo Provisório e a transferência do poder para o Soviete de Petrogrado foi emitido pelo CMR às dez horas de 25 de outubro – de fato escrito por Lenin. À tarde uma sessão extraordinária do Soviete de Petrogrado foi presidida por Trotsky. Ela estava cheia de deputados bolcheviques e socialistas revolucionários de esquerda. O Segundo Congresso de Soviets abriu naquela noite, escolhendo um "Conselho de Comissários do Povo" composto por três mencheviques e 21 bolcheviques e socialistas de esquerda, que formaria a base de um novo governo. O Comitê Executivo do Soviete de Petrogrado rejeitou a decisão e convocou os soviets e o exército para defender a revolução. A insurreição foi vitoriosa em Petrogrado sob a direção do CMR do Soviete presidido

---

25 *Los Bolcheviques y la Revolución de Octubre.* Actas del Comité Central del Partido Obrero Socialdemócrata ruso (b) – agosto de 1917 a febrero de 1918. México, Pasado y Presente, 1978.

por Trotsky e obedecendo ao planejamento meticuloso realizado pela comissão militar bolchevique chefiada por Antonov-Ovseenko. O CMR executou o plano insurrecional e, em questão de horas, os ministérios, repartições públicas e a sede do governo caíram sob o domínio dos "Guardas Vermelhos". Os combates provocaram uma dezena de mortos e sessenta feridos em Petrogrado. A partir daí, a transferência do poder aos sovietes se efetuou em poucos dias, com poucos atritos, por todo o território do antigo império czarista à exceção de Moscou, onde a tomada do poder custou algumas centenas de mortos aos insurretos.

O Segundo Congresso dos Sovietes de Toda a Rússia (com 390 bolcheviques entre seus 673 delegados, quase 60% do total [no congresso precedente, como vimos, os bolcheviques mal superavam o percentual de 15%] uma maioria decisiva e decisória: os 283 delegados não bolcheviques estavam divididos entre diversos partidos enfrentados entre si, ou eram delegados "sem partido") aprovou a insurreição de outubro e o novo "Governo dos Comissários do Povo" (*Sovnarkom*)[26] com a seguinte composição: Presidente: Vladimir Lenin; Secretário: Nikolai Gorbunov; Agricultura: Vladimir Milyutin; Guerra e Assuntos Navais: Nikolai Podvoisky (Comissário do Povo), Nikolai Krylenko (Colégio de Guerra), Pável Dybenko (Colégio Naval); Comércio e Indústria: Viktor Nogin; Educação: Anatóli Lunatcharski; Abastecimento: Ivan Teodorovich; Assuntos Externos: Leon Trotsky; Assuntos Internos: Aleksei Rykov; Justiça: Georgy Oppokov; Trabalho: Alexander Chliapnikov; Nacionalidades: Joseph Stalin; Correios e Telégrafos: Nikolai Glebov-Avilov; Finanças: Ivan Skvortsov-Stepanov; Bem Estar Social: Alexandra Kollontai.

Os remanejamentos do governo foram constantes durante seus primeiros meses de existência. Na mesma noite de 26 de outubro o Congresso dos Sovietes aprovou o "Decreto da Paz", propondo a retirada imediata da Rússia da Primeira Guerra Mundial, e o "Decreto da Terra", com a distribuição de terras entre os camponeses. Vários sovietes e representações operárias (em

---

26 Quando da criação da URSS, em 1922, o órgão passou a chamar-se Conselho de Comissários do Povo da União Soviética. Em 1946, os *Sovnarkoms* foram substituídos por Conselhos de Ministros, tanto no nível da União quanto das repúblicas soviéticas. O *Sovnarkom* da União passou a chamar-se Conselho de Ministros da União Soviética, ficando sediado dentro do Kremlin, perto do edifício do *Presidium* do Soviete Supremo. Com a mudança de nome, os "comissários do povo" passaram a ser ministros de Estado e os Comissariados do Povo tornaram-se departamentos do governo.

especial o poderoso sindicato nacional dos ferroviários) mantiveram sua posição em favor de um governo de coalizão de todos os partidos socialistas (sem representantes dos partidos burgueses) em vez de um governo de hegemonia bolchevique: o acirramento da luta política, e também da luta militar (guerra civil 1918-1921), porém, em vez de levar nessa direção, transformou a "hegemonia bolchevique" em poder não compartilhado dos *comunistas*.

LENIN EM ABRIL DE 1917

Lincoln Secco[27]

Qual é o papel de Lenin na História? Podemos dizer que sem ele, a história o teria substituído por outra liderança e o processo transcorreria de forma semelhante, com diferenças apenas de nuances? Ou o Lenin realmente existente foi uma forma particular insubstituível da própria Revolução Russa? Faz algum sentido em se imaginar o que não houve? É lícito afirmar que aquela revolução só aconteceu daquela forma por causa dele, sem recair num exercício contrafactual ocioso? Há uma possibilidade marxista de se demonstrar simultaneamente as qualidades únicas de um indivíduo e as estruturas que permitiram que elas exercessem um papel decisivo?

No primeiro decênio do século XX Valdimir Ilitch Ulianov (1870-1924) não constava entre os mais importantes líderes sociais democratas. Num *Dicionário de Socialismo* publicado na França em 1911 seu nome não aparecia[28]. Embora fosse um brilhante pensador e polemista, vivesse na Europa Ocidental e interviesse nos debates sobre economia política e organização partidária, ele era membro do Partido Operário Social Democrata Russo, uma das pequenas e divididas agremiações revolucionárias russas. Na Conferência de Praga (1912) finalmente rompeu totalmente com os mencheviques. Surgiu o partido bolchevique. As personagens de relevo no debate marxista eram alemãs e em menor medida austríacas, refletindo a importância política do Partido Social Democrata Alemão: Kautsky, Bernstein, Renner, Bauer, Hilferding. Na esquerda ainda havia Rosa Luxemburgo, cuja *Acumulação de Capital* foi um divisor de águas no debate econômico. A partir dos anos 1930, o debate geral político perdeu sua qualidade teórica. Os sociais democratas que emergiram do pós-Segunda Guerra eram, em geral, medíocres burocratas ou líderes políticos talentosos, mas sem nenhuma contribuição teórica.

---

27 Professor Associado de História Contemporânea da Universidade de São Paulo (FFLCH).
28 Vérecque, Ch. *Dictionnaire du Socialisme.* Paris, M. Giard et E. Brière, 1911.

O mesmo se pode dizer da liderança soviética. Bukharin, Trotsky, Zinoviev, Kamenev foram substituídos pelo círculo de dirigentes stalinistas: Mikoyan, Malenkov, Beria, Molotov e Krushev. O ideólogo pós 1940 foi Suslov, cuja obra não foi mais do que a expressão da Era Brejnev. Destarte, Lenin viveu uma conjuntura única. Ele não foi um gênio da política entre autores menores. Ao contrário: destacou-se entre grandes líderes práticos que eram teóricos também. A conjuntura mudou a sorte dos revolucionários russos. A guerra europeia (1914-1918), a adesão dos principais líderes sociais democratas ao nacionalismo burguês e o aumento da agitação operária a partir de 1916 em toda a Europa, começaram a tirar Lenin do ostracismo.

A luta de classes na Russia estava mais radicalizada do que em países com partidos reformistas de massas consolidados. Em número de grevistas, o Império Russo não estava atrás dos países mais industrializados. Segundo Lenin, o número médio de grevistas por ano na Rússia em dezoito anos foi de 345.400. Na Alemanha, a média de quatorze anos (1899-1912) foi de 229.500, e para a Grã-Bretanha a média de vinte anos (1893-1912) foi de 344.200. As condições objetivas que permitiram as revoluções de fevereiro e outubro na Rússia estavam dadas e Lenin tinha consciência de que a guerra europeia era o pano de fundo de uma revolução continental que, de fato, viria a eclodir na Rússia, Finlândia, Hungria e Alemanha, dentre outros países.

Outubro de 1917 foi o epicentro de um cataclismo mundial. Greves e motins percorreram todos os continentes; a própria Conferência de Versalhes chegou à conclusão de que medidas de proteção laboral e outras concessões à classe trabalhadora eram imprescindíveis para diminuir o ímpeto revolucionário da classe operária. Novos métodos de produção também foram empregados para quebrar o controle operário na fábrica.

Se em 1914 as massas trabalhadoras aderiram ao nacionalismo com entusiasmo e se dirigiram ao front, por volta de 1916 a resistência ativa ou passiva, as greves, os motins, congraçamento com adversários e deserções já eram um problema grave para os políticos e militares que dirigiam a carnificina.

Como vimos, até 1914, a chamada II Internacional, que congregava os partidos socialistas, trabalhistas e sociais democratas de boa parte do mundo, tinha no Partido Social Democrata Alemão a sua maior liderança política e teórica. Mas quando se iniciou a guerra, aquele partido votou os créditos exigidos por seu governo para o esforço bélico. Outros partidos fizeram o mesmo, apoiando seus governos em nome do nacionalismo. Lenin decretou, então, a falência da II Internacional e defendeu a criação de uma nova, a III

Internacional (que seria criada, de fato, em 1919). Lenin se juntou a um grupo de radicais na cidade suíça de Zimmerwald, em setembro de 1915, e tentou lançar a palavra de ordem: «Transformar a guerra imperialista em guerra civil». Até então, Lenin tinha vivido a maior parte de sua vida politicamente ativa no exílio. Depois de ser desterrado na Sibéria em 1896 ele, a partir de 1900, vivera sempre na Suíça com algumas interrupções. Mas mesmo depois da famosa reunião de Zimmerwald ele não se tornou conhecido além dos círculos marxistas russos. Mas a partir dela ele assumiu a liderança de uma corrente crescente de revolucionários desiludidos com a social democracia européia.

A Rússia tinha entrado na Guerra ao lado de Inglaterra e França. Em 1917 Lenin tomou o famoso trem rumo à Estação Finlândia. Ele tinha o desejo de voltar á Rússia, pois sabia que seu país, virtualmente derrotado na Guerra, estava em meio a uma revolução. Mas as fronteiras estavam fechadas e ele teve que negociar com o governo da Alemanha, o que lhe valeu a acusação de ser agente do imperialismo alemão. Este tinha interesse na chegada de líderes bolcheviques à Rússia, pois eles se opunham à guerra e poderiam livrar os alemães de uma das frentes de batalha. Em 9 de abril Lenin viajou para Petrogrado num trem defendido por oficiais alemães. Na noite do dia 16 de abril atingiu o seu destino. Chegava em meio a uma revolução e a uma agitação operária sem par. A retomada das greves em 1912 havia sido interrompida pelo início da guerra, mas o ímpeto operário cresceu em 1916 e explodiu em 1917.

Trotsky documentou as greves políticas do momento. Esses dados, somados ao do crescimento dos partidos operários (em particular o Partido Bolchevique), conformam a base material da ascensão política de Lenin, como veremos.

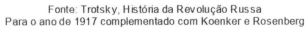

Participantes em greves Políticas

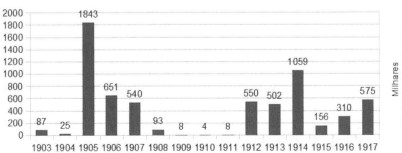

Fonte: Trotsky, História da Revolução Russa
Para o ano de 1917 complementado com Koenker e Rosenberg

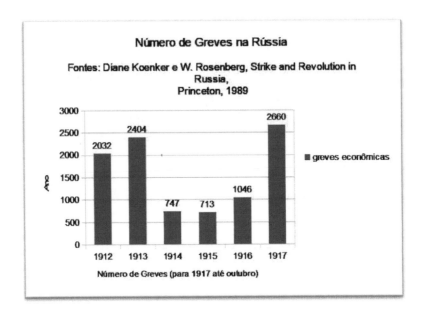

Uma jovem classe operária radicalizada encontrou nos bolcheviques sua expressão naquele momento único. Lenin compreendeu que o momento dialético era o da negação radical. A política não se exibiu como uma pura disputa de facções pelo poder, mas como a expressão política da luta de classes. Ao chegar à Rússia, Lenin encontrou muita resistência às suas idéias sobre a possibilidade de tomar o poder por via revolucionária. Os marxistas russos, incluindo ele mesmo, haviam sido educados nos preceitos de G. Plekhanov, os quais indicavam a necessidade de um prévio desenvolvimento das forças produtivas e da classe operária para se erguer uma ordem socialista num país atrasado. A revolução deveria ser burguesa. Mas os acontecimentos que se avolumaram depois de 1914 mostraram a Lenin que havia uma fratura histórica exposta e que cabia aos revolucionários tomar o poder a partir dos elos mais fracos da cadeia imperialista antes que a revolução atingisse os centros mais desenvolvidos, como a Alemanha.

Aqui surge uma pergunta inevitável. Sua chegada à Rússia foi decisiva? Sem ele haveria a tomada do poder pelos bolcheviques em outubro? Qual o papel de Lenin na História? Pode parecer absurdo a uma leitura marxista da Revolução de Outubro afirmar que sem Lenin ela não teria acontecido. Entretanto, Trotsky pensava assim e não estava errado. Quando Lenin leu suas

Teses de Abril para uma plateia de membros de vários partidos, chegou a ser vaiado. Entre as próprias lideranças bolcheviques, apenas Alexandra Kollontai o apoiou. Ao chegar, encontrou muita resistência às suas ideias sobre a possibilidade de tomar o poder por uma revolução socialista.

A personalidade de Lenin fugia a uma adequada explicação nos moldes de um marxismo cuja ortodoxia era representada na Rússia por Plekhanov e seu estudo sobre o papel do indivíduo na história. Sem a chegada de Lenin à Estação Finlândia e sua insistência e autoridade para mudar a estratégia do seu partido, os bolcheviques não teriam feito uma insurreição em outubro de 1917. A viagem de Lenin pela Alemanha é um daqueles momentos luminosos da história escolhidos por Stefan Zweig. Por outro lado, sem a estrutura verticalizada de revolucionários profissionais bolchevique, a autoridade de Lenin não poderia ser levada em conta. Houve uma combinação de três fatores: a autoridade teórica e política ímpar de um indivíduo; a estrutura vertical de um partido clandestino; a transformação *in flux* do partido clandestino para o partido revolucionário de massas.

Os marxistas viam a única revolução possível como burguesa. Só depois os bolcheviques acataram a ideia de uma revolução ininterrupta, termo que Lenin havia usado uma só vez em 1905, ou permanente, na formulação de Trotsky e de Parvus, uma dessas inacreditáveis personagens dos círculos revolucionários do início do século XX. As *Teses de Abril* aproximaram as ideias de Lenin às de Trotsky, o que facilitou sua entrada no Partido. A guerra europeia modificara o pensamento de Lenin porque havia encurtado os prazos de uma transformação socialista nos países mais avançados. Na Rússia, estado atrasado e camponês, ainda que a revolução continuasse democrática, ela teria que ser dirigida pelo proletariado, tomar medidas socialistas e se transformar no prólogo da revolução socialista mundial.

As novas ideias de Lenin o deixaram em minoria em seu próprio partido, mas a entrada massiva de soldados e operários bastante exaltados e pouco afeitos a problemas teóricos foi um fator decisivo para forçar os dirigentes a tomar o poder. Lenin conquistou apoio na ala jovem e mais próxima às massas. Em abril o Partido já contava com 89 mil aderentes; decuplicou de tamanho entre fevereiro e outubro (de 25 mil a 250 mil membros), e sua militância tinha se forjado nos escalões da base bolchevique durante os acontecimentos de fevereiro e posteriores. Entre fevereiro e outubro de 1917 Lenin observou uma "dualidade de poderes" na Rússia. Num artigo publicado no *Pravda* em 9 de abril de 1917, que consta de suas *Obras Completas*, ele afirmava: "Em que consiste a dualidade de poderes? Em que junto ao governo provisório, governo da burguesia, se formou outro governo: os soviets de deputados operários e soldado". O que ele percebeu claramente antes de qualquer um é que o poder estava se deslocando das instituições representativas para os soviets. Faltava apenas convencer os membros dos soviets disso.

A tarefa imediata dos bolcheviques, portanto, era mostrar que os conselhos de operários e soldados podiam tomar o poder sob a sua liderança. Ou para sermos mais realistas, sua tarefa era simplesmente tomar o poder em nome deles. O que efetivamente fizeram em outubro de 1917. No dia 25 deste mês, a insurreição de Petrogrado matou seis pessoas, embora em Moscou os bolcheviques tivessem encontrado uma reação feroz e sangrenta que estendeu a luta até dois de novembro e matou 500 de seus militantes.

Embora os bolcheviques fossem bem sucedidos, logo chegaram a um impasse de natureza política: o que fazer com a dualidade de poderes entre o governo dos soviets e a Assembléia Constituinte, eleita depois da Revolução de fevereiro? Os bolcheviques resolveram, então, fechar a Constituinte, implantando uma ditadura revolucionária. Se por um lado isso lhes garantiu o monopólio do poder, por outro lado jogou todas as demais classes, que eram a favor da democracia, mas não do comunismo bolchevista, nos braços da reação aristocrática e latifundiária. Em face desse isolamento político, os bolcheviques enfrentaram uma guerra civil cruenta, que impediu qualquer democracia fosse direta ou indireta e militarizou o próprio partido e os soviets. A guerra exigiu dos conselhos de operários e soldados a disciplina militar e permitiu que um exército vermelho semi-profissionalizado adquirisse uma grande importância, bem como a polícia política. Esses aparatos repressivos é que serão a base da futura ditadura de Stalin.

Ora, como os ultraesquerdistas Karl Korsh, Paul Matick, Anton Pannekoek e outros demonstraram, a Revolução Russa foi uma revolução burguesa de fato. Ocorre que no seu interior (e pelas suas circunstâncias específicas) ela desencadeou uma revolução operária e camponesa. Assim como na França do ano II: uma *sansculloterie* enraivecida ultrapassou os jacobinos nas ruas, levando Robespierre a eliminar os *enragès*, Hébert e todos os líderes radicais à sua esquerda. A diferença é que, na França, Robespierre cumpriu sua função histórica em alguns meses, pois à burguesia não interessava aprofundar a revolução. Esta comparação foi feita na época por Albert Mathieu (1920). Não era extemporânea. Um socialista revolucionário caracterizou a ditadura bolchevique como "absolutismo chamado ilustrado".[29] Discutia-se o momento da reação termidoriana. A fase bonapartista, por sua vez, era identificada até em Trotski, líder do exército vermelho e por outros em Stalin, a partir dos anos 1920. A própria Rússia vivera em 1917 uma tentativa de monarquia parlamentar, uma república não nomeada ao lado de conselhos, uma caricatura bonapartista que foi Kerenski, um efêmero Diretório até a formação do governo soviético.

Todavia, a Rússia era um caso diferente. Ela não tivera revolução burguesa e nem um grande medo produzido por camponeses incendiários. As revoltas de Razine (século XVII) e Pougatchev (século XVIII) foram esmagadas. A revolta dezembrista (1825), que poderia ter levado uma nobreza liberal ao poder, fracassou. Nicolau I (1825-1855) empreendeu uma contra-revolução sem que tivesse havido uma revolução. Alexandre II (1855-1881) fez reformas como o fim da servidão (1861), mas sem deixar de lançar pesados encargos aos camponeses e ainda assim foi assassinado. Dessa forma, Alexandre III e Nicolau II simplesmente esqueceram as reformas e fizeram governos despóticos. Lenin, estudioso profundo da história, sabia que a Rússia só podia ser governada e não se governar. E seu governo deveria antes leva-la à modernidade ocidental sob a ideologia marxista (ou seja, o socialismo como técnica de desenvolvimento e como ideologia).

Se fizermos um cotejo entre a construção do capitalismo na Rússia e a formação do mesmo na Europa Ocidental, podemos apresentar três teses:

1. Na Europa Ocidental o processo foi multissecular e na Rússia deu-se em alguns decênios (foi *historicamente concentrado*);

2. Na Europa Ocidental uma revolução burguesa coroou o processo e na Rússia iniciou;

3. Na Europa Ocidental a fase jacobina das revoluções burguesas pôde ser rápida e suficiente para consolidar as conquistas econômicas da burguesia há muito estabelecidas; na Rússia a fase "jacobina" (bolchevique) teve que

---

29 Vichniak, M. *El Régimen Sovietista*. Madri: Imprenta de Juan Pueyo, 1920, p. 27.

durar mais tempo porque o capitalismo tinha que ser construído a partir do Estado e sem uma burguesia, o que se tornava uma tarefa socialista.

Mas podemos contrapor a esta opinião a do marxista alemão Paul Mattick:

"O regime bolchevique da Rússia não podia subsistir senão fazendo concretamente o que ideologicamente era obrigado a rejeitar: desenvolver e expandir o modo de produção capitalista. Não era esse o objetivo original do bolchevismo (...). Como ideologia, esse objetivo continuou a existir e o marxismo enquanto ideologia punha--se a serviço de uma prática não marxista: a transformação da Rússia em Estado capitalista moderno".[30]

Não era obviamente o que Lenin desejava, pois a construção não seria capitalista na medida em que a revolução não era meramente nacional. Como se viu acima, parte da mudança de pensamento de Lenin em abril de 1917 residia na ideia de que ele entendeu a Revolução Russa como prelúdio de um levante continental. Portanto, ele jamais imaginou ter que construir a economia socialista russa isoladamente. Quando os sociais democratas alemães votaram os créditos de guerra em 1914 ele recusou-se a acreditar. Em seguida, depositou esperanças na vitória dos espartaquistas e outros radicais na Alemanha, Hungria e Itália no final da Guerra. Kolakowsky documentou as inúmeras declarações de Lenin no sentido de que a revolução que se iniciava na Rússia tinha caráter internacional. Antes da tomada do poder, em setembro de 1917, Lenin imaginava que o proletariado tinha que manter o poder na Rússia ao menos até que houvesse uma revolução no ocidente. No III Congresso dos Soviets, em 24 de janeiro de 1918, para ele a revolução estava amadurecendo no ocidente. Ali, ele também declarou que a vitória final do socialismo em um único país era obviamente impossível.

Em 12 de março de 1918 a salvação do proletariado russo estava na revolução mundial; num discurso de 26 de maio de 1918 Lenin foi além: "Não fechamos os olhos ao fato de que num único país, mesmo que fosse um país muito menos atrasado que a Rússia (…) não poderíamos levar a cabo a revolução socialista completamente apenas pelos nossos próprios esforços". Em outubro de 1918 Lenin disse que era inevitável transferir o poder político ao proletariado alemão e em 3 de novembro de 1918 ele voltou a falar numa

---

30 Mattick, P. et al. *Comunistas de Conselhos*. Coimbra: Centelha, 1976, p. 57.

revolução proletária de escala mundial, assim como no discurso de 6 de março de 1919 no I Congresso na III Internacional[31]. Isso não elimina o fato de que ele também se voltou às questões locais russas, especialmente de construção econômica das bases do socialismo.

De certa forma Lenin fixou muito antes as premissas das possibilidades marxistas russas: "O marxismo ensina que uma sociedade fundada sobre a produção mercantil e que tenha relações de intercâmbio com as nações capitalistas civilizadas toma inevitavelmente ela própria, ao chegar a certo grau de desenvolvimento, a via do capitalismo"[32]. Isso abre perspectivas para se discutir qual foi o derradeiro papel de Lenin no período de refluxo em que a revolução europeia estava em compasso de espera, derrotada ou adiada em vários países, e a reconstrução da economia russa se tornava uma necessidade incontornável; bem como o estabelecimento de relações diplomáticas, comércio exterior com países capitalistas e introdução eventual de mecanismos de mercado no seio de uma economia planificada.

Mas essa é uma história sobre a qual Lenin não poderia mais fazer diferença. O momento de abertura de possibilidades revolucionárias de abril de 1917, que lhe revelou uma progressão revolucionária mundial, fechou-se por volta de 1921. Ao espírito de revolucionário de abril se opôs uma fase de reconstituição das potências capitalistas e mudanças nas relações de trabalho. Na própria União Soviética, o partido não era mais aquele do *Ano I da Revolução*, para usar a expressão de Victor Serge. Diante das novas condições, poderia um indivíduo, ainda que brilhante, desempenhar aquele mesmo papel de abril?

Referências bibliográficas

Althusser, L. *Lenin e a Filosofia*. Lisboa: Estampa, 1974.

Clarke, S. "Era Lenin marxista? As raízes populistas do marxismo-leninismo", in Bonefeld, W. e Tischler, S. *A 100 años del Qué Hacer?* Buenos Aires: Ediciones Herramienta, 2003.

Debord, G. *A Sociedade do Espetáculo*. Rio de Janeiro: Contraponto: 1997.

---

31 Kolakowsky, L. *The Main Currents of Marxism*. London: Norton, 2005, p. 737-8.
32 Lenin, V. I., 1977, pp. 1-131.

Figes, O. *A Tragédia de um Povo*. Rio de Janeiro: Record, 1996.

Fischer, Louis. *A Vida de Lênin*. Rio de Janeiro: Civilização Brasileira, 1967

Gramsci, A. *Quaderni del Carcere*. Torino: Riunitti, 1975.

Guèrin, D. Jeunesse du socialisme libertaire. Paris: Marcel Rivière, 1959.

Kolakowsky, L. *The Main Currents of Marxism*. London: Norton, 2005.

Koenker, D. P. Rosenberg, W. *Strikes and Revolution in Russia, 1917*. New Jersey: Princeton University Press, 1989.

Lenin, V. I. *Collected Works*, Progress Publishers, 1977, Moscow, Volume 19.

Lenin, V. I. "Duas táticas da socialdemocracia na revolução proletária". Obras Escolhidas, t. 11. Edições Progresso Lisboa – Moscovo, 1977.

Lenin, V. I. *Obras Escolhidas*, t. 6. Moscou: Progresso / Lisboa: Avante, 1989.

Mathiez, A. *Le Bolchevisme et le Jacobinisme*. Paris, 1920.

Mattick, P. et al. *Comunistas de Conselhos*. Coimbra: Centelha, 1976.

Rubel, M. *Marx Critique du Marxisme*. Paris: Payot, 1974.

Secco, L. *História da União Soviética*. 2 ed. São Paulo: Maria Antonia, 2023.

Settembrini, D. "Leninismo", in Bobbio N. et al. *Dicionário de Política*. Brasília: Unb, v. II, 1992.

Staline, I. *Les Questions du Leninisme*. Paris: Bureau d´Éditions de Diffusion & de Publicité, 1926.

Vérecque, Ch. *Dictionnaire du Socialisme*. Paris, M. Giard et E. Brière, 1911.

Vichniak, M. *El Régimen Sovietista*. Madri: Imprenta de Juan Pueyo, 1920

LENIN, OS BOLCHEVIQUES E A DEMOCRACIA

Enric Mompó Martínez[33]

A primeira sessão do Segundo Congresso Pan-Russo dos Sovietes de Deputados Operários e Soldados, realizada na noite de 25 de outubro de 1917, começou com a notícia de que o governo provisório de Kerensky acabara de cair e que o Comité Militar Revolucionário de Petrogrado, nas mãos dos bolcheviques, tomara o poder para entregá-lo imediatamente aos sovietes. A notícia causou grande agitação na assembleia e provocou protestos furiosos dos socialistas revolucionários de direita e dos mencheviques, que decidiram deixar o Congresso em massa, em desacordo com os acontecimentos: *Ao sair do Congresso, deixando-os sozinhos com aquelas crianças que eram os Socialistas Revolucionários de esquerda, e os poucos representantes do* Novaya Jizn, *entregávamos aos bolcheviques, com as nossas próprias mãos, o monopólio da autoridade sobre o Congresso, sobre as massas, sobre a revolução. Por nossa própria vontade, garantimos a vitória completa de Lenin.*[34]

No dia seguinte, quando foi aberta a segunda sessão do Congresso, restavam apenas os deputados bolcheviques, a ala esquerda dos socialistas revolucionários (em processo de ruptura com a ala direita do partido) e os delegados independentes. Lenin apareceu pela primeira vez em público, como porta-voz da fracção bolchevique, para propor a aprovação imediata dos dois primeiros decretos do novo poder soviético. A da declaração unilateral de paz com todos os povos e a da entrega das terras aos camponeses. Por último, e por proposta de Kamenev, que presidiu à sessão, foi também aprovada a criação de um Conselho de Comissários do Povo, como novo governo provisório que governaria o país em nome dos sovietes, até à formação da Assembleia Constituinte. Conjunto. O decreto sobre a proclamação unilateral da paz foi acompanhado

---

[33] Historiador, Doutor em História pela Universidade de Barcelona, membro de *Red Roja* de Barcelona, sindicalista de CoBaS.
[34] Nikolai N. Sukhanov. *The Russian Revolution 1917*. A personal record. New Jersey, Princeton University Press, 1984.

de um convite a todos os povos beligerantes europeus para declararem um cessar-fogo imediato e iniciarem negociações para alcançar uma paz justa e democrática, sem anexações ou compensações. Fez parte do clima de entusiasmo e otimismo em relação à iminente eclosão da revolução internacional. A impressão geral entre os bolcheviques era que a revolução russa tinha sido apenas o prelúdio de um movimento revolucionário generalizado que iria varrer o capitalismo europeu da face da Terra. O afastamento dessas expectativas e as pressões alemãs criariam um problema sério para o regime soviético nas semanas seguintes.

Se havia receio de que a Revolução de Outubro pudesse permanecer isolada, o decreto fundiário tornou-a invencível, garantindo a simpatia de milhões de camponeses. Para escrever o texto, Lenin não partiu do programa agrário dos bolcheviques, mas inspirou-se no mandato dos representantes camponeses, que concordava com o do Partido Socialista Revolucionário. Isso lhe rendeu críticas de membros do seu próprio partido, que o acusaram de oportunismo e de renúncia a princípios. A resposta de Lenin foi pragmática. A revolução não poderia avançar se não tivesse a firme aliança dos camponeses, e se neste momento as suas aspirações não incluíssem a propriedade socialista da terra, os revolucionários teriam que aceitá-la: *Como governo democrático que somos, não podemos abstrair-nos da vontade das massas populares, mesmo quando discordamos dela. A vida dará razão a quem a tiver... O essencial é que os camponeses tenham a certeza absoluta de que não haverá mais grandes latifundiários no campo, de que não terão que fazer mais nada a não ser organizar a própria vida.*[35]

Mesmo que tivessem decidido de outra forma, os bolcheviques não estavam em posição de fazer outra coisa senão aceitar a reforma agrária que os camponeses levavam a cabo espontaneamente. A antiga administração czarista ruíra completamente e a autoridade do Congresso dos Sovietes mal chegava às periferias das grandes cidades. A reforma agrária empreendida pelos sovietes no decreto fundiário limitou-se a reconhecer e legitimar o que os camponeses estavam a pôr em prática por si próprios. O ato revolucionário precedeu a lei e esta foi a sua consequência: *As forças do tradicionalismo camponês, do igualitarismo e do mercantilismo, bem como os interesses dos camponeses ricos e pobres, entraram em confronto em vários graus e de diferentes maneiras em milhares de aldeias*

---

35   Victor Serge. *El Año I de la Revolución Rusa*. Madri, Traficantes de Sueños, 2017.

onde a autoridade tinha desaparecido.[36] O objetivo imediato dos bolcheviques, portanto, era separar os camponeses pobres dos setores ricos e organizá-los de forma independente, como aliados sólidos da classe trabalhadora industrial. Outubro só poderia sobreviver se tivesse em conta esta realidade contraditória. Enquanto nas cidades se iniciava uma revolução proletária que contemplava a implementação progressiva da socialização dos meios de produção, no campo o objetivo imediato era acabar com a grande propriedade dos latifundiários, criar um sistema de pequenas e médias propriedades familiares. A nacionalização da terra e a criação de uma agricultura socialista moderna tiveram de ser adiadas para um futuro indeterminado, a fim de consolidar a aliança do campesinato com o proletariado industrial. A urgência agora era garantir que a revolução sobreviveria até o dia seguinte. Mais tarde, haveria tempo para organizar uma reforma agrária eficaz que ajudasse a superar progressivamente o atraso da agricultura russa.

O Congresso nomeou um novo Comité Executivo composto por 102 membros, 62 bolcheviques, 29 Socialistas Revolucionários de esquerda e 10 socialistas (seis internacionalistas). As restantes forças políticas que abandonaram o evento ficaram sem representação. Ao contrário do Comité Executivo, o primeiro Conselho de Comissários era composto inteiramente por bolcheviques. A situação era caótica. Na capital mal havia comida suficiente para alguns dias. Apesar da grave ameaça de fome, a antiga administração da Duma ficou completamente paralisada por uma greve geral. As grandes empresas industriais, bancárias e comerciais eram responsáveis pelo pagamento dos salários dos funcionários que estavam desempregados há quatro meses. Em algumas agências bancárias o pessoal estava disposto a trabalhar, mas temendo represálias caso os revolucionários fossem derrotados, pediram aos Guardas Vermelhos que ocupassem as instalações.

Não havia serviços, nem escritórios, nem dinheiro. Mas era preciso pagar os salários dos trabalhadores do município para garantir o abastecimento de água potável, gás, electricidade e bondes. Os telegrafistas recusaram-se a transmitir os telegramas dos comissários do povo; A administração da ferrovia sabotou o transporte, as linhas telefônicas permaneceram cortadas. Armas e peças sobressalentes foram escondidas nos quartéis para evitar que os revolucionários

---

36 Alec Nove. *Historia Económica de la Unión Soviética*. Madri, Alianza, 1973.

se armassem. Os edifícios ministeriais e municipais foram saqueados; até as máquinas de escrever ficaram inutilizáveis. O governo soviético não dispunha de meios materiais para lidar com a situação. Somente a vontade firme e o entusiasmo dos trabalhadores revolucionários poderiam evitar o desastre. Os guardas vermelhos e os operários, sem qualquer experiência, tomaram a iniciativa. O sindicato dos metalúrgicos ficou encarregado de recrutar o pessoal necessário para lançar o comissariado do trabalho; o sindicato dos marítimos e marinheiros foi responsável por organizar a administração dos portos...

As primeiras medidas para se financiarem foram impor impostos sobre o capital, ou tomar empréstimos forçados da burguesia, sob a ameaça de enviar alguns empresários para trabalhar arduamente nas minas. Tudo foi fruto da inexperiência e da improvisação de alguns homens que tentavam construir uma nova administração a partir do nada: *no terrível caos das primeiras semanas da revolução, os novos dirigentes tiveram pouco tempo para coordenar a sua ação ou mesmo para pensar e planejar as coisas de forma consistente, cada passo que davam era uma reação a alguma emergência urgente ou uma retaliação por alguma ação ou ameaça de ação contra eles.*[37] Com infinitas dificuldades e com as limitações materiais da situação, tudo, aos poucos, começou a andar. Rumores divulgados pela imprensa burguesa anunciavam que Kerensky estava às portas da capital, à frente de uma coluna de cossacos. As notícias de Moscou também eram desanimadoras. Os combates de rua entre os Guardas Vermelhos e as forças leais ao governo provisório continuavam e o resultado ainda era incerto.

Com uma situação tão complicada e quase nenhum meio para lidar com ela, é difícil acreditar que os bolcheviques se sentissem confortáveis em assumir total responsabilidade pelo novo governo revolucionário. Lenin ofereceu aos socialistas revolucionários de esquerda a possibilidade de fazer parte dele, mas eles rejeitaram a proposta e preferiram trabalhar de fora para a reconciliação com a oposição que havia abandonado o Congresso dos Sovietes. As conversações entre os bolcheviques e a oposição começaram praticamente no momento em que o primeiro governo soviético foi formado. No Congresso, Martov, líder dos mencheviques internacionalistas, propôs, apoiado pelo bolchevique Lunacharsky, um governo de unidade no qual apenas o partido cadete (KDT), representante da burguesia, seria excluído. Dadas as circunstâncias, todos

---

37   Edward H. Carr. *La Revolucion Bolchevique 1917-1923*. Madri, Alianza, 1974.

estavam convencidos do caráter provisório do novo governo. Entre os mencheviques e os socialistas revolucionários havia a convicção de que os bolcheviques não ousariam continuar a governar sozinhos e procurariam um acordo com eles.

Em 29 de outubro, a maioria do Comité Central e mais tarde o Comité Executivo do Congresso (com a ausência de Lenin, Trotsky e Stalin) concordaram em negociar com a oposição. No entanto, a atmosfera estava longe de ser fraterna. Quando o resultado da batalha de Moscou ainda não era conhecido e Kerensky estava nos arredores de Petrogrado, as condições draconianas exigidas eram equivalentes à rendição dos bolcheviques e ao regresso à situação de antes da Revolução de Outubro. A derrota dos apoiantes do governo provisório fez com que abrandassem. Primeiro a Guarda Vermelha seria desarmada e depois seria formado um novo governo no qual metade das pastas estariam nas mãos dos bolcheviques, mas no qual Lenin e Trotsky seriam excluídos. O gabinete não seria responsável perante os sovietes, mas sim perante "as amplas massas da democracia revolucionária", isto é, perante um Conselho Nacional (150 delegados dos sovietes, 75 das organizações camponesas, 80 do exército e da marinha, 40 dos sindicatos e 70 da Duma Municipal) em que os bolcheviques teriam assegurado 60% da representação. Era um presente envenenado. A minoria teria força suficiente para bloquear e sabotar medidas com as quais não concordasse.

A proposta foi rejeitada pela maioria do Comité Central, que estabeleceu suas condições para continuar as negociações com a oposição. A crise eclodiu quando os apoiantes bolcheviques da coligação votaram contra a resolução do seu próprio partido. Outro bolchevique, Larín, propôs uma moção de censura à repressão contra a imprensa burguesa, que naquela altura apelava à insurreição armada contra o governo soviético (!). A moção foi rejeitada por apenas dois votos (!!). Ordenados a submeter-se à decisão da maioria, os líderes da oposição do partido renunciaram às suas responsabilidades. O partido estava à beira da divisão. Lenin chamou-os de desertores e convidou-os a abandonar a organização se não estivessem dispostos a aceitar a posição da maioria. Suas palavras: *A divisão seria um fato extremamente lamentável. No entanto, uma divisão honesta e franca é atualmente muito preferível à sabotagem interna e ao incumprimento das nossas próprias resoluções.*[38] No final, a ruptura não ocorreu. A oposição bolchevique, condenada pela militância e pelos trabalhadores e soldados que apoiaram a insurreição, acabou por aceitar a decisão da maioria. Tornou-se cada vez mais evidente que o que os líderes mencheviques e social-revolucionários de direita procuravam era o suicídio político dos bolcheviques e o desmantelamento da nova ordem. Quando isso não foi possível, rejeitaram a oferta de gestão conjunta dos soviets e optaram pela luta armada ao lado dos exércitos brancos que já tinham começado a reagrupar-se na periferia do país, ou prepararam-se para capitalizar os benefícios da confusão. Os bolcheviques foram acusados de intenções ditatoriais e de não estarem interessados em partilhar o poder político com o restante das organizações socialistas.[39] A simplicidade da acusação esconde, na verdade, um profundo preconceito ideológico.

A subsequente degeneração do primeiro Estado operário da história é muito mais complexa e não estava implícita no programa bolchevique. Se alguns quiserem continuar insistindo que havia planos ocultos que levavam a isso, isso é com eles. O problema que nos preocupa é mais complexo. É compreender quais foram as circunstâncias que tornaram possível a deriva burocrática e autoritária (stalinismo), quando esta não fazia parte do DNA do partido. Um governo de coligação que abrangesse todo o amplo espectro da esquerda era incompatível com a tomada do poder pelos soviets. Os mencheviques e os socialistas revolucionários (de direita) eram a favor da construção de uma república burguesa parlamentar, como na Europa Ocidental. O poder soviético parecia-lhes uma aberração histórica que levaria a Rússia ao desastre. Para eles, a função dos soviets deveria limitar-se a monitorar e pressionar a burguesia para que esta não traísse os ideais do capitalismo democrático, mas em nenhum caso deveria tornar-se a personificação de uma revolução socialista louca e prematura. Consequentemente, um governo de unidade entre projetos tão diferentes e antagónicos era claramente impossível, a menos que implicasse a traição de um dos dois, o que ninguém estava disposto a aceitar.

Mesmo com esta incompatibilidade, os bolcheviques não desistiram de convencer os seus adversários a aderirem à nova ordem revolucionária. Afinal, os mencheviques e os bolcheviques faziam parte do mesmo partido até muito

---

38 Pierre Broué. *El Partido Bolchevique*. Madri, Ayuso, 1973.
39 Sheila Fitzpatrick. *La Revolución Rusa*. México, Siglo XXI, 2019.

recentemente. Jacques Sadoul (membro da delegação militar francesa) disze que Trotsky, algum tempo depois, expressou sua esperança de que, uma vez cumpridos os pontos essenciais do programa do partido bolchevique, os mencheviques seriam convidados a participar do governo. Em 2 de novembro, o Comitê Central reiterou que estava disposto a formar um gabinete com os partidos que boicotaram os sovietes, desde que retificassem e aceitassem a constitucionalidade soviética. É perfeitamente lógico que os bolcheviques tenham optado por um governo monocromático e depois pela inclusão dos socialistas revolucionários de esquerda, uma vez que estes foram os únicos que aceitaram o poder soviético. Sem dúvida, a autoexclusão da "oposição socialista" foi um grave inconveniente que limitou seriamente o desenvolvimento da democracia socialista, que desta forma nasceu mutilada (as únicas correntes organizadas que permaneceram dentro dos sovietes foram a dos socialistas revolucionários de esquerda e a dos bolcheviques e, a partir do ano seguinte, só os últimos). Este fator facilitou sem dúvida a degeneração subsequente, mas é injusto e totalmente injustificado atribuir toda a responsabilidade aos supostos planos ocultos e obscuros de Lenin e seus companheiros.

Oskar Anweiler argumentou que a tomada do poder pelos sovietes só foi desejada por uma parte deles e que, embora apoiassem a derrubada do governo provisório, rejeitaram a autocracia bolchevique.[40] Esta afirmação não faz sentido, uma vez que a oposição socialista não apoiou a transferência do poder aos sovietes e procurou restaurar o governo provisório. A "autocracia" não era um objetivo dos bolcheviques, que eles não queriam naquela altura, mas sim a única opção possível (até os socialistas revolucionários de esquerda se juntarm ao novo governo). O governo só poderia ser composto por organizações que reconhecessem o poder dos sovietes. Pouco depois da tomada do poder, o Comitê Central bolchevique declarou: *Na Rússia o poder soviético foi conquistado e a passagem do governo de um partido soviético para outro é assegurada sem qualquer revolução pela simples renovação dos deputados nos sovietes.*[41]

A ditadura do proletariado, transformada na ditadura do partido, não fazia parte do arsenal ideológico bolchevique. A evolução foi marcada por uma série de circunstâncias e faz parte de um processo mais complexo. Após a fracassada

---

40 Oskar Anweiler. *Los Soviets en Rusia 1905-1921*. Madri, Zero, 1975.
41 Apud Pierre Broué. *El Partido Bolchevique*, cit.

revolta dos socialistas revolucionários de esquerda em 1918, os bolcheviques foram deixados sozinhos na defesa do poder dos sovietes. Involuntariamente, a ideia do partido único, ou da ditadura do partido, penetrou pela porta dos fundos, através de três anos de guerra civil, fome e miséria generalizadas, comunismo de guerra e um aparato produtivo em ruínas. Se estivessem sozinhos na firme defesa da Revolução de Outubro, a decisão de considerar que só eles encarnavam a revolução seria uma consequência lógica e talvez não tão absurda. Muito poucos apostavam na sobrevivência da nova ordem revolucionária. Muitos apoiadores e detratores estavam convencidos de que tudo terminaria num banho de sangue. Em janeiro de 1918, quando se realizou o Terceiro Congresso dos Sovietes, Lenin felicitou-se publicamente pelo fato de o novo regime, contra todas as probabilidades, ter conseguido sobreviver dois meses e meio, cinco dias a mais do que a Comuna de Paris! Poucos dias após a tomada do poder, a situação estava longe de estar resolvida. A apenas 32 quilómetros de Petrogrado, em Gatchina, o deposto Kerensky, juntamente com o general Krasnov, reagrupou as forças que ainda lhe eram leais, para regressar à capital. A administração ficou paralisada e a imprensa burguesa fez ecoar todo tipo de rumores e especulações contra os bolcheviques. Dizia-se que Lenin e Trotsky haviam fugido e que um exército cossaco aproximava-se da capital para restaurar a ordem democrática.

Na realidade, nem a revolução nem a contrarrevolução tinham forças significativas naquele momento. A guarnição da capital que apoiou o assalto ao Palácio de Inverno estava em completo caos e recusou-se a pegar em armas novamente. Apenas a ameaça de restauração do governo provisório fez com que se preparassem com relutância para lutar. Os Guardas Vermelhos eram a única força confiável disponível, mas, treinados em combate de rua, não estavam preparados para lutar em campo aberto. Kerensky não estava numa situação melhor. Os cossacos que o apoiavam estavam convencidos de que enfrentavam um motim de espiões alemães e ficaram surpresos ao encontrar os Guardas Vermelhos e os regimentos da capital à sua frente. Em Pulkovo, os cossacos se renderam sem quase nenhum combate e Krasnov foi feito prisioneiro, enquanto Kerensky mais uma vez conseguiu escapar.

O fracasso e a fuga do antigo presidente do governo provisório e a perspectiva da iminência da revolução europeia criaram um clima de entusiasmo transbordante, que em alguns casos beirava a ingenuidade. Parecia que a grande maioria da população estava com a revolução. Não é por acaso que uma das primeiras medidas adoptadas pelo II Congresso dos Sovietes foi a abolição imediata da pena de morte. A imprensa burguesa continuou a publicar, embora as suas páginas apelassem à insurreição armada contra os sovietes. É surpreendente que alguns revolucionários (com o apoio de muitos outros) tenham denunciado, em nome da liberdade de expressão, a repressão do governo contra esses jornais. Parecia que tudo avançava e que a revolução representava claramente os interesses da maioria. Não foi assim. Embora a pequena burguesia agrária, satisfeita com o decreto fundiário, a considerasse boa, pelo menos por enquanto, a classe média das cidades rapidamente deslizou em direção à contrarrevolução. A tomada do poder pelos sovietes fora para ela um disparate, levada a cabo por um punhado de aventureiros fanáticos, apoiados pelas massas trabalhadoras sem instrução; tinha de ser encerrada o mais rapidamente possível. A declaração de um cessar-fogo unilateral na frente bélica feriu o seu sentido patriótico.

O otimismo transbordante foi a causa da generosidade dos revolucionários. A generosidade caiu na ingenuidade, que logo iriam pagar caro. Os ministros do governo provisório detidos e enviados para a Fortaleza de Pedro e Paulo foram libertados a pedido de Mártov, o que não os impediu de conspirar logo depois para derrubar o governo soviético. Os jovens oficiais que defenderam o Palácio de Inverno e o general Krasnov, que chefiava as tropas cossacas de Kerensky, foram libertados depois de dar a sua palavra de que não se levantariam novamente contra o povo; Os oficiais e suboficiais responsáveis pelo massacre de trabalhadores desarmados no Kremlin em Moscou também foram libertados e autorizados a manter as suas armas (!). Todos correram para se alistar nos exércitos brancos que se reagrupavam no Sul e no Leste, para iniciar uma sangrenta guerra civil que devastaria o país durante três longos anos.

Há algo que não se enquadra nas lendas sobre a perversidade dos bolcheviques que alguns historiadores anticomunistas sustentam. Os planos maquiavélicos de implementação da sua ditadura não concordam com o ato ingênuo de libertar os adversários, mesmo depois de terem derramado o sangue dos trabalhadores desarmados, com a única promessa de não voltarem aos seus velhos truques. Nos primeiros meses da revolução não houve execuções regulares e praticamente todas as mortes violentas ocorridas são atribuíveis à ação espontânea das massas contra os seus antigos opressores. O terror vermelho nasceria mais tarde como resposta ao terror branco, que seria desencadeado com o alvorecer da guerra civil. No entanto, isto não significa que os métodos repressivos fossem estranhos aos bolcheviques e que lhes fossem impostos de fora. O terror como arma política para esmagar a resistência do adversário sempre fez parte da genética das revoluções, como não poderia ser de outra forma, e a Revolução de Outubro não seria exceção.

Como indica Oskar Anweiler, uma minoria dos sovietes que participaram no Segundo Congresso manifestaram-se contra a tomada do poder e a favor do governo provisório. A autoexclusão dos mencheviques e dos socialistas revolucionários de direita não ajudou exatamente a fechar a fratura política que tinha ocorrido. Nas primeiras semanas depois da Revolução de Outubro, a autoridade do governo operário e camponês mal se estendia além dos subúrbios de Petrogrado, Moscou e algumas grandes cidades. Mesmo entre os sovietes que apoiaram a insurreição, ou que aceitaram a vontade da maioria do Segundo Congresso, os bolcheviques não tiveram apoio unânime. Também não se sabia se a sua autoridade política seria reconhecida no restante do país. Sem dúvida, os decretos de paz e a divisão das terras abriram o caminho.

A emergência dos sovietes de trabalhadores, soldados e camponeses tinha sido um fenómeno espontâneo de auto-organização das classes populares. Muitos dos sovietes não puderam ou não quiseram fazer parte do Segundo Congresso Pan-Russo. A sua composição política era muito variável, dependendo da estrutura social da zona ou cidade. Consequentemente, a tomada do poder fora das duas grandes capitais, Moscou e Petrogrado, foi excecionalmente complicada. As únicas organizações políticas que a promoveram foram os bolcheviques, os socialistas revolucionários de esquerda e alguns grupos anarquistas. É claro que em muitos lugares a tomada do poder não foi uma ação impecavelmente democrática. As revoluções nunca o são. A revolução é sempre um ato de imposição de um setor da população (a maioria) sobre outro (a minoria). Ao longo de séculos de dominação, as classes proprietárias estabelecem cumplicidades com setores populares que servem de base social para estabilizar a ordem política e social. A revolução só poderia triunfar se estendesse o seu poder a todos os cantos do país; nesse esforço encontrou inevitavelmente resistência ou desconfiança por parte de um setor do campesinato, das classes médias urbanas e também de alguns setores da classe trabalhadora.

Na maioria das cidades e zonas industriais, onde a classe trabalhadora era maioria e os bolcheviques tinham amplo apoio social, os sovietes limitaram-se a remover a antiga administração. Mas nos casos em que eram minoria, como foi o caso em muitas zonas rurais, ou em certos territórios da periferia do país, foram criados comités revolucionários para tomar a autoridade, forçaram a adesão do soviete, ou simplesmente contornaram-no. A Revolução de Outubro derrubara o governo provisório e entregara o poder aos sovietes, sem que ninguém soubesse o que fazer com a data eleitoral, nem com as contradições que a Assembleia Constituinte sugeria. Os bolcheviques defenderam que se realizasse depois de fevereiro, mas a situação mudara completamente desde então. Tratava-se de aprofundar a participação democrática para enfraquecer a reação czarista e os seus aliados burgueses, mas a evolução política foi mais rápida do que os mais optimistas esperavam. Não se tratava mais de derrubar qualquer governo provisório. Para os bolcheviques e os socialistas revolucionários de esquerda, o poder dos sovietes era o canal através do qual a classe trabalhadora e o campesinato pobre deveriam exercer a sua autoridade política no país. A Assembleia Constituinte não tinha lugar na nova ordem revolucionária. A democracia burguesa (representativa) e a democracia popular (assembleias e participação direta) eram incompatíveis e não podiam coexistir simultaneamente. A predominância de uma significou inevitavelmente a liquidação da outra.

A Revolução de Outubro não foi feita em nome do socialismo, pelo menos não no curto e médio prazo. As características de um país tão atrasado não tornavam isso possível. Para começar, as aspirações dos camponeses não eram a socialização da agricultura (como indicado no programa bolchevique), mas a liquidação das grandes propriedades dos proprietários de terras e a sua distribuição entre uma miríade de pequenas e médias explorações familiares improdutivas. Isto fazia parte da revolução burguesa na Rússia, que nunca tinha acontecido. A burguesia não tinha interesse em antagonizar os proprietários semifeudais e opôs-se à reforma agrária. Os bolcheviques adotaram as exigências dos camponeses para consolidar a revolução recém-nascida. Os críticos dentro e fora do partido acusaram-nos de oportunismo, mas era o único caminho que lhes permitiria sobreviver. O proletariado aspirava criar as condições económicas e políticas que seriam o ponto de partida para a futura construção do socialismo. Para conseguir isto, era necessário o desenvolvimento das forças produtivas do incipiente capitalismo russo. As tarefas pendentes da revolução democrática tinham de ser concluídas e se a burguesia se lhe opusesse, a classe trabalhadora teria de o fazer: *O socialismo não poderia ser introduzido imediatamente, é claro. Mas, num primeiro passo, os sovietes assumiriam o controle da produção e da distribuição.*[42]

Nas suas *Teses de Abril*, Lenin deixou claro que não se tratava de implementar o socialismo imediatamente, mas de criar as condições para poder fazê-lo no futuro. O regime dos sovietes e o controle operário dos meios de produção seriam uma excelente escola de formação socialista. Os trabalhadores aprenderiam a tomar as rédeas do poder econômico e político. Ele definiu o sistema como "capitalismo de estado", um capitalismo em que a burguesia não seria mais dona do poder político e econômico, mas seria controlada pelos seus próprios trabalhadores: *Não temos medo de cruzar as fronteiras do sistema burguês; pelo contrário, declaramos clara, definitiva e abertamente que marcharemos para o socialismo, que o nosso caminho passará por uma república soviética, pela nacionalização dos bancos e dos sindicatos, pelo controle dos trabalhadores, pelo trabalho obrigatório para todos, pela nacionalização da terra... a experiência nos dirá muitas coisas... então veremos.*[43]

O problema era saber se os capitalistas estariam dispostos a submeter-se e se os trabalhadores, sabendo que eram os vencedores, se contentariam em apenas controlar a produção. A política econômica visava a destruição do poder político da burguesia, mas não do capitalismo. Pelo menos imediatamente. Isto só desapareceria quando pudesse ser substituído por uma economia socialista e a situação russa estava longe de ter amadurecido até esse ponto. A contradição estaba aí, sem que a sempre esperada revolução internacional viesse em seu auxílio. Citando Lenin, Alec Nove resume perfeitamente a situação em torno da qual girava o eixo da política bolchevique: *Não havia, nem poderia haver, um plano definido para a organização da vida econômica. Havia uma estratégia política, objetivos socialistas gerais, uma determinação implacável. E, por último, mas muito importante, havia também guerra, desorganização e caos crescente. Não*

---

42 Edward H. Carr. *The Russian Revolution from Lenin to Stalin 1917-1929*. Londres, Palgrave MacMillan, 2003.

43 Alec Nove. *Historia Económica de la Unión Soviética*, cit.

devemos esquecer nem por um momento que Lenin, seus seguidores e também seus oponentes, operavam numa situação anormal e verdadeiramente desesperadora.[44]

Tudo era caos e improvisação, medidas emergenciais e correções na hora. As esperanças de Lenin de poder levar a cabo suas teses expressas em O Estado e a Revolução, que permitiriam a coexistência da iniciativa popular com uma centralização democrática e socialista da economia, estavam cada vez mais distantes. Em janeiro de 1918 começaram as primeiras nacionalizações: as ferrovias (que já estavam nas mãos do Estado, desde a era czarista) e a marinha mercante. No primeiro período, salvo exceções de necessidade, foram expropriadas empresas isoladas e não ramos da indústria. No entanto, às poucas requisições estatais seguiu-se uma onda de expropriações espontâneas, levadas a cabo pelos sovietes locais, ou pelos próprios trabalhadores da empresa. Os apelos à moderação foram simplesmente ignorados por aqueles que os executaram (muitos destes sovietes tinham maioria comunista). Estima-se que até junho do mesmo ano, dois terços das nacionalizações foram realizadas por decisões locais.

O governo ficou alarmado com a magnitude dos acontecimentos. Foi decretado que nenhuma desapropriação seria realizada sem a aprovação do recém-formado Conselho Superior de Economia Nacional. Mas não parece que a ordem tenha sido levada muito a sério porque as expropriações continuaram. Três meses depois, o mesmo decreto foi publicado novamente, desta vez com ameaças financeiras mais específicas, mas não parece que desta vez tenha tido muito mais sucesso que a anterior. A guerra civil (os exércitos brancos apoiados pelos capitalistas russos e estrangeiros contra o Exército Vermelho dos sovietes) seria um fator decisivo na radicalização ulterior da política bolchevique.

---

44   *Ibidem.*

LENIN E AS FASES DO IMPERIALISMO

Gianfranco Pala[45]

Estamos falando – com Lenin, que seguiu nisto Engels e Marx – do "imperialismo do capital": o imperialismo moderno deve ser essencialmente entendido como uma forma característica de capitalismo a partir da primeira grande crise mundial [grande depressão]. Ela começou na Europa em 1871-1873, com a saturação do mercado mundial da época, na Grã-Bretanha (onde começou a revolução económica), e rapidamente se espalhou com o crescimento esmagador das concentrações monopolísticas concorrentes nos grandes Estados em todos os continentes. Em França, onde após oito décadas da revolução política, o poder consolidou-se, no entanto, esbarrando em enormes contradições económicas, escândalos bancários e da Bolsa e através de fortes lutas sociais – até à Comuna de Paris [1871]. Na Alemanha [novamente em 1871, e não por acaso – lembremo-nos da guerra franco-prussiana que terminou com o pedido francês de ajuda do antigo inimigo bismarckiano para sufocar sangrentamente a Comuna] unificada sob a Prússia com Bismarck, federando-se num Estado nacional (o II Reich, que marcou o fim do I, o "Sacro Império Romano") na expansão industrial. Nos Estados Unidos da América, projetados para a independência [1865] contra a sua subordinação colonial aos poderosos da Europa, em primeiro lugar à Inglaterra, que por alguns votos sobre as outras nacionalidades dos imigrantes, principalmente em Estados individuais, ainda "desunidos", na verdade, também impôs a língua inglesa como dominante em todo o país (e depois espalhou-a de modo imperialista por todo o mundo); e finalmente a revolução burguesa no Japão com a restauração Meiji [1868]. Estes foram os mesmos estados que muitas décadas mais tarde formaram o primeiro G5: EUA, Alemanha, Japão, França,

---

45 Gianfranco Pala (1940-2023) foi Professor Titular no Departamento de Economia Pública da *Università degli Studi "La Sapienza"* de Roma, autor de numerosas obras, editor e principal redator da histórica revista marxista italiana *La Contraddizione*.

Grã-Bretanha, que depois se expandiu para 6, 7 e 8... e assim por diante, no século XXI, com novos Estados.

Assim, não é por acaso que falsos nobres, soldados, alpinistas sociais e toda uma raça de arrivistas camuflassem seu poder de Estado – já multipopular em termos de significado histórico – com o mais ou menos usurpado nome de império. Precisamente à maneira dos reinos antigos (chineses, assírios, egípcios, romanos, macedônios, mongóis, etc. – pelo menos setenta deles podem ser contados na história do mundo, até os japoneses). E depois, através do colonialismo, a partir da Idade Média europeia, caindo cada vez mais no ridículo da «vontade» escatológica de algum Deus que «é grande» e está infalivelmente «conosco». Conosco quem – todos? mas quem vencerá? – até à farsa trágica do "império fascista" ou do "império nazista milenar". Não é por acaso que foi provavelmente Marx quem propôs a palavra "imperialismo", mas com referência à delinquência e à bufonaria de Napoleão III, que, com um golpe de Estado semelhante a uma opereta, mas trágico, tomou o poder e o trono como um canalha, tendo-se proclamado "imperador".

Referindo-se ao nascimento do imperialismo, é convenção situá-lo por volta de 1870, desde os desenvolvimentos do colonialismo nessa primeira fase, até à Primeira Guerra Mundial (precisamente chamada de "imperialista") para tentar impor, por parte dos "Estados Nacionais" mais fortes, sua hegemonia sobre outros Estados igualmente nacionais através do domínio da exploração económica, com o controle monopolista das fontes de energia e da exportação de capitais determinando todas as políticas internas. Deve-se lembrar que não é por acaso que o termo "imperialismo" foi inicialmente usado em França em relação ao regime ditatorial de Napoleão III pela sua imitação abjeta dos antigos impérios. Na verdade, mesmo os leitores mais atentos praticamente nunca encontrarão a ligação entre essas origens e a afirmação do marginalismo e da economia neoclássica (em oposição ao domínio de décadas, já em processo de dissolução, da escola clássica de Adam Smith e David Ricardo) e menos ainda na superficialidade dos economistas (marginalistas) em relação à ascensão do imperialismo (do capital) nos tratados económicos do final do século XIX. Diferentemente da opinião comumente difundida, para além de raros precursores – o alemão Hermann Heinrich Gœssen [1854] e o americano Henry Charles Carey [1858], reconhecidos como tais após cerca de quinze anos pelos fundadores da escola de pensamento denominada economia marginalista ou neoclássica – foi precisamente por volta de 1870-1874 que princípios econômicos marginalistas foram impostos simultaneamente em vários países. Como se pode pensar que tal onda de derrubada da economia dominante não estivesse ligada à ideologia necessária para a classe burguesa parasitária face à sua necessidade de impor o imperialismo, em resposta à primeira grande crise mundial (a grande depressão)?

O modo de produção capitalista – voltando à consideração das «raízes económicas» do imperialismo, na sua primeira afirmação durante a Primeira Guerra Mundial (ou seja, a era de Hobson, Bukharin e Lenin) e gradualmente nas suas fases ulteriores – é, portanto, a modalidade que também informa todas as figuras e fases do imperialismo. Uma vez que todas elas são sempre configurações de capital em processo – até passarmos agora ao capital mundial transnacional, múltiplo e contraditório. A multiplicidade de capitais individuais, como conflito interno dentro da classe dominante, é uma contradição constitutiva deste "modo de produção", constitutiva juntamente com a oposição e luta externa entre as duas classes que fundam a relação capital –burguesia (capital) e proletariado (trabalho assalariado). Não é por acaso que a luta entre classes é muitas vezes entendida como unilateral e auto-consoladora-do-proletariado--contra-a-burguesia, na maior parte das vezes perdendo; aquelas travadas na direção oposta, no entanto, embora em grande parte predominantes, não são consideradas uma "luta", dado que o conflito de interesses entre os senhores parece ser secundário e acidental. Marx nunca separou a compreensão de uma luta da outra, tanto que não se deteve apenas uma vez na exposição do embate entre "irmãos inimigos", "falsos irmãos", etc.

Os confrontos desastrosos entre falsos irmãos destacam explicitamente características salientes – também tipificadas – das fases sucessivas do imperialismo moderno ao longo do século XX. Foi assim que Lenin escreveu o seu "ensaio popular" inicial (*Imperialismo, Fase Superior do Capitalismo*, IFSC) na primavera de 1916, no exílio em Zurique, sobre a primeira fase do imperialismo moderno do capital. Bukhárin já estudava e definia suas características; ele tinha mencionado a forma multinacional para a qual tendia o imperialismo no mercado capitalista mundial. No entanto, Lenin também sublinhou a limitação "escolástica" de Bukharin em 1916, enquanto Stalin afirmou explicitamente que ele era de fato "um teórico, mas não um teórico completamente marxista". Um limite que implicava o erro determinista e pouco dialético de

Bukhárin; mas mesmo assim Lenin citou-o no seu IFSC para a expressão "simbiose do capital bancário com o capital industrial... para a transformação dos bancos em instituições verdadeiramente universais". Na sua crítica a Bukhárin, Gramsci, na prisão [1930-33] levou seu pensamento e sua crítica até a raiz: "Não se trata deste ou daquele erro que Bukhárin cometeu em casos individuais, mas todos os erros têm uma fonte comum: a incompreensão das formas de movimento da dialética".

Recorde-se que Bukhárin escreveu *O Imperialismo e a Economia Mundial* em 1915, ou seja, um ano antes da obra de Lenin, livro que o próprio Lenin prefaciou e do qual tirou muitas indicações sobre a primeira fase do imperialismo, não apenas as mencionadas, mas uma boa substância dos conceitos gerais dessa análise (mesmo que na publicação do clássico de Lenin a referência ao livro de Bukharin nunca apareça explicitamente). Limitando aqui as referências àquela primeira fase do imperialismo, portanto, além de Lenin, só resta mencionar Bukhárin no campo marxista. Pelo silêncio mortal – é preciso dizer – que caiu sobre ele. Porque estamos falando dele aqui, sugerimos a leitura do livro sobre o imperialismo de Nikolai Bukhárin. Mas, dado o tratamento reservado a este seu livro antecipatório, no campo marxista – e, portanto, também ao prefácio de Lenin que durante muito tempo foi ignorado ou negligenciado – ele foi reinserido nas *Obras Completas* de Lenin [as obras "selecionadas" foram escolhidas no período em que Bukhárin esteve «em desgraça»] após a sua "reabilitação" em 1988 (no secretariado de Mikhail Gorbachev).

Lenin afirma: "A importância e relevância do tema ao qual são dedicados os escritos de N. I. Bukharin [*A Economia Mundial e o Imperialismo*] não requerem explicações particulares. O problema do imperialismo não é apenas um dos mais importantes, mas é, podemos dizer, o problema essencial do ramo da ciência econômica que estuda as formas mutáveis do capitalismo no período actual... que foram profusamente recolhidos pelo autor com base nos materiais mais recentes. Do ponto de vista do marxismo, métodos que pretendem oferecer uma avaliação histórica concreta... escolhendo aleatoriamente pequenos fatos individuais para que sejam apreciados ou convenientes para as classes dominantes, só podem fazer as pessoas sorrirem e dizerem definitivamente adeus ao marxismo e substituir a análise das características e tendências fundamentais do imperialismo, como sistema altamente desenvolvido de relações econômicas do capitalismo contemporâneo... O trabalho de N. I. Bukhárin é cientificamente importante porque analisa os fatos fundamentais da economia mundial que se relacionam com o imperialismo como um todo, como um certo grau de desenvolvimento do capitalismo mais desenvolvido, continuação direta das tendências mais profundas e radicais do capitalismo e da produção de mercadorias em geral. ... Em Kautsky, a ruptura evidente com o marxismo tomou a forma não da negação ou do esquecimento da política, não do 'salto' acima dos numerosos conflitos e mudanças, especialmente na era imperialista; não da apologia do imperialismo, mas do sonho de um capitalismo 'pacífico'. O capitalismo 'pacífico' foi substituído pelo imperialismo não pacífico, beligerante e catastrófico... Nesta aspiração de atenuar os conflitos – aspiração pequeno-burguesa e profundamente reacionária –, de fugir à realidade do imperialismo e de escapar para o sonho de um 'ultra-imperialismo' não há sequer um traço de marxismo".

Nesse prefácio ao livro de Bukhárin, Lenin também destaca outros abandonos muito graves do marxismo, especificamente por parte de Kautsky, que "em 1909 promete mais uma vez ser apenas um marxista na futura era do ultra-imperialismo, um 'marxismo a crédito' para amanhã, e hoje um internacionalismo pequeno-burguês, oportunista, de atenuação de conflitos... Não há dúvida de que o desenvolvimento segue as linhas de um truste global único que absorva todas as empresas e todos os Estados, sem exceção, mas os segue em tais circunstâncias, em tais ritmos, com tais contrastes, conflitos e convulsões – e não apenas econômicas, mas também políticas, nacionais, etc. – que inevitavelmente antes de alcançarmos um truste mundial único, a associação mundial 'ultra-imperialista' dos capitais financeiros nacionais, o imperialismo terá de entrar em colapso".

Ainda é assim hoje, mas pior do que há um século, nos tempos de Lenin e Bukhárin, quando estávamos em "tempos em que internacionalistas e marxistas ardentes simpatizavam com qualquer manifestação de internacionalismo". Só que hoje os marxistas já não queimam, apenas deixam um monte de cinzas: como cantava o blues do início do século XX, mas não biblicamente, "cinzas às cinzas, pó ao pó"; agora são os partidos comunistas que conseguiram transformar o marxismo em cinzas e pó. Mas os desajeitados "teóricos" do "Império" e os simpatizantes da chamada "globalização" são avisados – eles são "uma das mil e uma variedades de hipocrisia", como dizia Lenin. Lenin, limitando-se pelo conhecimento histórico de sua época, destacou nessa primeira fase os "traços mais essenciais... embora insuficientes... para dar uma definição de imperialismo que contenha suas cinco características principais", isto é: 1. a concentração da produção e do capital... de modo a criar monopólios...; 2. a fusão do capital bancário com o capital industrial... "capital financeiro"; 3. ... grande importância da exportação de capitais em comparação com a exportação de mercadorias; 4. ... associações monopolistas internacionais; os capitalistas... dividem o mundo; 5. ... distribuição completa da terra entre ... grandes potências capitalistas".

O imperialismo é, portanto, o capitalismo que atingiu aquele estágio de desenvolvimento em que se formou a dominação dos monopólios e do capital financeiro, a exportação de capitais, a divisão do mundo entre trustes internacionais, e de toda a superfície da Terra entre os maiores países capitalistas. Quando não apenas os conceitos puramente económicos são considerados, mas também a posição histórica é tida em conta, o imperialismo, concebido neste sentido, representa uma fase particular de desenvolvimento do capitalismo – "o capital financeiro é um poder tão notável, decisivo, em todas as relações económicas e internacionais, para poder submeter até mesmo os países detentores de plena independência política". Já em outubro desse mesmo 1916, Lenin, depois de uma reflexão mais calma, ainda que com menor documentação, escreveu e publicou um artigo menos conhecido – *O Imperialismo e a Cisão do Socialismo* (ICS) – onde conseguiu expressar de forma mais sucinta aspectos muito relevantes, e esclarecimentos conceituais e mais sistemáticos do que no "ensaio popular".

Para começar, Lenin pergunta: "Existe uma ligação entre o imperialismo e a vitória monstruosamente ignóbil alcançada pelo oportunismo (sob o disfarce de social-chauvinismo) sobre o movimento dos trabalhadores na Europa? Este é o problema do socialismo contemporâneo" [antes e agora!]. "Depois de termos estabelecido pela primeira vez o caráter imperialista da nossa época e a ligação histórica indissolúvel do social chauvinismo com o oportunismo, bem como o seu idêntico conteúdo ideológico e político, podemos e devemos passar a examinar esta questão fundamental. É necessário começar com a definição mais precisa e completa possível de imperialismo. O imperialismo é uma fase histórica particular do capitalismo". E aqui, passados alguns meses do IFSC, pôs ordem na identificação que fez dos "traços mais essenciais, mas insuficientes, para definir o imperialismo", agrupando-os, portanto, nas "suas cinco características principais". No final de utubro de 1916, Lenin dissolveu esses agrupamentos taxonómicos, que ele próprio considerava "insuficientes para dar uma definição de imperialismo", especificando assim vários aspectos que, por sua vez, estavam contidos nos traços essenciais que os caracterizavam.

Ele escreve: "Esta peculiaridade tem três aspectos: o imperialismo é: 1. capitalismo monopolista; 2. capitalismo parasitário ou apodrecido; 3. capitalismo moribundo. A substituição do monopólio pela livre concorrência é a característica económica fundamental, a essência do imperialismo. O monopólio se manifesta em cinco aspectos principais: A. cartéis, sindicatos [patronais] e trustes; a concentração da produção atingiu o grau que gera estes grupos monopolistas de capitalistas; B. a situação monopolística dos grandes bancos: três a cinco bancos gigantescos dirigem toda a vida económica da América [EUA], França, Alemanha; C. a conquista das fontes de matérias-primas pelos trustes e pela oligarquia financeira (o capital financeiro é o capital industrial monopolista que se fundiu com o capital bancário); D. A divisão (económica) do mundo entre cartéis internacionais já começou. Estes cartéis internacionais que controlam todo o mercado mundial e o dividem 'amigavelmente' – até que uma guerra o divida novamente. A exportação de capitais, enquanto fenómeno particularmente característico, ao contrário da exportação de mercadorias na era do capitalismo não monopolista, está intimamente ligada à divisão económica e político-territorial do mundo; a divisão territorial do mundo (colónias) acabou".

A estrutura essencial para a definição de imperialismo reside acima. Mas neste segundo artigo [ICS] as especificações adicionais feitas por Lenin sobre as características da primeira fase (como qualquer pessoa que leia o artigo pode ver) cobrem vários corolários que ele aborda mais em detalhe. A exportação de capitais, embora de forma subordinada na fase de crise iniciada na década de 1870, já era uma característica crescente. Com a fase imperialista mostrou todo o seu "parasitismo ao quadrado, a reacção política generalizada é típica do imperialismo. Venalidade, corrupção em escala gigantesca, fraudes de todos os tipos". A exploração estendeu-se da classe trabalhadora da nação opressora para às nações oprimidas, "por um punhado de grandes potências, transformando cada vez mais o mundo 'civilizado' num parasita que vive nos corpos de centenas de milhões de homens de povos 'não civilizados'". Mesmo "a camada privilegiada do proletariado das potências imperialistas vive parcialmente às custas" deles. "A gigantesca socialização do trabalho pelo imperialismo, os apologistas, os economistas burgueses, chamam-na de 'integração'". O trivial reformismo burguês do género do "desarmamento", do "ultra-imperialismo" e de outras bobagens semelhantes" separa a política do imperialismo da sua economia, o monopolismo na política do monopolismo na economia: "O significado e o propósito desta mentira teórica consiste unicamente em esconder as contradições mais profundas do imperialismo e assim justificar a teoria da 'unidade' com os apologistas do imperialismo".

Mais adiante ficará evidente qual o papel desenvolvido que a unidade neocorporativa desempenha na fase transnacional mais recente. Nos primeiros anos do século XX. não existiam outras análises marxistas do imperialismo. Portanto, devemos voltar-nos, em primeiro lugar, para o liberal/trabalhista John Atkinson Hobson, cokm seu *Imperialism* (de 1902), "este economista inglês que não tem a menor pretensão ao título de marxista, dá uma definição muito mais profunda do imperialismo do que os «marxistas»"" – referindo-se ao reformista social Rudolph Hilferding ou a Karl Kautsky, que está atrás de ambos. Hobson que, aliás, independentemente do que digam as biografias económicas, sobre esta questão específica, que analisou profundamente sob vários aspectos, e que intitulou o seu principal livro no início do século XX, sua análise precisa não foi de forma alguma retomada por Keynes (que talvez o tenha abordado em parte sobre outros temas, como distribuição, poupança, etc.). Na verdade, Lenin, na sua referência à primeira fase do imperialismo, também tinha o objetivo de atacar todas as posições antirrevolucionárias difundidas entre os comunistas (russos) por antigos revisionistas e reformistas marxistas, social-chauvinistas e social-imperialistas, como Karl Kautsky que, embora "afirme continuar na defesa do marxismo, na verdade dá um passo atrás em comparação com o social-liberal Hobson", que muito mais acertadamente leva em consideração "duas peculiaridades 'históricas' concretas do imperialismo moderno, nomeadamente: – a competição entre diferentes imperialismos, – a prevalência do financista sobre o comerciante".

Novamente nesse artigo [ISC], mas também no IFSC, Lenin abordou a questão, muito atual, "da perspectiva da divisão da China", na qual cita novamente a "seguinte apreciação económica de Hobson: 'A maior parte da Europa Ocidental poderia então assumir a aparência e o carácter que hoje apenas alguns lugares possuem, nomeadamente o sul de Inglaterra, a Riviera e os locais da

Itália e da Suíça mais visitados por turistas e habitados por pessoas ricas. Teríamos um pequeno grupo de aristocratas ricos retirando os seus rendimentos e dividendos do Extremo Oriente, juntamente com um grupo um pouco maior de funcionários e comerciantes e um grupo ainda maior de empregados domésticos, trabalhadores dos transportes e trabalhadores industriais. Então, os ramos mais importantes da indústria desapareceriam e os alimentos e produtos semi-acabados fluiriam como tributos da Ásia ou da África, etc.". Basta ler o texto.

"Grupos de financiadores, de 'investidores de capital' {fictícios, em títulos derivativos, especuladores} (rentistas) e seus funcionários políticos. industriais e comerciais, com a intenção de extrair lucros do maior reservatório potencial que o mundo já conheceu. É claro que a situação é demasiado complexa e o jogo das forças globais é demasiado difícil para que esta previsão seja considerada a mais provável. Mas as tendências que atualmente dominam o imperialismo atuam no sentido acima mencionado e, se não encontram uma força contrária que as conduza noutra direção, trabalham precisamente para que o processo tenha o resultado mencionado... O proletariado é uma criatura do capitalismo mundial ... Mas vocês {reformistas social-chauvinistas – ed.} agora, nos países imperialistas, comportam-se como lacaios dos oportunistas que são estranhos ao proletariado como classe: servidores, agentes, veículos de influência burguesa; e, se o movimento operário não se libertar deles, continuará a ser um movimento operário burguês".

Em cada uma das suas fases, o imperialismo é sempre caracterizado por um estágio particular de desenvolvimento do modo de produção capitalista de uma economia nacional face ao "mercado mundial". Em suma, a seu respeito há sempre uma fase xxx-nacional, onde xxx (diz-se na nota editorial) indica a fase diferente que deve representar... A primeira fase é – em imitação da pompa e presumido esplendor "imperial" do passado (daí o sufixo «-ismo») – aquele, por assim dizer, mononacional, de «todos os Estados contra todos» os outros Estados que afirmavam conquistar a sua própria nobreza "imperial" (em suma, a era burguesa esnobe [1870-1900-1914-1939] que serviu de pano de fundo às análises de Hobson, Bukharin, Lenin, Grossmann e seus agregados ou mesmo contraditores, mesmo nos anos subsequentes, com uma "cauda" entre as duas guerras mundiais imperialistas); a segunda fase é – na continuação da dominação capitalista da burguesia, especialmente da burguesia produtiva, especificamente da burguesia nacional dos EUA, que dominou, sobre os outros Estados substancialmente subordinados, com o seu "ismo", chamada fase multinacional, de "um Estado contra todos", que na verdade se baseia numa única nação, mas sem constrangimentos nacionais.

A maior parte é desempenhada pelo reinvestimento realizado *in loco* pelas seções e sucursais destacadas que já operam nos territórios abrangidos pela rede global desse mesmo capital financeiro monopolista; é uma fase bem mais curta que a anterior, e durou menos de trinta anos (1945-1971); a terceira fase está – em continuidade histórica, mas atravessada por uma crise devastadora ainda não resolvida do imperialismo do capital – em curso, marcada por subfases, ligadas ou não por interfases, passos ou etapas, não apenas económicas e monetárias, mas políticas e militare, e é precisamente a fase transnacional, onde todos os Estados nacionais se misturam, alguns se desintegram ou mesmo se recompõem a partir do zero em entidades diferentes, aumentam em número e mudam de localização; a fase é portanto muito turbulenta e conseqüentemente indefinida; assim, a análise marxista explica esta fase, também nas suas muitas interligações de elementos de um processo contraditório de transformações em curso.

Isto não é analisado pelo pensamento dominante, segundo o qual à primeira vista estes elementos podem ter a aparência quer de uma sucessão casual de forma distanciada (de forma estruturalista diacrónica) ou, pelo contrário, de uma mera coincidência de datas, um "caso" formado por muitas peças cuja origem e desenvolvimentos materiais não são estudados, mas apenas se fundem (confundem) hipostaticamente.

(Excerto de texto publicado em *La Contraddizione*, sob o título: *Le fasi dell'imperialismo e Lenin. Il capitale monopolistico finanziario nel divenire in processo*)

O INTERNACIONALISMO CULTURAL DE LENIN

Flo Menezes[46]

Um dos traços democráticos marcantes do espírito de Lenin manifestou-se em sua notória discrição em relação ao domínio das artes. A contrário das personalidades autoritárias, que logo procuram impingir a todos os campos de atividade humana sua própria concepção, em geral sem aceitar qualquer divergência e dirigindo-os em prol do fortalecimento de seu próprio poder – quer seja através de si mesmos, quer seja através de seus mandatários –, um líder revolucionário autêntico saberá sempre estimular a liberdade de pensamento e de criação artísticos, e ao observarmos a postura de Lenin diante da arte no decorrer de sua vida sobressai esta notável diferença entre o modo como enxergava a cultura e a truculência que o sucedeu no comando burocrático da Revolução Russa, desembocando no Realismo Socialista stalinista, mormente formulado e postulado em regras rígidas de conduta artística por Andrei Alexandrovitch Jdanov, íntimo colaborador de Stalin. As coerções que muitos artistas sofreram sob o jugo de Jdanov, fato que levou tais imposições a serem categorizadas como típicas do "Jdanovismo", na realidade se afrouxaram não com a morte de Jdanov em agosto de 1948, mas somente com o desaparecimento do próprio Stalin em março de 1953, o que comprova o caráter antes de tudo *stalinista* do Realismo Socialista, tendo gerado uma das fases mais constrangedoras das artes, tal o baixo nível das obras advindas sob a tutela do usurpador soviético que, paradoxalmente, se valia do "leninismo" como um dos argumentos da manutenção e fortalecimento de seu poder autoritário.

A forma pela qual a arte e a cultura foram tratadas na era stalinista é uma das mais cabais provas do quão contraditório era a reivindicação, por parte de Stalin, de uma herança "leninista", pois como afirmara Anatoli Lunatcharski, nomeado Comissário do Povo no setor da Educação e Cultura após a Revolução de Outubro de 1917, "ao longo de sua vida, Lenin dispôs de

---

46 Compositor maximalista, Professor Titular do Instituto de Artes da Unesp, São Paulo.

muito pouco tempo para dedicar à arte uma atenção especial. A esse respeito, sempre se confessou um leigo e, como sempre considerou o diletantismo como algo de odioso, não gostava de dar opiniões sobre arte" (Lunatcharski 1975, p. 9). Era evidente que, para Lenin, a arte exigia uma consideração específica e cuidadosa, e uma externação séria a esse respeito só poderá advir de pessoas que se julgassem suficientemente competentes diante das linguagens artísticas: "[Lenin] declarou que não podia falar seriamente daquelas questões [sobre arte], pois não considerava possuir a competência necessária" (Lunatcharski 1975, p. 13)[47].

Desta atitude fundamental, pela qual transparecem respeito e espírito comedido diante da criação e da invenção no terreno das artes, decorre uma consequência lógica e condizente com o espírito revolucionário: a arte e a cultura não deveriam sofrer imposições por parte da Revolução, e um líder revolucionário, por mais que pudesse naturalmente possuir suas próprias predileções, e mesmo que se julgasse portador de competência necessária para se pronunciar sobre arte, não deveria exercer qualquer coerção ao artista. E por mais que Lenin fosse o líder supremo da Revolução Russa, gozando de maior prestígio e poder do que seu maior companheiro na direção dos rumos da Revolução, Trotsky, suas opiniões ocasionais jamais lhe serviriam como argumento para formular diretrizes a serem seguidas pelos agentes culturais. Tal fato é comprovado e reforçado pelo próprio Lunatcharski que, constantemente despachando com Lenin sobre assuntos ligados à educação e à cultura e respeitosamente indagando-lhe, com certa frequência, sobre suas opiniões acerca dos rumos a serem adotados em sua "pasta", atesta veementemente: "Vladimir Ilitch nunca converteu as suas simpatias e antipatias estéticas em ideias diretrizes" (Lunatcharski 1975, p. 15).

A desenvoltura de Trotsky ao lidar com as questões artísticas, e mais especificamente com a literatura, tendo como fruto principal (mas não único) seu tomo reunindo ensaios redigidos principalmente entre 1922 e 1923 sob o título *Literatura e Revolução*, faz-nos conjecturar que, entre Lenin e Trotsky, havia certa distinção: enquanto o primeiro caracteriza-se, como atestamos

---

[47] Em um importante texto de 1932, "Por ocasião do 100º aniversário da fundação do Teatro Alexandrinsky", Lunatcharski reproduz uma fala que Lenin lhe teria dirigido: "Não tenho a pretensão de me passar por um especialista em questões artísticas" (Lenin *apud* Lunatcharski, 1980, p. 246).

acima, por um manifesto comedimento diante das questões artísticas, o segundo parecia mais envolvido, desenvolto e dedicado a essas questões, possuindo, ao que parece, cultura mais vasta e crítica em relação sobretudo às obras literárias, a ponto de manifestar-se através desses ensaios críticos que acabaram por constituir uma das mais preciosas contribuições do marxismo do século XX no terreno das artes. E isto sem contar com seu posterior envolvimento, já nos anos finais de sua vida (mais precisamente, em 1938), com uma das principais vertentes das vanguardas artísticas, a saber, o Surrealismo – sobretudo a partir de suas relações muito amigáveis com o escritor francês André Breton, um dos líderes do movimento e trotskista confesso –, sem deixar de se pronunciar de modo igualmente crítico diante desta corrente, que Trotsky via com certa precaução por entender que, pelo viés da chamada *escritura automática*, o Surrealismo estivesse talvez interpretando de maneira equivocada a ainda então emergente psicanálise freudiana. Nisso consistia a reserva de Trotsky em relação a um "acaso objetivo" que se firmava como princípio sagrado do movimento surrealista[48].

Esta distinção entre Lenin e Trotsky parece-nos incontestável, portanto, no que diz respeito ao envolvimento com as questões artísticas e à desenvoltura de ambos nesse terreno tão específico, mas as convergências não são menores. Assim é que, em um importante texto de 9 de maio de 1924, "O Partido e os artistas", Trotsky, em plena conformidade com a discrição leniniana (preferimos, aqui, esta designação a "leninista"), assevera:

> *Sim, devemos lidar com a arte como arte e com a literatura como literatura, ou seja, como um setor inteiramente específico da atividade humana. Temos, é claro, critérios de classe que também se aplicam ao campo artístico, mas esses critérios de classe devem, nesse caso, ser submetidos a um tipo de refração artística, ou seja, devem ser adaptados ao caráter absolutamente específico da esfera de atividade à qual os aplicamos* (Trotsky 1973, p. 137)

---

48 O próprio Breton cita Trotsky em seu texto sobre sua visita ao líder revolucionário em seu exílio no México: "Camarada Breton, o interesse que você dedica aos fenômenos de acaso objetivo não me parece claro. Sei muito bem que Engels fez apelo a essa noção, mas pergunto-me se, no seu caso, não há outra coisa. Parece-me que você tem alguma preocupação de guardar – suas mãos delimitavam no ar um frágil espaço – uma janelinha aberta para o *além*" (Trotsky *apud* Breton, em: Trotsky & Breton 1985, p. 62; grifo original).

A afirmação de Trotsky, em plena fase de afirmação da Revolução Russa e já em seu processo de degeneração – pois data de quatro meses depois da morte de Lenin –, ecoa sua formulação já visionária de 1910, quando, em um texto intitulado "A *intelligentsia* e o Socialismo", afirmava que

> *independentemente do caráter de classe de qualquer movimento (pois esse é apenas o caminho!), independentemente de sua fisionomia político--partidária atual (pois esse é apenas o meio!), o socialismo, por sua própria essência, como um ideal social universal, significa a liberação de todos os tipos de trabalho intelectual de todas as limitações e obstáculos histórico-sociais* (Trotsky 1973, p. 38)

Ora, esta libertação do trabalho intelectual como uma das metas fundamentais do socialismo não era justamente o que inscrevia Lenin como um de seus preceitos de base em relação aos artistas? A grande amiga de Rosa Luxemburgo, Clara Zetkin, em suas *Lembranças de Lenin* (1955), reproduz uma afirmação de Lenin que não nos deixa dúvidas sobre isso:

> *Em uma sociedade baseada na propriedade privada, o artista produz mercadorias para o mercado, ele precisa de compradores. Nossa revolução libertou os artistas do jugo de tais condições prosaicas. Ela tornou o Estado soviético seu defensor e seu cliente. Todo artista, todo aquele que se considera um artista, tem o direito de criar livremente de acordo com seu ideal, sem depender de nada* (Lenin *apud* Zetkin, em: Lenin 1980, p. 231)

Por certo que a postura de Lenin não está isenta de contradições. No calor das horas, por algumas vezes apelou a Lunatcharski para que guiasse a produção cultural como propaganda da Revolução[49]. Se o artista não deveria "depender de nada", por qual razão a arte deveria servir como propaganda? O calor das horas a que nos referimos não data apenas da Revolução de Outubro: já quando da *primeira* Revolução Russa, malograda, de 1905, em um texto cujo título é "A organização do Partido e a literatura do Partido", escrito em 13 (26) de novembro[50], Lenin chega a formular que "as editoras, lojas, livrarias e

---

49 "Em 1918 Vladimir Ilitch chamou-me e disse-me que era preciso desenvolver a arte como meio de propaganda" (Lunatcharski 1975, p. 11).

50 A diferença das datas refere-se à diferença entre os calendários ocidental e russo.

salas de leitura, bibliotecas e outros estabelecimentos devem ser empresas do Partido, sujeitas ao seu controle" (Lenin 1975, p. 73), formulação esta que cairá como uma luva na mão de ferro jdanovista/stalinista em seu controle rigoroso e autoritário da produção cultural.

Mas até mesmo aqui as contradições existem e podem exercer fator positivo. No mesmíssimo texto de 1905, Lenin reconhecia que a relação do Partido com a arte não poderia de modo algum se dar de forma mecânica, defendendo a liberdade individual do criador justamente no domínio da literatura, a qual, ao lidar com as palavras, escancara mais que qualquer outra arte o significado de suas formulações e a ideologia de seus autores:

> *É indiscutível que a literatura se presta menos do que qualquer outra coisa a essa equação mecânica, ao nivelamento, à dominação da maioria sobre a minoria. É indiscutível que é absolutamente necessário, nesse campo, dar um lugar mais amplo à iniciativa pessoal, às inclinações individuais, ao pensamento e à imaginação, à forma e ao conteúdo. Tudo isso é incontestável, mas tudo isso prova apenas que o setor literário do trabalho do Partido não pode ser identificado mecanicamente com os outros setores de seu trabalho* (Lenin 1975, p. 73)

Como quer que seja, a congruência entre Lenin e Trotsky manifestava-se de modo cada vez mais categórico não apenas nas questões práticas de ordem eminentemente política, mas também ideológica. A maturidade também chega aos grandes gênios, e já na construção do socialismo até então vitorioso ambos, tanto Lenin quanto Trotsky, defendiam uma relação não mecanicista entre Partido e arte, ou entre o próprio marxismo e a cultura, pois era patente para ambos que os métodos da arte adquirem certa autonomia, diferenciando-se dos métodos da análise eminentemente marxistas. É precisamente a isto que se refere Trotsky em seu texto "A política do Partido na arte", integrante de *Literatura e Revolução*:

> *O marxismo oferece diversas possibilidades: avalia o desenvolvimento da nova arte, acompanha todas as suas mudanças e variações, através da crítica, encoraja as correntes progressistas, porém não faz mais do que isso. A arte deve abrir por si mesma o seu próprio caminho. Os métodos do marxismo não são os mesmos da arte* (Trotsky 1980, p. 187)

O fato é que, por mais que se queira afirmar, em postura genuinamente marxista, a sobre valência dos fatores históricos sobre os indivíduos, a tese de um *substitutismo histórico*, pela qual os indivíduos são vistos como essencialmente mais fracos que suas condições macroestruturais, deve ser colocada em xeque, pois constatamos que, a depender de *quem* tal ou tal circunstância histórica depende, o decurso dos acontecimentos revela-se completamente diverso. Nas oscilações de tais formulações sobre as relações ambivalentes entre Partido e cultura, vemos que algumas delas não correm o risco de se tornarem armas autoritárias desde que nas mãos de indivíduos de caráter íntegro como o de Lenin, mas já nas mãos de personalidades como a de Stalin... Certamente Lenin não contava com a própria morte quando insistia no caráter propagandístico da arte, pois fazer a propaganda de um regime revolucionário distingue-se por completo de fazer a propaganda de um regime despótico. Se a propaganda se faz necessária, ela só se demonstra revolucionária se "controlada" por revolucionários, pois do contrário torna-se arma letal da própria Revolução! Nesse sentido, revela-se sintomática a defesa de uma condição *anárquica* para a criação artística, absolutamente liberta de toda coerção e consequentemente de toda obrigatoriedade diante de um presumível e inescapável compromisso com a própria propaganda ideológica, tal como Trotsky fizera questão de constar na redação definitiva do Manifesto da F.I.A.R.I. – a Federação Internacional dos Artistas Revolucionários Independentes, fundada por ele, Breton e Diego Rivera em 1938. Na redação provisória, a cargo de Breton e Rivera, a afirmação que acentua tal preceito não existia, mas tem lugar no texto acabado e corrigido por Trotsky:

> *Se, para o desenvolvimento das forças produtivas materiais, cabe à revolução erigir um regime socialista de plano centralizado, para a criação intelectual ela deve, já desde o começo, estabelecer e assegurar um regime anarquista de liberdade individual* (Trotsky & Breton 1985, pp. 42-43)[51]

---

51 No original em francês: "*Si, pour le développement des forces productives matérielles, la révolution est tenue d'ériger un régime socialiste de plan centralisé, pour la création intellectuelle elle doit dès le début même établir et assurer un régime anarchiste de liberté individuelle*" ("Pour un art révolutionnaire indépendant" (Manifesto da F.I.A.R.I., de 25 de julho de 1938), assinado por André Breton e Diego Rivera, mas redigido também por Trotsky, em: *Dossier André Breton – Surréalisme et Politique*, Les Cahiers du Musée National d'Art Moderne. Paris: Centre Pompidou, 2016, p. 106).

Numa análise hermenêutica da origem desta redação, faz-se claro, pois, que a insistência e saliência do caráter *anarquista* da criação artística originam das mãos do próprio Trotsky, o que, a princípio, pode parecer algo surpreendente. Como, em plena construção da IV Internacional, haveria de haver qualquer concessão ao *anarquismo* enquanto conceito, mesmo se confinado estritamente à criação artística? A maturidade – já o formulamos – também chega aos grandes gênios...

E outro aspecto não menos surpreendente é justamente a apelação ao este conceito tido pela ortodoxia pretensamente marxista como tão... burguês! Em seus ensaios de 1910-1911 sobre León Tolstói, numa das poucas digressões que Lenin concedera ao terreno propriamente artístico – motivadas sobretudo pela morte do grande escritor russo –, Lenin apela ao conceito de *genialidade*[52] que procura situar a personalidade de Tolstói afora de toda tese de substitutismo histórico, atribuindo-lhe um papel único na história da literatura russa: "León Tolstói pertence a uma era que se refletiu em relevo magistral tanto em suas *geniais* obras artísticas quanto em sua doutrina, uma era que se estende de 1861 a 1905" ("León Tolstói e sua época", ensaio escrito em 22 da janeiro (4 de fevereiro) de 1911: Lenin 1975, p. 60; grifo nosso). O mesmo conceito é evocado num texto anterior, de 28 de novembro (11 de dezembro) de 1910, intitulado "León Tolstói e o movimento operário contemporâneo":

> *A crítica de Tolstói não é nova. [...] Mas a originalidade da crítica de Tolstói, sua importância histórica, reside no fato de que ele traduz, com um vigor do qual apenas artistas geniais são capazes, a transformação da mentalidade das maiores massas do povo da Rússia no período em questão, e precisamente da Rússia rural e camponesa* (Lenin 1975, p. 50; grifo nosso)

Muito mais burguês (ou pequeno-burguês) que a evocação do termo é ignorar sua acepção original, tal como formulada, com grande propriedade, por Arthur Schopenhauer. O conceito refere-se a circunstâncias especiais em que um indivíduo, agindo com elevada *objetividade* diante dos fatos de seu mundo

---

[52] Ainda que eu possua conhecimento básico da língua russa, não tive acesso aos textos de Lenin no original russo, mas valho-me aqui da seriedade das traduções que pude ler (em espanhol, em português...), amparando-me na suposição de que Lenin tenha efetivamente apelado ao conceito de *genialidade* em seu vocábulo correspondente em russo.

e de suas ordenações estruturais, logra a *transcender* as condições históricas pontuais que o circundam e acaba por erigir obras que conseguem ser transplantadas, com valor permanente, a outras épocas posteriores com o mesmo ou talvez até maior valor artístico e estético do que na época em que foram concebidas. Para Schopenhauer, é exatamente na Arte que a *genialidade* se revela com toda a sua plenitude:

> *É a ARTE, a obra do gênio. Ela repete as Ideias eternas apreendidas por pura contemplação, o essencial e permanente dos fenômenos do mundo, que, conforme o estofo em que é repetido, expõe-se como arte plástica, poesia ou música. Sua única origem é o conhecimento das Ideias, seu único fim é a comunicação deste conhecimento. – A ciência segue a corrente infinda e incessante das diversas formas de fundamento a consequência: de cada fim alcançado é novamente atirada mais adiante, nunca alcançando um fim final, ou uma satisfação completa, tão pouco quanto, correndo, pode-se alcançar o ponto onde as nuvens tocam a linha do horizonte. A arte, ao contrário, encontra em toda parte o seu fim. Pois o objeto de sua contemplação ela o retira da torrente do curso do mundo e o isola diante de si. E este particular, que na torrente fugidia do mundo era uma parte ínfima a desaparecer, torna-se um representante do todo, um equivalente no espaço e no tempo do muito infinito. A arte se detém nesse particular. A roda do tempo para. As relações desaparecem. Apenas o essencial, a Ideia, é objeto da arte* (Schopenhauer 2005, pp. 253-254; grifos originais)

Nesse sentido, muito longe de interpretarmos a *genialidade* como algo de caráter absolutamente *subjetivo* – o que faria efetivamente o conceito coadunar perfeitamente com o espírito propriamente *burguês* e sobretudo romântico –, o conceito imbui-se de caráter *objetivo*, pendendo muito mais a uma interpretação *marxista* de seu significado: "Segue-se que a genialidade nada é senão a objetividade mais perfeita, ou seja, a orientação objetiva do espírito, em oposição à subjetiva que vai de par com a própria pessoa, isto é, com a vontade" (Schopenhauer 2005, p. 254; grifos originais)[53]. E é, constatemos, a esse caráter objetivo, que *transcende* sua época sem deixar de a ela se referir com toda a agudeza, que Lenin se refere ao se reportar a Tolstói.

---

53 No original, em alemão: "[…] So ist *Genialität* nichts anderes als die vollkommenste *Objektivität*, d. h. objektive Richtung des Geistes, entgegengesetzt der subjektiven, auf die eigene Person, d. i., den Willen, gehenden." (Schopenhauer *idem*, 2014, p. 200; grifos originais).

Ao contrário do que se poderia esperar, Lenin não escancara um combate aberto ao *pacifismo* tolstoiano, e tampouco a seu moralismo. Reconhecendo a origem nobre do escritor russo, enaltece justamente o caráter transcendente que transpira em seus escritos, notadamente em suas obras derradeiras:

> *Tolstói pertencia, por nascimento e educação, à alta nobreza rural russa; ele rompeu com todas as opiniões correntes nesse meio e, em suas últimas obras, submeteu a críticas veementes o atual regime político, eclesiástico, social e econômico, baseado na escravização das massas, em sua miséria, na ruína dos camponeses e dos pequenos proprietários em geral, na violência e na hipocrisia que permeiam a vida contemporânea de cima a baixo* (Lenin 1975, p. 50)[54]

Mais que isso: sai em defesa de Tolstói, enunciando a Revolução Socialista como único meio necessário e possível para que a obra do mestre russo se torne acessível a toda e qualquer pessoa:

> *O artista Tolstói é apenas conhecido, mesmo na Rússia, por uma minoria. Para que suas grandes obras possam de fato se tornar acessíveis a todos, é necessário lutar, continuar lutando contra a ordem social que condenou milhões, dezenas de milhões de homens, à ignorância, à brutalização, ao trabalho forçado, à miséria; é necessária a revolução socialista* (Lenin 1975, p. 43; grifo original)[55]

Diante dessa "transcendência", dessa *objetividade* de que é capaz a obra "genial", Lenin tece, em um de seus ensaios ainda sobre o escritor russo, de 22 de janeiro (4 de fevereiro) de 1911 e intitulado "León Tolstói e sua época", um curioso comentário, no qual salienta os aspectos progressistas presentes nas grandes obras de arte, independentemente de sua época. A "curiosidade" reside no fato de que, ao invés de "progressista", Lenin emprega nada mais nada menos que o termo... *socialista*! Isto faz-nos lembrar de uma resposta que o grande crítico literário comunista brasileiro Antônio Candido deu quando lhe perguntaram se ele estaria decepcionado com a derrocada do socialismo

---

[54] Este trecho é extraído de seu ensaio "León Tolstói e o movimento operário contemporâneo", de 28 de novembro (11 de dezembro) de 1910.

[55] Este trecho é extraído do ensaio que Lenin redigiu por ocasião da morte do escritor russo: "León Tolstói", de 16 (29) de novembro de 1910.

diante da hegemonia capitalista. Mais ou menos com essas palavras, Antônio Candido surpreendera o entrevistador e retribuíra a pergunta com uma outra pergunta inicial, seguida de afirmação categórica: "Derrocada do socialismo? Mas o socialismo é vencedor! Todas as conquistas sociais de dentro do capitalismo, o que há nele de mais progressista, devem-se ao ideário socialista e a suas lutas!"[56] Lenin afirma, em seu ensaio, haver socialismo e socialismo, enaltecendo, como que numa apologia dos *programas mínimos* que ainda se encontram encurralados pelas condições antes feudais e depois capitalistas, cada elemento progressista como que fundamentalmente de índole *socialista*:

> *Não há dúvida de que os ensinamentos de Tolstói são utópicos e reacionários, no sentido mais exato e profundo do termo, em seu conteúdo. Mas isso não significa, de forma alguma, que essa doutrina não seja socialista, nem que não contenha elementos críticos capazes de fornecer materiais preciosos para a instrução das classes avançadas.*
>
> *Existe socialismo e socialismo. Em todos os países onde há um modo de produção capitalista, há um socialismo que expressa a ideologia da classe chamada a substituir a burguesia, e há outro socialismo que corresponde à ideologia das classes que a burguesia substituiu. O socialismo feudal, por exemplo, se enquadra na última categoria, e seu caráter foi definido há muitos anos, mais de sessenta anos atrás, por Marx, juntamente com as outras variedades de socialismo* (Lenin 1975, pp. 63-64)

Obviamente há, aqui, certa liberdade no emprego do termo, mas o que fica evidenciado é a importância em não se fechar as portas para as criações do passado, saindo-se em defesa do legado cultural e histórico de toda a humanidade, algo que unia visceralmente, mais uma vez, o pensamento e a erudição de Lenin e de Trotsky, em oposição crassa à truculência e ignorância de Stalin. Em "Lenin sobre a cultura", artigo escrito para o *Pravda* em 21 de janeiro de 1930, Lunatcharski acentua que

> *Lenin enfatizou fortemente que seria muito mais fácil para nós lutar e construir se tivéssemos herdado uma cultura burguesa mais desenvolvida após a derrubada da monarquia e das classes dominantes. Ele repetiu*

---

56 Reproduzo de memória a afirmação do grande crítico, mas asseguro a veracidade de seu conteúdo.

> *várias vezes que essa cultura burguesa tornaria mais fácil para o proletariado dos países do Ocidente acelerar, após sua vitória, a realização efetiva e completa do socialismo* (Lunatcharski em Lenin 1980, p. 247)

Foi nesse sentido que, fazendo analogia com o emprego de oficiais do antigo regime como membros do Exército Vermelho organizado por Trotsky, Lenin afirma, em seu texto "Êxitos e dificuldades do poder soviético", de 1919, que o edifício do socialismo deveria ser construído com as pedras herdadas da burguesia:

> *Quando o camarada Trotsky me disse recentemente que o número de oficiais no exército estava na casa das dezenas de milhares, tive uma ideia concreta de qual é o segredo de usar nosso inimigo, de como devemos forçar aqueles que eram nossos inimigos a construir o comunismo, de como devemos construir o comunismo com os tijolos que os capitalistas escolheram usar contra nós. Nenhum outro tijolo nos foi dado! E com esses tijolos, sob a liderança do proletariado, devemos forçar os especialistas burgueses a erguer nosso edifício. Isso é o mais difícil, mas também é a garantia de sucesso* (Lenin 1980, p. 63)[57]

Pelo viés dessa defesa da herança cultural burguesa, Lenin identificava-se fortemente com a visão de Trotsky sobre arte e cultura, pois para ambos o socialismo representaria não a negação da cultura histórica, mas antes a emancipação histórica do pensamento, tornando finalmente acessível às massas o que de mais relevante o homem conseguiu construir, mesmo em meio às condições mercadológicas do capitalismo, ou mesmo antes, em meio ao feudalismo, nos domínios das ciências, da filosofia e das artes. Daí as fortes reservas de ambos diante da iminente *cultura proletária* – a *Proletkult*, defendida por Alexander Bogdanov, seu grande amigo Lunatcharski e outros. No esboço de resolução sobre a cultura proletária, cujo manuscrito inacabado de 9 de outubro de 1920

---

[57] É nesse sentido que Lenin também afirma, em *Esquerdismo, doença infantil do comunismo*, que "não se podem banir ou destruir os intelectuais burgueses, eles devem ser derrotados, transformados, fundidos novamente, reeducados, assim como os próprios proletários devem ser reeducados com base na ditadura do proletariado, ao custo de uma luta de longo prazo, pois também não poderão se livrar de seus preconceitos pequeno-burgueses de repente, por um milagre, pela intervenção da Santíssima Virgem, por uma ordem, uma resolução ou um decreto, mas somente às custas de uma luta de massa, longa e difícil, contra as influências pequeno-burguesas sobre as massas" (Lenin 1975, p.149).

foi somente publicado pela primeira vez em 1945, Lenin não deixa dúvidas ao enunciar em seu segundo ponto como enxergava a questão:

> *Não a* invenção *de uma nova cultura proletária, mas o* desenvolvimento *dos melhores modelos, tradições e resultados da cultura* existente *do ponto de vista da concepção marxista do mundo e das condições de vida e luta do proletariado na época de sua ditadura* (Lenin 1980, p. 152; grifos originais)

Aqui não se tem claro como uma concepção marxista do mundo poderia servir como ponto de vista para tal desenvolvimento a partir dos modelos do passado burguês, mas há inequívoca compreensão de que *inventar* uma nova cultura que fosse proletária seria tarefa não apenas desaconselhável, como inviável, uma vez que, na ditadura do proletariado, o próprio proletariado deixaria de ser uma classe. Ninguém teria como predizer os rumos que as artes tomariam na construção alongada e assegurada do socialismo – fato que não pôde ser verificado, na medida em que a própria Revolução de Outubro começa seu processo de degeneração notadamente já a partir de 1923, com a doença de Lenin e sobretudo a derrota definitiva da Revolução Alemã –, mas tanto para Lenin quanto para Trotsky era certo de que um dos meios a serem apropriados pelo proletariado no processo revolucionário eram os meios de produção intelectual: o legado cultural histórico da humanidade[58].

No terreno cultural, não haveria, pois, de se fazer *tabula rasa*. Rupturas desse tipo, caso ocorressem, deveriam advir de posturas eminentemente artísticas, como opção livre do criador, não como imposição do Partido e muito menos como diretriz fundamental da Revolução. Em seu magnífico ensaio sobre o grande poeta Vladímir Maiakóvski[59], considerado por Jean-Michel

---

58 Em *As artes plásticas e a política na U.R.S.S.*, Lunatcharski, que nutria discordância com Lenin por advogar a favor da *Proletkult*, assevera: "Vladimir Ilitch discordava também da minha opinião a respeito da *Proletkult*. [...] Temia que a *Proletkult* tentasse ocupar-se também da 'elaboração' de uma ciência proletária e, em geral, de uma cultura proletária total. [...] Pensava que com estas iniciativas, de momento imaturas, o proletariado voltasse as costas ao estudo e à assimilação dos elementos científicos e culturais já existentes" (Lunatcharski 1975, pp. 15-16).

59 Tanto o ensaio sobre Maiakóvski quanto o sobre Dostoievski (no qual o autor desenvolve a ideia do romance polifônico na obra do escritor russo) são provas do grande talento crítico de Lunatcharski. O de Maiakóvski, porém, revela em sua conclusão a faceta bastante questionável de Lunatcharski, ao opor-se veementemente contra Trotsky, alegando que, para Trotsky, o suicídio do poeta, em 1930, devia-se aos rumos da Revolução, já em plena degenerescência. Escreve Lunatcharski: "Trotsky escreveu que o drama do poeta é ter amado a revolução com todas as

Palmier em seu imenso estudo sobre Lenin e a arte como o maior poeta da Revolução Russa[60], Lunatcharski afirma que

> Maiakóvski compreendia muito bem que o passado da humanidade guardava valores imensos, mas temia que, se os aceitasse, seria obrigado a aceitar também tudo o mais. Portanto, era preferível rebelar-se contra tudo e dizer: Nós somos nossos próprios antepassados. (Lunatcharski 2018, p. 186)

Mas Lenin, bem ao contrário – e com certas reservas, talvez sem muita razão, com relação à obra poética do *poeta do metal* (tal como Maiakóvski se definia) –, e da mesma maneira que Trotsky, não pestanejava em defender a herança burguesa, pronunciando-se mesmo pelo seu estudo sistemático por parte do proletariado vencedor. A Resolução 4 do texto "A cultura proletária", de 9 de outubro de 1920, enuncia claramente:

> *O marxismo ganhou seu significado histórico universal como a ideologia do proletariado revolucionário porque não rejeitou de forma alguma as conquistas mais valiosas da época burguesa, mas, ao contrário, assimilou e reformulou tudo o que era de valor em mais de dois mil anos de desenvolvimento do pensamento e da cultura humanos. Somente o trabalho*

---

suas forças, ter ido ao seu encontro, quando essa revolução já não era autêntica, se perdendo em seu amor e sua caminhada. Naturalmente, como podia ser autêntica a revolução, se Trotsky não participa dela? Só isso já basta para demonstrar que é uma revolução 'falsa'! Trotsky também afirma que Maiakóvski tirou a própria vida porque a revolução não seguia a via trotskista. [...] Assim, no interesse de seu pequeno grupo político, insignificante e falido, Trotsky acolhe tudo o que é hostil aos elementos progressistas do mundo socialista que estamos criando" (Lunatcharski 2018, p. 199). Tal fato não impediu a Trotsky, com sua inabalável honestidade intelectual, que redigisse um tributo póstumo, em 1º de janeiro de 1933, a Lunatcharski, reconhecendo seus méritos culturais e intelectuais ao traçar, com sua pena aguda, um retrato psicológico arguto do militante que, de amigo e companheiro, tornou-se, em suas palavras, um "adversário honesto". O curto ensaio, que não saiu em nenhuma edição em vida de *Literatura e revolução*, acabou sendo acrescido às edições póstumas deste livro fundamental para a cultura marxista. Como quer que seja, é preciso reconhecer que a alegação de Trotsky acerca dos motivos que teriam levado Maiakóvski ao suicídio não necessariamente correspondia à realidade, uma vez que, como bem descreve Palmier, o suicídio era uma ideia que perseguia o poeta desde há muito tempo: "Em 14 de abril de 1930, ocorreu uma tragédia. [Maiakóvski] se matou com um tiro no coração. Muitas pessoas tentaram encontrar uma razão política para esse suicídio, tentando ler nele o resultado do divórcio entre o novo regime e ele próprio [...]. Outros viram isso como o ponto culminante de todas as críticas que ele havia recebido e, acima de tudo, a falta de entusiasmo por suas últimas obras. Na realidade, Maiakóvski, esse gigante hipersensível, foi assombrado pela morte e pelo suicídio desde que era jovem" (Palmier 1975, pp. 406-407).

60   Vide Palmier 1975, p. 423.

> *posterior nessa base e nessa direção, inspirado pela existência prática da ditadura do proletariado como a luta do proletariado contra toda exploração, pode ser considerado como o desenvolvimento de uma cultura verdadeiramente proletária* (Lenin 1979, p. 271)

No já citado texto de Trotsky de 1924, "O Partido e os artistas", há enunciação que encontra grande identidade com a formulação leninista, quando Trotsky afirma que

> *a burguesia tomou o poder e criou sua própria cultura; o proletariado, tendo tomado o poder, criará uma cultura proletária. Mas a burguesia é uma classe rica e, portanto, educada. A cultura burguesa existia mesmo antes de a burguesia tomar formalmente o poder. [...] Na sociedade burguesa, o proletariado é uma classe deserdada, que não possui nada e, portanto, não está em posição de criar sua própria cultura. Ao tomar o poder, ele vê, pela primeira vez, claramente, a situação real de seu terrível atraso cultural* (Trotsky 1973, p. 140)

Essa crua constatação, evidente em mentes portadoras de honestidade e franqueza intelectuais, incita-nos a refletir sobre a situação da cultura na atualidade, em meio à hegemonia do capital. A situação, porém, é diversa: com o atraso das revoluções proletárias e o relativo avanço "socializante" de algumas medidas populistas de cunho social dentro do próprio capitalismo (avanços do tipo "programa mínimo" aos quais já nos referimos), o proletariado, mesmo em meio ao capitalismo tardio, acaba por erigindo uma sua cultura "marginal", fazendo-o, porém, em condições extremamente precárias e sob forte imposição ideológica, ao nível específico das linguagens artísticas, das sociedades de consumo, tendo por resultado produtos culturais de baixíssimo nível, defendidos com unhas e dentes pela "ideologia do empoderamento" que tende a confundir a legitimidade de tais iniciativas com uma atitude irresponsável, do ponto de vista marxista, em defesa da qualidade desses subprodutos culturais da sociedade capitalista, pelo simples fato de que eles advêm das classes mais exploradas da sociedade. Tem-se, por conseguinte, uma verdadeira *apologia da miséria cultural*. O que se vê simplesmente é a supremacia e a apologia da própria *indústria cultural capitalista* (como bem a definiu Theodor W. Adorno). Vivemos, do ponto de vista cultural, o período mais crítico da humanidade. É preciso ter coragem para denunciar uma situação crítica como esta, diante do risco de linchamento por parte de pseudo esquerdistas (em geral, pequeno-burgueses de rasa formação cultural), e lutar, mesmo ainda dentro dos marcos do capitalismo, para o acesso às populações desfavorecidas da cultura e do estudo das linguagens artísticas, com todas as suas especificidades técnicas. Isto sem abandonar a defesa das vanguardas artísticas, pois o caráter de resistência diante da barbárie cultural vem à tona em meio a suas manifestações, numa batalha que faz reviver a luta travada por Maiakóvski em prol do Novo. Reportando-se à postura maiakovskiana, Lunatcharski asseverava:

> *O poeta deve tomar parte da produção de coisas novas, ou seja, suas obras, ainda que não sejam utilitárias em si, devem proporcionar estímulos, métodos ou instruções para produzir coisas úteis. A finalidade de tudo isso é a transfiguração das circunstâncias e, por consequência, a transformação de toda a sociedade* (Lunatcharski 2018, p. 189)

O que se defende, aqui, é a *sensibilidade estética*, algo sistematicamente combatido pelo capitalismo tardio e pela indústria cultural. Entretanto, Lenin nem sempre soube acompanhar e mesmo valorizar este Novo tão defendido pelo poeta do metal. "A respeito do futurismo", por exemplo, "a sua opinião era francamente negativa" (Lunatcharski 1975, p. 13), e demonstrava grande dificuldade em assimilar ou deixar-se levar pela sensibilidade musical. A abstração da música, que apesar de toda a sua tecnicidade (que a faz certamente a mais difícil das artes) tem o potencial, pela força das tensões e relaxamentos e de seu decurso temporal, de comover, de provocar emoções, incomodava a Lenin[61]. Talvez por causa de tal dificuldade preferia a música de Beethoven, em especial a Sonata *Appassionata*, como atesta sua esposa Nadejda Krúpskaia e suas *Recordações sobre Lenin*[62]. A obra de Beethoven não é, evidentemente, a única na qual isto ocorre, mas é um exemplo bastante clarividente de como o progresso técnico burguês ocasiona reflexos diretos na criação artística, e ao mesmo tempo em direção por vezes oposta ao próprio espírito burguês. Em sua curiosa análise e reflexão acerca dos sons do mundo – seu livro *A*

---

[61] "A música agradava muito a Vladimir Ilitch, mas alterava-o. [...] Um dia disse-me francamente: 'Ouvir música é muito agradável, ninguém duvida, mas, imagine você, altera-me o ânimo. De certo modo suporto-a penosamente'. [...] A música agradava muito a Lenin, mas o punha visivelmente nervoso." (Lunatcharski 1975, p. 14)

[62] Em Lenin 1975, p. 246. O trotskista J. Posadas, em seu ingênuo livro sobre a música de Beethoven, reafirma essa predileção de Lenin: vide Posadas 2020, p. 45.

afinação do mundo –, o criador do termo *paisagem sonora* (*soundscape*), o canadense Murray Schafer, observa que

> *a substituição do cravo, de corda pinçada, pelo piano, de corda martelada, tipifica a agressividade maior de uma época em que os objetos pinçados ou martelados passavam a existir graças a novos processos industriais. [...] O poder permitido por esses novos desenvolvimentos técnicos foi aproveitado pela primeira vez por Beethoven [; ...] seu temperamento agressivo tornou o caráter "ofensivo" dos novos instrumentos especialmente significativo para ele [...]. Em princípio, há pouca diferença entre as tentativas de Beethoven para* épater les bourgeois, *com os efeitos em* sforzando *com punhos cerrados, e as do adolescente moderno com sua motocicleta. O primeiro é embrião do segundo* (Schafer 2011, p. 159)

De todas as concepções leninistas sobre a arte, porém, a que mais se revela como de uma atualidade gritante é a defesa do *internacionalismo*! Este aspecto é relevante, pois além de ir ao encontro da defesa de todo um legado da humanidade no terreno cultural, auxilia no esclarecimento da posição de Lenin quanto ao nacionalismo em sua importantíssima polêmica com Rosa Luxemburgo.

Como é amplamente conhecido, o debate em torno da questão nacional aflora quando, em seu *Folheto Junius: a crise da socialdemocracia alemã*, redigido entre fevereiro e abril de 1915 e publicado apenas um ano depois, em abril de 1916, Rosa Luxemburgo enuncia como Tarefa 5 ao final de seu texto: "Nesta era de imperialismo desenfreado, não pode mais haver guerras nacionais. Os interesses nacionais servem apenas como pretexto para colocar as massas trabalhadoras do povo sob o domínio de seu inimigo mortal, o imperialismo" (Luxemburgo 1979, Tomo II, p. 176). Não bastasse esta formulação, Rosa conclui em seu Princípio 6, de modo taxativo, que "a missão imediata do socialismo é a libertação espiritual do proletariado da tutela da burguesia, que se expressa por meio da influência da ideologia nacionalista" (Luxemburgo 1979, Tomo II, p. 180).

A posição de Rosa Luxemburgo é assertiva e não deixa margem para quaisquer dúvidas: ela identifica, acertadamente, na ideologia nacionalista a essência da própria ideologia burguesa. Sua visão assenta-se num radical *internacionalismo*, sem qualquer concessão, e, sob este ponto de vista, Rosa foi, de todos os grandes marxistas, a personalidade mais coerente com os preceitos mais essenciais do próprio marxismo, pois afirmava ser no internacionalismo radical que residia a principal meta a ser atingida pelo movimento revolucionário internacional. Destarte, ao mesmo tempo em que ia ao encontro, *avant la lettre*, da concepção trotskista que criticava o isolamento do *socialismo em um só país* (teoria stalinista que serviria de base para o fortalecimento da burocracia soviética), ou seja, dentro das fronteiras nacionais (algo que, como sabemos, se evidenciaria cada vez mais apenas em período posterior, ao longo do processo de degeneração do Estado soviético, opondo diametralmente Trotsky a Stalin), também identificava-se, igualmente de modo antecipado e premonitório, com a teoria da dissolução (talvez utópica) do Estado enquanto instrumento de poder e organização social das classes dominantes, tão bem formulada por Lenin em *O Estado e a Revolução*, concebido um ano após a publicação do *Folheto Junius*, ou seja, entre agosto e setembro de 1917, às vésperas da Revolução de Outubro.

Rosa era, portanto, uma grande visionária, e se firmaria logo como a principal líder da Revolução Alemã de 1918, ao lado de Karl Liebknecht, cujo desfecho negativo, com o assassinato de ambos em janeiro de 1919 pelas milícias que antecederam a ascensão de Hitler ao poder na Alemanha[63], consistiria no principal golpe sofrido pelo movimento comunista internacional no século XX, pois caso a Revolução Alemã tivesse saído vitoriosa sob a liderança de Rosa e Liebknecht, a Revolução Russa teria encontrado forte e imediato apoio no seio da Europa e no país europeu mais importante geográfica e politicamente naquele início de século XX, e todo o decurso do século passado teria sido completamente outro, com um provável avanço avassalador do movimento comunista por todo o globo! Na realidade, a derrocada do novo levante revolucionário alemão de 1923, selando qualquer possibilidade de revolução comunista em solo germânico, frustrando de vez o movimento revolucionário alemão de 1918 e abrindo as vias à ascensão nazista, representou, ao lado da morte de Lenin logo ao início de 1924, os dois grandes desastres sofridos

---

63 O golpe fatal da direita pré-hitlerista culminaria logo em seguida no assassinato de Kurt Eisner na Baviera em 21 de fevereiro desse mesmo ano de 1919, uma personalidade que fazia certa mediação entre o movimento operário e o Parlamento burguês e que defendia a manutenção da propriedade privada, mas que ainda representava, após o desaparecimento dos dois grandes líderes revolucionários alemães, uma mínima esperança em alguns avanços minimamente progressistas na sociedade alemã. A respeito da Revolução Alemã, vide o indispensável livro de Isabel Loureiro: Loureiro 2020.

pelo movimento revolucionário internacional: o primeiro, por circunstâncias políticas; o segundo, por um azar, uma fatalidade que, por questões de saúde, subtraiu da Revolução vitoriosa na Rússia, justamente em seu momento mais crítico, seu principal líder, Lenin. Foi muito mau agouro para poder ter dado certo...

Como quer que seja, ao tomar conhecimento do *Folheto Junius*, Lenin, reconhecendo o altíssimo nível na elaboração (genuinamente marxista) do escrito, e sem saber que Junius era um pseudônimo e que a redação vinha das mãos da genial Rosa Luxemburgo, surpreendeu-se com o teor do texto justamente no tocante à oposição do *Folheto Junius* quanto à tese da *autodeterminação dos povos*, contrapondo este preceito, tido (até hoje) pela maioria dos marxistas como princípio quase que sagrado, ao princípio basilar da *luta de classes*, ao identificar, nas raízes ideológicas dos movimentos nacionais, a própria ideologia burguesa: "Lenin (que não sabia que Junius era Rosa Luxemburgo) ficou chocado ao ler no mesmo texto aquela análise que se opunha à autodeterminação nacional e contrapunha a ela a 'luta de classes'" (Dunayevskaya 2017, p. 140).

Lenin apoiava-se, obviamente, no caráter progressista e na estratégia transitória que se evidenciava na defesa das lutas anticoloniais, apoiado pelo histórico das avaliações acerca das lutas pela independência dos países coloniais desde Marx e Engels. Já numa carta a Kautsky de 7 de fevereiro de 1882, Friedrich Engels asseverava:

> *Em nenhum caso temos a tarefa de desviar os poloneses de seus esforços para lutar pelas condições vitais de seu desenvolvimento futuro, ou de persuadi-los de que a independência nacional é uma questão muito secundária do ponto de vista internacional. Pelo contrário, a independência é a base de toda ação internacional comum [...].* (Engels *apud* Dunayevskaya 2017, pp. 136-137)

Mas Rosa Luxemburgo não aceitava qualquer concessão, e bem a compreendemos enquanto artistas radicais: a posição de Rosa, radicalmente *internacionalista*, é, aos olhos do artista radical (e o afirmo, aqui, como sendo um deles), e ao lado da defesa de sua condição *anárquica* (como defendia Trotsky em seu texto de 1938 concebido conjuntamente com Breton e Rivera), a mais coerente com os preceitos mais fundamentais da ideologia comunista e revolucionária, e até mesmo com relação à autodeterminação dos povos Rosa mostrava-se cética, pois por detrás do princípio escamoteava-se, via de regra, um rastro de ideologia burguesa que certamente exerceria forte propensão a brecar o movimento revolucionário e restringir a emancipação nacional dentro dos marcos regulatórios da sociedade classista. Para Rosa, apenas um movimento que tivesse como lema fundamental o *internacionalismo revolucionário* poderia levar a cabo o projeto comunista radical sem que, a meio caminho, viesse a se perder e ser objeto de uma dramática capitulação. Como afirma Dunayevskaya, "a eclosão da Primeira Guerra Mundial não conteve a oposição de Luxemburgo à autodeterminação. [...] Sua convicção era de que o internacionalismo e o 'nacionalismo', até mesmo a questão da autodeterminação, eram opostos absolutos" (Dunayevskaya 2017, p. 139). Lenin opunha a esta posição de Rosa, entretanto – e não sem razão de seu ponto de vista –, o fato de que "a dialética marxista exige uma análise correta de cada situação específica [...]. A guerra civil contra a burguesia também é uma forma de luta de classes" (Lenin *apud* Dunayevskaya 2017, p. 141).

Nada mais perverso e oposto à dialética marxista do que o pensamento dualista que deseja decretar a razão a um dos lados quando, sob suas respectivas perspectivas e pontos de vistas, *ambos tinham razão*! Um marxismo que se quer permanentemente em evolução, em atualização revigorante, necessita arejar-se e entender que as diferenças entre grandes revolucionários podem resultar em salutar amadurecimento diante das estratégias e táticas a serem postas em contínuo movimento, em permanente (r)evolução, e se a posição de Lenin dizia respeito a decisões *locais*, a avaliações concretas de cada situação de luta, foi justamente no campo da cultura, em sua escancarada oposição a "culturas nacionais", que o internacionalismo radical de Lenin se evidencia com todas as letras. Pois já em suas "Notas críticas sobre a questão nacional", de novembro de 1913, Lenin afirmava:

> *O slogan da cultura nacional é uma arrogância burguesa (e muitas vezes também ultrarreacionária e clerical). Nosso slogan é a cultura internacional da democracia e do movimento mundial dos trabalhadores [...] Quem quiser servir ao proletariado deve unir os trabalhadores de todas as nações, lutando invariavelmente contra o nacionalismo burguês, tanto o seu "próprio" quanto o de outros. Quem quer que defenda o slogan da*

cultura nacional não tem lugar entre os marxistas, seu lugar é entre os filisteus nacionalistas (Lenin 1975, pp. 157 e 159)

Bastaria uma sucinta avaliação do papel reacionário desempenhado pelas correntes nacionalistas em arte – em especial da música nacionalista brasileira, contra a qual me debato como compositor radical – para certificarmo-nos do quão estavam certos tanto Rosa quanto Lenin: se o socialismo deseja aflorar como efetivamente emancipatório, ele o fará na defesa de todo o legado cultural da humanidade varrendo toda fronteira nacional que procure aprisionar os fatos artísticos, culturais e científicos, opondo os povos deste mísero planeta. Assim é que, da sua discrição diante dos fenômenos artísticos à luta pelo acesso radical às massas de todo o legado cultural da humanidade, passando pela intransigente defesa da liberdade criadora, da transcendência das grandes (geniais) obras de arte, da assimilação e estudo da herança cultural burguesa e do internacionalismo cultural, entrevemos a *integridade* do pensamento genuinamente *leninista*.

Referências

Dunayevskaya, Raya:

2017. *Rosa Luxemburgo, la liberación femenina y la filosofía marxista de la revolución*. La Habana: Editorial Filosofi@cu Instituto de Filosofía.

Lenin, Vladímir Ilitch:

1975. *Sobre arte y literatura*, edición preparada por Miguel Lendinez. Madri: Ediciones Jucar.

1979. *La literatura y el arte*. Moscú: Editorial Progreso.

1980. *La cultura y la revolución cultural*. Moscú: Editorial Progreso.

1982. *Primavera em Moscou (um poema de Lenin)*. São Paulo: Edições Populares.

2018. *Cadernos filosóficos*. São Paulo: Boitempo Editorial.

Loureiro, Isabel:

2020. *A Revolução Alemã [1918-1923]*. São Paulo: Editora Unesp.

Lunatcharski, Anatoli:

1975. *As artes plásticas e a política na U.R.S.S.*. Lisboa: Editorial Estampa.

2018. *Revolução, arte e cultura*. São Paulo: Expressão Popular.

Luxemburgo, Rosa:

1979. *Obras escogidas*, Tomo I & II. Bogotá: Editorial Pluma.

Palmier, Jean-Michel:

1975. *Lenin, l'art et la révolution*. Paris: Payot.

Posadas, Juan:

2020. *A música de Beethoven, as relações humanas e o socialismo*. Brasília: Editor Independente C. A. Almeida.

Schafer, R. Murray:

2005. *A afinação do mundo*. São Paulo: Editora Unesp.

Schopenhauer, Arthur:

2005. *O mundo como vontade e como representação*. São Paulo: Editora Unesp.

2014. *Die Welt als Wille und Vorstellung*, Drittes Buch, § 36, in: *Die Welt als Wille und Vorstellung / Die Kunst, Recht zu behalten / Aphorismen zur Lebensweisheit*. Hamburg: Nikol Verlag.

Trotsky, León:

1973. *Sobre arte y cultura*. Madri: Alianza Editorial.

1980. *Literatura e revolução*. Rio de Janeiro: Zahar Editores.

Trotsky, León & Breton, André:

1985. *Por uma Arte Revolucionária Independente*, Rio de Janeiro: Editora Paz e Terra.

Sem autor:

2016. *Dossier André Breton – Surréalisme et Politique*, Les Cahiers du Musée National d'Art Moderne. Paris: Centre Pompidou.

DE LENIN AO LENINISMO

Osvaldo Coggiola

Em *A Era dos Extremos*, Eric Hobsbawm definiu Lenin como "o homem com maior impacto individual na história do século XX". O homem, como se sabe, foi o dirigente principal (mas não único) da Revolução de Outubro, cuja sombra pairou e paira sobre o mundo. Seu mito foi o inspirador do fantasma que perseguiu o século, o da "revolução comunista mundial", usado para justificar guerras e massacres sem paralelo na história. Na Rússia, berço do "fantasma comunista" e "país de passado imprevisível", foi na pena dos mesmos autores que encontramos interpretações diametralmente opostas sobre Lenin. É o caso de Dimitri Volkogonov, quem sustentou, ao longo de anos, a versão "oficial" soviética, apresentando o bolchevismo como um "bem absoluto", surgido da cabeça de Lenin. Em contrapartida, Trotsky era apresentado como a encarnação do mal, inimigo de Lenin do início ao fim (mas ocultando isso durante um breve período), e inimigo do socialismo por conta do imperialismo. Numa trilogia consagrada aos personagens mais importantes da história da URSS,[64] Volkogonov mudou completamente de campo: o bolchevismo era agora o "mal absoluto", surgido do gênio (demoníaco) de Lenin. Quanto a Stalin e Trotsky, eram "irmãos inimigos"; o primeiro um filho legítimo de Lenin. Volkogonov interpretou tendenciosamente frases, nas quais "nota por nota, carta por carta, Lenin, o semideus venerado durante 62 anos, inclusive por mim, aparece não como o guia magnânimo da lenda, mas um tirano cínico, disposto a tudo para tomar e conservar o poder". "Semideus venerado": essa era a qualidade de Lenin na "história oficial" da URSS. Um praticante ocidental

---

64 Dimitri Volkogonov. *Le Vrai Lenin*. Paris, Robert Laffont, 1995; *Staline*. Paris, Robert Laffont, 1994; *Trotsky*. The eternal revolutionary. Nova York, The Free Press, 1996. Volkogonov foi mais longe: "Lenin é o verdadeiro pai do terror vermelho, e não Stalin" – uma afirmação óbvia: quando o terror foi adotado como método de luta transitório pelo poder soviético, Stalin era ainda personagem política secundária.

da história-folhetim, no esteio da reação anticomunista pós-soviética, intitulou um seu trabalho "Lenin, a Causa do Mal".[65]

O "leninismo" foi criado por ocasião da morte de Lenin como uma doutrina supostamente infalível, capaz de garantir, mediante sua "aplicação", a vitória da revolução socialista. Um século depois, sobre o terreno desbravado e também devastado por revoluções vitoriosas e derrotadas, por guerras e contrarrevoluções sangrentas, convém se deter sobre as condições que forjaram o homem, e também sobre as que presidiram a doutrina que inspirou o chamado "movimento comunista internacional". Bukhárin resumiu: "Marx deu principalmente a álgebra do desenvolvimento capitalista e da ação revolucionária; Lenin acrescentou a álgebra de novos fenômenos de destruição e construção, assim como a sua aritmética. Decifrou as fórmulas da álgebra de um ponto de vista concreto e prático".[66] Isso num país em que, no resumo de Trotsky, "havia muito tempo que a queda da monarquia era a condição indispensável para o desenvolvimento da economia e da cultura da Rússia. Mas faltavam as forças para levar adiante essa tarefa. A burguesia aterrorizava-se diante da revolução. Os intelectuais tentavam organizar o campesinato à sua volta. Incapaz de generalizar os seus esforços e objetivos, o mujique não deu resposta aos apelos da juventude. A intelectualidade armou-se de dinamite. Toda uma geração se consumiu nesta luta". O que incluiu o irmão mais velho de Lenin, Alexander Ulianov, populista, executado pelo regime czarista por conspiração contra o monarca, sem que nenhum atentado fosse realizado contra ele.

Membro da geração revolucionária seguinte, Lenin começou sua carreira no POSDR (Partido Operário Socialdemocrata da Rússia) combatendo, no velho populismo russo (inclusive sua vertente dinamiteira), sua pretendida via específica, "oriental", para o socialismo, baseada na sobrevivência da comunidade agrária russa (o *mir*). Era equivocado sustentar a possibilidade de realizar um *socialismo russo* baseado na comunidade rural, como fizeram os *narodniki*, já que o desenvolvimento capitalista havia criado uma diferenciação social dentro das comunidades rurais. A aldeia estava processo de dissolução, dando lugar, por um lado, à propriedade agrária capitalista e, pelo outro, aos assalariados agrícolas. Seu diagnóstico sobre a dissolução da antiga comunidade rural

---

65 Paul Mourousy. *Lenin*. La cause du mal. Paris, Perrin, 1992.
66 Nikolai Bukharin. *Lenin Marxista*. Barcelona, Anagrama, 1976.

(confirmado pela pesquisa histórica ulterior),[67] exposto em diversos trabalhos, em especial em *O Desenvolvimento do Capitalismo na Rússia*, seguiu as pegadas da luta política de Plekhánov contra o populismo, resumida em *Nossas Divergências*.[68]

Lenin acrescentou uma valoração diferenciada do movimento dos camponeses, que apontava para o ponto nodal da estratégia revolucionária, a aliança operário-camponesa. No *Programa Agrário da Socialdemocracia*, afirmou: "O erro de certos marxistas consiste em que, ao criticar a teoria dos populistas, perdem de vista seu conteúdo historicamente real e legítimo na luta contra o feudalismo. Criticam, e com razão, o 'princípio do trabalho' e o 'igualitarismo' como socialismo atrasado, reacionário, pequeno-burguês e esquecem que essas teorias exprimem o democratismo pequeno-burguês avançado, revolucionário; essas teorias servem de bandeira à mais decidida das lutas contra a velha Rússia, a Rússia feudal. A ideia de igualdade é a ideia mais revolucionária na luta contra a velha ordem de coisas do absolutismo em geral e contra o velho regime feudal e latifundiário de posse da terra em particular. A ideia de igualdade é legítima e progressista no pequeno-burguês camponês, porque expressa a aspiração à repartição".

Para Lenin, "a questão agrária constituía a base da revolução burguesa na Rússia e determinava a particularidade nacional dessa revolução".[69] Os objetivos que punha para a revolução burguesa eram: república democrática, assembleia constituinte, e governo revolucionário provisório no regime da ditadura democrática dos operários e camponeses. O meio para realizar tais objetivos seria a insurreição popular armada. Segundo Lenin, o partido deveria promover uma revolução de operários e camponeses, e esta, ao realizar a revolução democrática, ainda que preparando o terreno para a revolução socialista, não poderia escapar, pelo menos por algum tempo, ao destino de revolução burguesa. Trotsky, membro da geração sucessiva, entendia que o proletariado teria de buscar o apoio dos camponeses, mas não poderia ficar só nisso: ao completar a revolução burguesa, o proletariado seria inevitavelmente induzido a realizar

---

67 Dorothy Atkinson. *The End of the Agrarian Land Commune*. Stanford, Stanford University Press, 1983.
68 Samuel H. Baron. *Plekhanov*. The father of Russian Marxism. Stanford, Stanford University Press, 1963.
69 Luciano Gruppi. *O Pensamento de Lenin*. Rio de Janeiro, Graal, 1979.

sua própria revolução, sem solução de continuidade. A questão, já polêmica, do *programa* da revolução se imbricava com a da *organização*, que deu origem ao *bolchevismo*, identificado com Lenin.

O papel político de Lenin na virada do século foi o de colocar as bases para a organização de um partido operário unificado, depois da dispersão dos grupos participantes do congresso de fundação do POSDR em 1898. Uma espécie de unidade existia através da referência aos socialistas exilados, liderados por Plekhánov. Mas "até então o grupo de Plekhánov havia se preocupado principalmente do problema de orientação teórica, pelo motivo de não existir nenhum partido político que se identificasse com a teoria de Marx e que procurasse difundir essa doutrina entre as massas populares".[70] Em *Nossa Tarefa Imediata*, de 1899, Lenin definia que "o partido não deixou de existir; apenas se recolheu em si mesmo, para reunir forças e encarar a tarefa de unificar a todos os socialdemocratas russos em um terreno firme. Realizar essa unificação, elaborar as formas convenientes, deixar de lado definitivamente o fracionado trabalho localista: tais são as mais imediatas e essenciais tarefas dos socialdemocratas russos". Como surgiu, nessas condições, o bolchevismo, a grande criatura política de Lenin?

Contra a interpretação a-histórica, foi apontado que "são três as organizações habitualmente designadas como 'partido bolchevique': 1) o POSDR, entre 1903 e 1911, no qual muitas frações disputavam a direção; 2) a fração bolchevique no interior desse mesmo partido; 3) o POSDR (bolchevique) finalmente fundado em 1912, que receberia importantes reforços, especialmente aquele da 'organização interdistrital' de Petrogrado com Trotsky, antes de ser o partido bolchevique vitorioso em Outubro".[71] O bolchevismo foi uma corrente surgida de disputas ideológicas e políticas, de cisões e de fusões, mas com uma continuidade. Foi Lenin quem se encarregou, cedo, de relativizar os princípios políticos e organizativos do *Que Fazer?* (de 1902), considerado (erradamente) a carta fundacional do bolchevismo, como sendo os de um "novo tipo" de partido. O termo "bolchevique" teve, no início, o significado de *maioria* (do II Congresso do POSDR, de 1903). Escrevendo em 1907 um prefácio à reedição de seus trabalhos, Lenin criticou os exegetas do *Que Fazer?*,

---

70 Christopher Hill. *Lenin*. Buenos Aires, CEAL, 1987.
71 Pierre Broué. Observaciones sobre la historia del partido bolchevique. In: Maximilien Rubel et al. *Partido y Revolución*. Buenos Aires, Rodolfo Alonso, 1971.

que "separam completamente esse trabalho de seu contexto em uma situação histórica definida – um período definido há muito tempo ultrapassado pelo desenvolvimento do partido", precisando que "nenhuma outra organização senão aquela liderada pela *Iskra* podia, nas circunstâncias da Rússia de 1900-1905, ter criado um partido operário socialdemocrata tal como aquele que foi criado... *Que Fazer?* é um resumo da tática e da política de organização do grupo da *Iskra* em 1901 e 1902".

Essa tática e essa política não se consideravam originais, mas uma versão, nas condições russas (severa repressão, ausência de liberdades democráticas e de democracia política), dos princípios da II Internacional, em especial do SPD alemão, do qual já dizia em 1883 o chefe da polícia alemã, que "os partidos socialistas do estrangeiro consideram-no como o exemplo que deve ser imitado em todos os seus aspectos".[72] Lenin propunha uma organização de revolucionários, conspirativa e centralizada, que fosse ao mesmo tempo uma organização operária, com ampla margem para o debate interno, mas com plena unidade de ação. Se o primeiro aspecto foi enfatizado, foi por entrar em choque com os partidários de um partido "laxo", que os bolcheviques não consideravam adaptado às condições russas. Para Lenin, o revolucionário "não deve ter por ideal o secretário do sindicato mas o *tribuno popular*, que sabe reagir contra toda manifestação de arbitrariedade e de opressão, onde quer que se produza, qualquer que seja a classe ou camada social atingida, que sabe generalizar todos os fatos para compor um quadro completo da violência policial e da exploração capitalista, que sabe aproveitar a menor ocasião para expor suas convicções socialistas e suas reivindicações democráticas, para explicar a todos e a cada um o alcance histórico da luta emancipadora do proletariado".

Em resumo, um partido operário e também profissional. Essa ideia seria mantida em todas as fases do bolchevismo, inclusive nas mudanças de programa. A partir dela, combinada com circunstâncias específicas, o bolchevismo foi se perfilando como uma corrente política diferenciada nas correntes socialistas, inclusive internacionais, para além das intenções de seus fundadores. Lenin mudou, não uma, mas *várias* vezes sua apreciação acerca da natureza da revolução russa, mas nunca a ideia de que seu protagonista central seria o proletariado industrial, elaborada na década de 1890 em polêmica contra os

---

72 Georges Haupt. Parti-guide: le rayonnement de la social-démocratie allemande. *L'Historien et le Mouvement Social*. Paris, François Maspéro, 1980.

narodniki (populistas): "A classe operária é o inimigo coerente e declarado do absolutismo, e só entre a classe operária e o absolutismo não é possível qualquer compromisso. A hostilidade de todas as outras classes, grupos e estratos da população em relação à autocracia não é absoluta: sua democracia está sempre olhando para trás".

É *para e com* essa classe operária que o bolchevismo se propôs construir um partido. Foi em virtude de sua eficácia nisso que o bolchevismo se constituiu e vingou. No princípio, é provável que os companheiros de Lenin não entendessem o sentido profundo de suas propostas. Seu conceito da organização e da disciplina constituía, no entanto, uma política eficaz na tarefa de unificar os comitês socialistas clandestinos, cujo número aumentava rapidamente na Rússia, com a direção da *Iskra*, situada no exterior. Muitos comitês se opuseram. A "questão do partido" (e de suas frações) nasceu da divergência entre Lenin e Martov, no II Congresso do POSDR, a respeito do primeiro artigo do estatuto. Martov propunha: "É membro do POSDR quem aceita o seu programa e sustenta o partido, materialmente ou mediante uma cooperação regular desenvolvida sob a direção de um de seus organismos". Ao que Lenin respondeu: "É membro do partido quem aceita seu programa e sustenta o partido, materialmente ou através da sua *participação pessoal* na atividade de um de seus organismos". Divergência, aparentemente, mínima.

No congresso socialdemocrata de 1903, o "segundo", a maioria bolchevique foi na verdade minoria nas votações imediatamente anterior e posterior ao voto dos estatutos: "A formulação mais elástica de Martov, que, em oposição a Lenin, não considerava que a 'colaboração' devesse constituir um requisito em uma organização do Partido, foi aceita por 28 votos contra 23. Após a retirada de sete delegados, Lenin passou a constituir uma maioria de 24 contra 20, de modo que conseguiu a admissão de sua própria lista de candidatos ao Comitê Central... A vitória durou pouco, pois o resultado foi a divisão da direção do Partido em duas frações [bolcheviques e mencheviques]. Os postos dirigentes da *Iskra* retornaram a homens que se converteram em adversários ideológicos de Lenin, que logo se uniram a Plekhánov. Lenin preparou a fundação de seu próprio periódico; *Vperiod* (Avante) foi lançado no final de 1904".[73] Os bolcheviques constituíram sua fração e convocaram o seu próprio congresso como III

---

73 Leonard Shapiro. Bolcheviques, in: C. D. Kernig. *Marxismo y Democracia*. Madri, Rioduero, 1975.

Congresso do POSDR (Londres, 1905). O bolchevismo, como se vê, surgiu de uma série de crises e reviravoltas políticas, não de um projeto pré-existente acabado.

Um divulgado dicionário político, porém, considerou o leninismo como "a interpretação teórico-prática do marxismo, em clave revolucionária, elaborada por Lenin num e para um país atrasado industrialmente, como a Rússia, onde os camponeses representavam a enorme maioria da população", atribuindo à "teoria do partido" de Lenin "claras raízes populistas" e situando-a simultaneamente como uma variante "esquerdista" do revisionismo bernsteiniano.[74] A polêmica organizativa na socialdemocracia russa encobria uma divergência em torno a que *tipo* de partido (parlamentar ou revolucionário) para que tipo de atividade (eleitoral ou revolucionária), para que tipo de época (pacífica ou revolucionária). O que pareceu ser, inicialmente, uma diferença em torno aos métodos para construir um partido operário na Rússia, concluiu revelando-se como uma divergência acerca do programa e da época histórica mundial, que cindiria o movimento operário internacional, tendo Lenin e o bolchevismo como pivô da cisão.

Lenin foi o principal organizador do II Congresso do POSDR, considerado o verdadeiro congresso de fundação do partido. Ele foi fruto de uma série de vitórias políticas prévias: "Quando em 1903 celebrou-se o Congresso, três batalhas ideológicas já haviam sido travadas e resolvidas, que formaram a base do programa do partido unanimemente adotado pelo Congresso. Frente aos *narodniki*, o POSDR considerava o proletariado e não os camponeses como o agente da revolução futura; frente aos 'marxistas legais', predicava a ação revolucionária e negava qualquer compromisso com a burguesia; frente aos 'economicistas', sublinhava o caráter essencialmente político do programa

---

[74] Domenico Settembrini. Leninismo. In: Norberto Bobbio et al. *Dicionário de Política*. Brasília, UnB, 1986. A tese da origem terrorista-populista da concepção leninista de partido, é amplamente difundida: Alain Besançon. *Los Orígenes Intelectuales del Leninismo*. Madri, RIALP, 1980; René Cannac. *Netchaïev, du Nihilisme au Terrorisme*. Aux sources de la révolution russe. Paris, Payot, 1961. Que a ação política num país não possa prescindir de suas tradições político-culturais é óbvio: *Que Fazer?* tomou seu título de um romance de Nikolai Tchernichevski, escrito em 1862 quando seu autor se encontrava preso na fortaleza de Pedro e Paulo, em São Petersburgo. Segundo Orlando Figes, "o romance de Tchernichevski converteu mais homens para a causa da revolução do que todas as obras de Marx e Engels juntas (o próprio Marx aprendeu russo para poder ler o livro)".

do partido".[75] A luta contra os economicistas, resumida por Lenin em *Que Fazer?*, era um patrimônio comum do partido, incluídos os futuros adversários do suposto ultra centralismo contido nesse texto.

Em

Em *O que Fazer?* Lenin afirmara que "o desenvolvimento espontâneo do movimento operário marcha precisamente para sua subordinação à ideologia burguesa, porque o movimento operário espontâneo é trade-unionista (...) Tudo o que inclinar-se perante a espontaneidade do movimento operário, tudo o que seja diminuir o papel do 'elemento consciente', o papel da socialdemocracia, significa fortalecer a influência da ideologia burguesa sobre os operários". Mas, ao mesmo tempo, definia que "o elemento espontâneo não mais do que a forma embrionária do consciente. E os motins primitivos refletiam já um certo despertar consciente". Ou então: "A classe operária tende espontaneamente para o socialismo, mas a ideologia burguesa, a mais difundida (e constantemente ressuscitada sob as formas mais diversas) é aquela que mais se impõe espontaneamente aos operários". O texto e suas consequências suscitaram uma polêmica que ressoa até hoje. Ele propunha um novo fundamento (só parcialmente antecipado por Kautsky) para o partido *político* operário.

Em 1904, Rosa Luxemburgo usou sua pena contra o "ultra centralismo" leninista em *Questões de Organização da Socialdemocracia Russa*: "Não é partindo da disciplina nele inculcada pelo Estado capitalista, com a mera transferência da batuta da mão da burguesia para a de um comitê central socialdemocrata, mas pela quebra, pelo extirpamento desse espírito de disciplina servil, que o proletariado pode ser educado para a nova disciplina, a autodisciplina voluntária da socialdemocracia". Acrescentando que "o ultra centralismo preconizado por Lenin parece-nos, em toda a sua essência, ser portador, não de um espírito positivo e criador, mas do espírito estéril do guarda noturno. Sua preocupação consiste, sobretudo, em controlar a atividade partidária e não em fecundá-la, em restringir o movimento e não em desenvolvê-lo, em importuná-lo e não em unificá-lo". Na concepção luxemburguista, "a socialdemocracia não está ligada à organização da classe operária: ela é o próprio movimento da classe operária".[76]

---

75 Edward H. Carr. *Estudios sobre la Revolución*. Madri, Alianza, 1970.
76 Rosa Luxemburgo. *Partido de Massas ou Partido de Vanguarda*. São Paulo, Ched, 1980.

A resposta de Lenin[77] foi simples: as críticas de Rosa foram polidamente respondidas, uma a uma, afirmando que "o que o artigo de Rosa Luxemburgo, publicado em *Die Neue Zeit*, dá a conhecer ao leitor, não é meu livro, mas outra coisa distinta", e dizendo, em essência, que "o que defendo ao longo de todo o livro, desde a primeira página até a última, são os princípios elementares de qualquer organização de partido que se possa imaginar; (não) um sistema de organização contra qualquer outro". Lenin, portanto, não se autoproclamava inventor de algum sistema chamado "centralismo democrático".

Em 1904 também, Trotsky publicou uma brochura (*Nossas Tarefas Políticas*) em que, à par de uma série notável de ataques pessoais a Lenin (inaugurando uma prática desconhecida dos socialistas russos: Trotsky se justificaria mais tarde referindo-se à sua "imaturidade" – testemunhas da época, como Angélica Balabanova, afirmaram que inexistia afinidade pessoal entre os dois homens)[78] também acusava o bolchevismo de pretender instaurar "a ditadura do partido sobre a classe operária", do comitê central sobre o partido, e do chefe sobre o comitê central. Ao lado dos truques polêmicos, Trotsky se livrava também a exercícios futurológicos: "As tarefas do novo regime serão tão complexas que não poderão ser resolvidas senão através de uma concorrência entre diversos métodos de construção econômica e política, através de prolongadas 'disputas', de uma luta sistemática não apenas entre os mundos socialista e capitalista, mas também entre muitas tendências dentro do socialismo, que surgirão inevitavelmente assim que a ditadura proletária trouxer dezenas de novos problemas. Nenhuma organização forte e 'dominante' será capaz de suprimir essas controvérsias. Um proletariado capaz de exercer sua ditadura sobre a sociedade não irá tolerar nenhuma ditadura sobre si mesmo. A classe operária terá nas suas fileiras alguns punhados de inválidos políticos e muito lastro de ideias envelhecidas do qual terá que se desfazer. Na época da sua ditadura, assim como hoje, terá que limpar a sua mente de falsas teorias e experiências burguesas, e purgar suas fileiras dos charlatões políticos e revolucionários que só sabem olhar para trás. Mas essa intrincada tarefa não pode ser resolvida pondo por cima do proletariado um punhado de pessoas escolhidas, ou uma única investida de poder".

---

77 Em artigo enviado a Kautsky para ser publicado no *Die Neue Zeit*, órgão da socialdemocracia alemã, sendo recusado, e só dado a conhecer em 1930.
78 Angélica Balabanova. *Mi Vida de Rebelde*. Barcelona, Martinez Roca, 1974.

Trotsky havia rompido com Lenin no Congresso de 1903. Retrospectivamente, apresentou essa ruptura como "subjetiva" e "moral", vinculada com um assunto que não implicava nenhum princípio político. Lenin propôs reduzir o número de redatores da *Iskra* de seis para três. Estes deviam ser Plekhánov, Martov e ele mesmo. Axelrod, Zasulich e Potresov deviam ser excluídos. Queria que o trabalho editorial da *Iskra* fosse mais eficaz do que havia sido nos últimos tempos; "a "Trotsky, essa tentativa de eliminar, da *Iskra*, Axelrod e Zasulich, dois de seus fundadores, parecia-lhe sacrilégio. A dureza de Lenin suscitou sua repugnância".[79] No Congresso, Trotsky falou contra Lenin em relação a dois pontos da ordem do dia: parágrafo 1 dos estatutos do partido e eleição dos órgãos centrais do partido. Trotsky não se contrapôs às teses do programa do partido preparadas por Lenin. Pelo contrário, neste item ele defendeu Lenin.[80] Em sua autobiografia Trotsky não se referiu ao seu folheto de 1904; depois do Congresso de 1903, ficou momentaneamente vinculado aos mencheviques, com os que rompeu depois. Durante a década posterior, foi um partidário da "conciliação" das frações (não sem alguns sucessos, também efêmeros) o que alimentou a lenda de um Trotsky "antibolchevique", embora se aproximasse do bolchevismo sendo tão membro do POSDR quanto Lenin, numa época em que a divisão formal do partido não tinha sido consumada.

Partido, vanguarda operária, classe operária, não se identificavam (como faziam, segundo Lenin, Trotsky e Rosa Luxemburgo) embora se influenciassem mútua e decisivamente. Em 1905, o bolchevismo era um partido *da* vanguarda operária, sua composição era de quase 62% de operários (e quase 5% de camponeses)[81]: esse era o partido dos "revolucionários profissionais". Três lustros depois, Lenin ironizou seus críticos: "Afirmar que a *Iskra* (de 1901 e 1902!) exagerou na ideia de uma organização de revolucionários profissionais é como dizer, *depois* da guerra russo-japonesa, que os japoneses se faziam uma ideia exagerada das forças militares russas, e que se preocuparam demais, antes da guerra, em lutar contra essas forças".[82]

---

79 Isaac Deutscher. *Trotsky*. El profeta armado. México, ERA, 1976.
80 A. V. Pantsov. *Voprossy Istorii*. Moscou, 1989, 7/10; Brian Pearce (org.). *Minutes of the Second Ordinay Congress of the RSDLP (1903)*. Londres, New Park, 1978.
81 David Lane. *Las Raices del Comunismo Ruso*. Un estudio social e histórico de la socialdemocracia rusa 1898-1907. México, Siglo XXI, 1977.
82 V. I. Lenin. Prefazione alla racolta "Na 12 Let". In: *Che Fare?* Torino, Einaudi, 1971.

Muitos viram em *Nossas Tarefas Políticas* uma profecia sobre o destino do bolchevismo e da revolução. Para Isaac Deutscher, que criticou os ataques pessoais do trabalho, este era também "assombroso" por conter "grandes ideias" e "sutil perspicácia histórica".[83]

Para E. H. Carr, "o processo (futuro) foi previsto muito detalhadamente por Trotsky, que em um brilhante panfleto publicado em 1904 anunciou uma situação em que 'o partido é substituído pela organização do partido, a organização pelo comitê central e finalmente o comitê central pelo ditador'".[84] Pierre Broué criticou o "pedantismo" de *Nossas Tarefas*, suas invectivas contra "Maximilien Lenin", afirmando que Trotsky considerou, mais tarde, o trabalho como "um documento terrivelmente molesto acerca do qual observou a maior discrição", e se perguntou porque, nas circunstâncias da sua publicação (ruptura de Trotsky com o menchevismo) ele "não renunciou à sua publicação".[85] A crítica mais forte se referia ao fato de que Lenin sustentava que a intelectualidade desempenhava um papel especial no movimento revolucionário, dotando-o da perspectiva socialista que os operários não alcançariam por si mesmos. Trotsky via nessa opinião uma negação das capacidades da classe operária e a aspiração da intelectualidade de manter seu movimento sob sua tutela.[86] O socialista polonês Makhaivski sustentava opinião semelhante sobre o "socialismo russo" em geral.[87]

Trotsky afirmou que, no Congresso, "todo meu ser protestava contra a impiedosa supressão dos veteranos. Da indignação que senti provém a minha ruptura com Lenin, que teve lugar de certo modo sobre um terreno moral. Mas isso era só aparência. No fundo, nossas divergências tinham um caráter político que se manifestou na questão da organização".[88] *Nossas Tarefas Políticas* estava "dedicada a Pavel Axelrod". Hoje parece claro que "tanto Trotsky como Luxemburgo foram injustos com Lenin quando retiravam as posições do *Que Fazer?* de seu contexto histórico concreto e atribuíam a elas um caráter

---

83   Isaac Deutscher. *Trotsky*, cit.
84   Edward H. Carr. *The October Revolution*. Before and after. Nova York, Alfred A. Knopf, 1969.
85   Pierre Broué. *Trotsky*. Paris, Fayard, 1988.
86   Sobre o "jacobinismo" leninista, ver: Jean Pierre Joubert. Lenin et le jacobinisme. *Cahiers Leon Trotsky*, nº 30, Paris, junho 1987.
87   Jan Waclav Makhaiski. *Le Socialisme des Intellectuels*. Paris, Points, 1979.
88   Leon Trotsky. *Ma Vie*. Paris, Gallimard, 1973.

universal".[89] Trotsky se pronunciou, bem depois, sobre o seu trabalho "maldito", sem arrependimentos: "Em uma brochura escrita em 1904, cujas críticas contra Lenin careciam frequentemente de maturidade e justeza, há no entanto páginas que fornecem uma ideia bem fiel do modo de pensar dos *komitetchiki* dessa época (...) A batalha que Lenin sustentaria um ano depois, no congresso [III Congresso, abril de 1905], contra os *komitetchiki* arrogantes confirma plenamente essa crítica".[90] É esse o aspecto explorado pelos historiadores que afirmam que "(em 1903) Lenin já estava convencido de que era o revolucionário profissional, e não as massas, as que tinham a chave para a vitória do socialismo".[91]

A posição de Lenin, que conduziu ao surgimento das frações, nada teve de uma impulsão súbita: era a continuidade de uma luta política e ideológica que o tinha como protagonista desde a década de 1890. A luta contra o populismo, o *Que Fazer?*, a delimitação do menchevismo, foram suas diversas fases, não baseadas num fetiche estatutário: Lenin aceitou, no Congresso de reunificação (bolcheviques + mencheviques) de 1906, a redação menchevique do artigo 1º dos estatutos... Este e outros episódios permitem questionar a visão retrospectiva do bolchevique Zinoviev: "Em 1903 já tínhamos dois grupos claramente separados, duas organizações e dois partidos. Bolchevismo e menchevismo, como tendências ideológicas, já estavam formadas com o seu perfil característico, depois evidenciado na tormenta revolucionária".[92] No Congresso de Londres de 1905 (bolchevique), Lenin empreendeu a batalha pelo recrutamento e promoção de trabalhadores que não eram "revolucionários profissionais", mas apenas militantes operários: índice de um conflito com os *komitetchiki*, os "homens de comitê".

Nadezha Krupskaïa, esposa de Lenin, relatou em suas memórias a batalha entre Lenin e Rykov, porta-voz dos "clandestinos": "O *komitetchiki* era um homem cheio de segurança... não admitia nenhuma democracia no interior do partido... não gostava de inovações". Segundo ela, Lenin mal conseguiu se conter "ouvindo dizer que não havia operários capazes de formar parte

---

89 Ernest Mandel. *Trotsky Como Alternativa*. São Paulo, Xamã, 1995.
90 Leon Trotsky. *Stalin*. Biografia. São Paulo, Livraria da Física, 2012.
91 Adam B. Ulam. *Os Bolcheviques*. Rio de Janeiro, Nova Fronteira, 1976.
92 Grigorii Zinoviev. *History of the Bolshevik Party*. From the beginnings to February 1917. Londres, New Park, 1973.

dos comitês". Ele propôs incluir obrigatoriamente nos comitês uma maioria de operários. O aparato partidário era contrário; a proposição de Lenin foi derrotada, um fato que Pierre Broué relacionou com "o espírito de seita que deixou os bolcheviques longe dos primeiros sovietes, nos quais muitos deles receavam uma organização adversária". A revolução de 1905, já em andamento, testemunhara a formação dos conselhos operários, eleitos pelos trabalhadores nos próprios locais de trabalho. Os delegados eram em todo momento revogáveis pelos seus eleitores. Sindicalizados ou não, politicamente organizados ou desorganizados, os proletários de Petersburgo, Moscou, Kiev, Kharkov, Tula, Odessa e de outras aglomerações industriais criavam uma nova forma de organização de massa, que aparecia como o contrário das assembleias parlamentares com as quais a burguesia ocidental exerce sua dominação de classe. Sua transformação em órgãos de governo, porém, ainda não era projeto de nenhuma corrente política.

A tradição revolucionária da classe operária russa teve peso decisivo na revolução de 1905; a greve de janeiro de 1905 estava intimamente ligada à explosão de outra greve geral, em 1904, em Baku, no Cáucaso. Esta, por sua vez, foi precedida por outras grandes greves que aconteceram entre 1903 e 1904, no sul da Rússia, que tiveram como antecessora a grande greve de 1902, em Batum. Podemos identificar o início dessa série de greves naquela que foi empreendida pelos operários têxteis de São Petersburgo entre 1896 e 1897. Desde finais do século XIX, Rússia virara um epicentro da revolução europeia: o POSDR, no seu congresso de 1903, adotou um programa "onde figurava, pela primeira vez na história dos partidos socialdemocratas, a palavra de ordem de *ditadura do proletariado*, definida como a conquista do poder político pelo proletariado".[93] A luta de classes na Rússia ganhava um perfil próprio, de vanguarda, no cenário internacional; a socialdemocracia russa não era a simples projeção do socialismo europeu em "terras selvagens".

Na revolução de 1905, o problema dos sovietes afetou a todas as frações do POSDR: "Sem atender à cooperação de muitos operários bolcheviques nos conselhos, a posição de princípio dos órgãos dirigentes bolcheviques variava entre uma rejeição radical e uma aceitação meio desgostosa desses 'corpos alheios' à revolução. A posição dos bolcheviques com respeito aos sovietes era

---

93   Pierre Broué. *Le Parti Bolchevique*. Paris, Minuit, 1971.

diferente segundo os locais e estava sofrendo transformações; o próprio Lenin não chegou a um juízo definitivo sobre seu papel e importância, apesar de ter sido o único que, entre os bolcheviques, se esforçou para examinar a fundo esse novo fenômeno revolucionário e agregá-lo a sua teoria e tática revolucionárias. Durante a greve de outubro os operários bolcheviques participaram na formação do Conselho de Deputados Operários de Petersburgo, assim como os outros operários. Nos primeiros dias de existência do soviete, quando este atuava como comitê de greve e ninguém sabia realmente que papel ele desempenharia no futuro, os bolcheviques se opunham a ele de forma benévola. Mas isso mudou quando, ao terminar a greve de outubro, o soviete permaneceu em pé e começou a evoluir no sentido de um órgão de direção política da classe operária. A maior parte dos bolcheviques fixou abertamente sua oposição ao soviete; eles elaboraram, nos comitês federativos formados por representantes de ambas as frações do POSDR, uma resolução na qual se recomendava a aceitação oficial do programa da socialdemocracia, já que organizações independentes ao estilo do conselho não podiam guiar uma orientação política clara e seriam perniciosas".[94] O partido que se projetaria ao mundo como vanguarda do "poder soviético" se opôs, inicialmente, à função dirigente ou governamental do soviete. Não houve um "Lenin genial" para impedir isso.

Para a maioria dos historiadores marxistas existe um vínculo entre o *Que Fazer?* e o "sectarismo bolchevique". Paul Le Blanc afirma que "o sectarismo potencial que (Rosa) Luxemburgo havia notado nas concepções de Lenin, manifestou-se claramente desde 1905".[95] Para Ernest Mandel "é evidente que Lenin subestimou no decurso do debate de 1902-1903 os perigos para o movimento operário que podiam surgir do fato de se constituir uma burocracia no seu seio".[96] O teste da revolução, e sua derrota, produziram novas crises e realinhamentos políticos. Durante a reação posterior a 1905, bolcheviques e mencheviques dividiram-se em três frações cada um: os "liquidadores" (Potressov, Zasulich), o centro (Martov, Dan) e os "mencheviques de partido" (Plekhanov) entre os segundos; os "vperiodistas" (Bogdanov), os "leninistas" e os "conciliadores" ou "bolcheviques de partido" (Rykov, Nogin), entre os

---

94 Oskar Anweiler. *Los Soviets en Rusia 1905-1921*. Madri, Zero, 1975.
95 Paul Le Blanc. Lenin et Rosa Luxemburg sur l'organisation révolutionnaire. *Cahiers d'Étude et de Recherche* nº 14, Paris, 1990.
96 Ernest Mandel. *A Teoria Leninista da Organização*. São Paulo, Aparte, 1984.

primeiros. Se 1903 não foi a "data mágica" do bolchevismo, 1906 (congresso de reunificação) não foi a grande hora da conciliação perdida (Lenin declarou que "até a revolução social, a socialdemocracia apresentará inevitavelmente uma ala oportunista e uma ala revolucionária"); os bolcheviques mantiveram um "centro clandestino" no partido unificado; enfim, 1912 (quando os bolcheviques se separaram em definitivo dos mencheviques) não foi o "partido final", pois antes de 1912 Lenin se reconciliou com Plekhánov e formou um bloco no POSDR com os "mencheviques do partido" contra os "liquidadores", com o objetivo da manutenção de um aparato clandestino. É sobre essa posição que se constituiu o POSDR (bolchevique), com uma ala revolucionária e outra "oportunista"...

Entre crises e disputas acirradas entre frações, os problemas políticos da socialdemocracia russa se situavam em nível superior aos das outras seções da II Internacional, impregnadas pelo reformismo e o eleitoralismo. Sua particularidade não tem a ver com uma suposta teoria acerca do "Partido, com maiúscula, (que) constitui a grande e ambígua contribuição russa à história contemporânea", também chamada de "o Partido: uma entidade meta-política totalmente diversa de tudo que tinha sido visto até então na variada cena dos movimentos socialistas europeus", considerada como o nascimento de uma nova variante antropológica: o *homo bolchevicus*![97] Resulta fácil apontar o dedo para a confusão de bolcheviques e mencheviques sobre o papel dos sovietes; os próprios dirigentes destes estavam confusos a respeito: "Mesmo quando do segundo congresso (dos sovietes), a 28 de outubro, nenhum membro dessa assembleia sabia muito bem a sua função, se eles constituíam um comitê central de greve ou um novo tipo de organização, semelhante a um organismo de autoadministração revolucionária".[98]

A evolução de Lenin foi descrita de modo irônico por Moshe Lewin: "Desde a sua obra escrita no exílio siberiano, Lenin tinha a tendência de ver

---

[97] Enzo Bettiza. *El Misterio de Lenin*. Barcelona, Argos-Vergara, 1984.
[98] Avraham Yassour. Leçons de 1905: Parti ou Soviet? *Le Mouvement Social* nº 62, Paris, janeiro-março 1968. Logo depois da revolução Trotsky já escrevia que "o conselho de deputados operários nasceu para a realização de um objetivo: no curso dos acontecimentos criar uma organização que represente a autoridade, livre da tradição, uma organização que possa abarcar todas as massas desagregadas sem a imposição de obstáculos organizativos, uma organização que possa unir as correntes revolucionárias no interior do proletariado e controlar por si própria uma iniciativa de maneira capaz e automática e, o que é mais fundamental, uma organização à qual se poderia dar vida em 24 horas".

capitalismo atrás de cada carreta russa. A revolução de 1905 o levou a nuançar suas ideias: o capitalismo estava ainda fracamente desenvolvido, as forças liberais eram embrionárias e tímidas".[99] Ainda assim, para Lenin a revolução continuava sendo "burguesa no sentido de seu conteúdo econômico-social. O que significa: as tarefas da revolução que está ocorrendo na Rússia não ultrapassam o âmbito da sociedade burguesa. Nem mesmo a mais plena vitória da atual revolução, isto é, a conquista da república mais democrática e a confiscação de toda a terra dos proprietários pelos camponeses, abalará os fundamentos da ordem social burguesa". Mas, dessa tese, Lenin não derivava a conclusão de que o motor principal da revolução seria a burguesia, como queriam os mencheviques, porque a revolução ocorria no momento em que "o proletariado já começou a tomar consciência de si como uma classe particular e a se unir numa organização de classe autônoma".

Em setembro de 1905, durante a "primeira revolução russa", Lenin afirmou que "da revolução democrática começaremos logo a passar, na medida das nossas forças, das forças do proletariado consciente e organizado, à revolução socialista. Somos pela *revolução ininterrupta*. Não nos deteremos a meio caminho". Lenin, no entanto, limitava o alcance imediato da revolução ao horizonte democrático-burguês. Segundo Trotsky, ele "queria dar a entender que, para manter a unidade com o campesinato, o proletariado se veria obrigado a prescindir da colocação imediata das tarefas socialistas durante a próxima revolução. Mas aquilo significava para o proletariado renunciar à sua própria ditadura. Consequentemente, a ditadura era, em essência, do campesinato, mesmo que dela participassem os operários". Citemos as palavras confirmatórias de Lenin, pronunciadas no Congresso de Estocolmo do POSDR (de 1906) ao replicar a Plekhánov: "De que programa estamos falando? De um programa agrário. Quem se supõe que tomará o poder com esse programa? Os camponeses revolucionários" Confundia Lenin o governo do proletariado com o governo dos camponeses? "Não" – dizia ele, referindo-se a si próprio – "Lenin diferenciava marcadamente governo socialista do proletariado do governo democrático-burguês dos camponeses".

Trotsky já defendia a *revolução permanente*, cuja perspectiva era que "a vitória completa da revolução democrática na Rússia apenas se concebe na

---

99 Moshe Lewin. Illusion communiste ou réalité soviétique? *Le Monde Diplomatique*. Paris, dezembro 1996.

forma de ditadura do proletariado, secundado pelos camponeses. A ditadura do proletariado, que inevitavelmente poria sobre a mesa não apenas as tarefas democráticas, mas também socialistas, daria ao mesmo tempo um impulso vigoroso à revolução socialista internacional. Apenas a vitória do proletariado do Ocidente poderia proteger a Rússia da restauração burguesa, dando-lhe segurança para completar implantação do socialismo". Era uma divergência de alcance estratégico: "O bolchevismo não estava contagiado pela crença no poder e na força de uma democracia burguesa revolucionária na Rússia. Desde o princípio reconheceu a significação decisiva da luta da classe operária na revolução vindoura, mas o seu programa se limitava, na primeira época, aos interesses das grandes massas camponesas, sem a qual – e contra a qual – a revolução não teria podido ser levada a cabo pelo proletariado. Daí o reconhecimento provisório do caráter democrático-burguês da revolução e de suas perspectivas. Por isso, o autor [Trotsky] não pertencia, naquele período, a nenhuma das duas principais correntes do movimento operário russo". Para ele, "o proletariado, chegado ao poder, não deve limitar-se ao marco da democracia burguesa senão que deve empregar a tática da *revolução permanente*, ou seja, anular os limites entre o programa mínimo e o máximo da socialdemocracia, passando para reformas sociais cada vez mais profundas e buscando um apoio direto e imediato na revolução do Oeste europeu".[100]

Na medida da evolução das posições, uma convergência se desenhou desde o V Congresso (de Londres) do POSDR: "O fato mais notável do congresso foi o isolamento dos mencheviques diante da convergência de posições de Lenin, Rosa Luxemburgo e Trotsky. Tratava-se de uma convergência objetiva, sem qualquer acordo, e não isenta de consideráveis discrepâncias, entre Lenin e os bolcheviques, por um lado, e Rosa e Trotsky, por outro".[101] A historiografia soviética pós-Gorbachev teve tendência a minimizar os desacordos Lenin-Trotsky pré-revolução (assim como o stalinismo, antes, os exagerou até a mentira deslavada): "Esses desacordos não possuem muito significado quando os consideramos sob uma perspectiva histórica. Isso compreende a questão da revolução permanente que sempre foi levada a proporções exageradas, após

---

100 Leon Trotsky. Tres concepciones de la revolución rusa. In: *Balance y Perspectivas*. Buenos Aires, El Yunque, 1974.
101 Vittorio Strada. A polêmica entre bolcheviques e mencheviques sobre a revolução de 1905. In: Eric J. Hobsbawm (org.). *História do Marxismo*. Vol. 3, Rio de Janeiro, Paz e Terra, 1984.

a morte de Lenin. De fato, depois de 1916, Lenin nunca mais destacou esta questão". O mesmo autor destaca que "artigos de Trotsky foram publicados em revistas dirigidas por Lenin".[102]

As divergências estratégicas continuaram. Elas se acirraram depois do "Bloco de Agosto" (bloco "pela unidade do POSDR", encabeçado por Trotsky, com participação menchevique) de 1912, quando os bolcheviques se engajaram na via da construção de um partido independente. Durante 15 anos, Lenin e Trotsky se dispensaram, por escrito, insultos variados ("medíocre", "advogado de segunda classe", disse Trotsky sobre Lenin; "caluniador barato", "tocador de *balalaika*", "fingido", "ambicioso", revidou este), o que Trotsky, retroativamente, atribuiu à imaturidade a ao "calor" da luta de frações. Em pleno período de reação, Trotsky precisou o alcance das divergências: "Se os mencheviques, partindo da seguinte concepção: 'nossa revolução é burguesa', chegam à ideia de adaptar toda a tática do proletariado à conduta da burguesia liberal até a conquista do poder pela mesma, os bolcheviques, partindo de uma concepção não menos abstrata, 'a ditadura democrática, mas não socialista', chegam à ideia de uma autolimitação do proletariado, que detém o poder, a um regime de democracia burguesa. É verdade que entre mencheviques e bolcheviques há uma diferença essencial: enquanto os aspectos antirrevolucionários do menchevismo se manifestam desde o presente, em todo o seu porte, aquilo que há de antirrevolucionário no bolchevismo não nos ameaça – mas a ameaça não é menos séria – senão no caso de uma vitória revolucionária".[103] O que admite uma dupla leitura: 1) Trotsky põe o bolchevismo num plano histórico e político superior ao menchevismo; 2) ele também não deixava de opinar que havia no bolchevismo aspectos antirrevolucionários, o que não era pouca coisa.

Nos concentramos aqui na polêmica Lenin-Trotsky pelo papel de ambos os dirigentes na Revolução de Outubro e na história ulterior. Antes disso, durante mais de um quarto de século, Lenin participou de polêmicas com numerosas correntes do socialismo russo e internacional (até o socialista argentino Juan B. Justo criticou a teoria leninista do imperialismo) e foi, sem dúvida, o pivô dos debates políticos no movimento operário de seu país. As divergências programáticas entre bolcheviques, mencheviques e "trotskistas"

---

102 Vladimir I. Billik. In: *Komsomolskaia Pravda*. nº 33, Moscou, agosto 1989.
103 Leon Trotsky. Nos différends. In: *1905*, Paris, Minuit, 1969.

se evidenciaram claramente com a revolução. Para Rudi Dutschke, "só a compreensão da revolução burguesa de 1905 nos permite aproximar-nos, através das concepções econômicas de Lenin, às raízes do centralismo democrático como tipo de partido".[104] Na medida em que, inicialmente, todas as frações estavam de acordo sobre a natureza burguesa da revolução russa, as divergências não apareciam claramente. Num primeiro momento, a revolução de 1905 e sua repressão pelo czarismo aproximaram os bolcheviques dos mencheviques: ambos acreditavam na necessidade de uma etapa "democrática burguesa" previa à revolução socialista. No entanto, revelou-se, entre 1907 e 1908, que enquanto os mencheviques acreditavam que a burguesia poderia conduzir e concluir essa etapa, os bolcheviques afirmavam que apenas o proletariado e os camponeses poderiam cumprir a tarefa da etapa democrática burguesa.

As divergências foram superadas, não por completo, na prática (a Revolução de Outubro foi identificada com os nomes de Lenin e Trotsky) e pela assimilação política dessa prática. Pensar as divergências políticas como uma anormalidade, e a homogeneidade como um ideal a ser atingido, significa negar o próprio pensamento e seu motor (a contradição). Sem a revolução, é provável que algumas dessas polêmicas tivessem se estendido *ad infinitum*. Em sua autobiografia, Trotsky foi bem parco a respeito: "Cheguei a Lenin mais tarde que outros, mas por meu próprio caminho, tendo atravessado e refletido sobre a experiência da revolução, da contrarrevolução e da guerra imperialista. Graças a isso, cheguei a ele mais firme e seriamente que seus 'discípulos'" (notar as aspas). Ao que o historiador stalinista Léo Figuères respondeu: "Cabe perguntar se Trotsky teria podido unir-se ao bolchevismo em 1917 no caso em que todos seus discípulos (sic, sem aspas) tivessem seguido seu caminho, abandonado e combatido Lenin depois do II Congresso".[105] Se tal coisa tivesse acontecido, o bolchevismo não teria existido. Figuères, como bom stalinista, considerava o bolchevismo como uma corrente de "discípulos" de Lenin, ou seja, em termos religiosos.

No plano internacional, nada é mais contrário à verdade do que a lenda cunhada por Stalin em *Fundamentos do Leninismo*: que os bolcheviques teriam agido, desde 1903, em prol da cisão com os reformistas na Internacional

---

104 Rudi Dutschke. *Lenin*. Tentativas de poner a Lenin sobre los pies. Barcelona, Icaria, 1976.
105 Léo Figuères. *Le Trotskysme, cet Antiléninisme*. Paris, Éditions Sociales, 1969.

Socialista. Foi com grande luta que Lenin conseguiu ser reconhecido representante do POSDR (junto com Plekhánov) desde 1905, no Birô Socialista Internacional (BSI) cargo que manteria até a I Guerra Mundial. Nesse marco se produziu o "Congresso de Unidade" russo de 1906. Em 1907, no Congresso Socialista Internacional de Stuttgart, a moção sobre a atitude e o dever dos socialistas em caso de guerra ("utilizar a crise provocada pela guerra para precipitar a queda da burguesia"), foi apresentada conjuntamente por Lenin, Rosa Luxemburgo e o menchevique Martov. Quando em janeiro de 1912 a conferência (bolchevique) de Praga consumou a cisão com os mencheviques, Lenin não a apresentou no BSI como a ruptura entre reformistas e revolucionários, mas dos defensores do *"verdadeiro partido operário"* contra os "liquidadores" (partidários de um partido apenas "legal"), e defendendo "o único partido existente, o partido ilegal" (informe de Kamenev, representante de Lenin, no BSI de novembro de 1913).

Em 1912, os bolcheviques lutaram para se impor como representantes do POSDR no Congresso Socialista Internacional de Basileia. Já em 1914 (antes da guerra), devido ao isolamento internacional dos bolcheviques (inclusive em relação à ala esquerda da Internacional Socialista, cuja dirigente Rosa Luxemburgo se aliara aos mencheviques e ao "Bloco de Agosto" liderado por Trotsky), os bolcheviques admitiram uma nova e infrutuosa "conferência de unificação". Lenin já era consciente da projeção internacional da "cisão russa" e, depois da capitulação dos principais partidos da Internacional Socialista diante da explosão da guerra em agosto de 1914, proclamou desde finais desse ano a luta por uma nova Internacional, a Terceira.[106] Três anos depois, em 1917, na Rússia, o bolchevismo foi o ponto de confluência dos revolucionários.

Lenin, em plena guerra imperialista (finais de 1915) acusou Trotsky, apesar de ambos pertencerem à chamada "esquerda de Zimmerwald", a ultraminoritária fração internacionalista do socialismo internacional: "A teoria original de Trotsky toma emprestado aos bolcheviques o apelo à luta revolucionária decisiva e à conquista do poder político pelo proletariado e, aos mencheviques, a negação do papel do campesinato. Este, parece, dividiu-se, diferenciou-se, e seria cada vez menos apto para ter um papel revolucionário. Na Rússia, uma revolução 'nacional' seria impossível, 'vivemos a época do imperialismo', e 'o

---

106 Georges Haupt. Lenin, les bolchéviques et la IIè Internationale. *L'Historien et le Mouvement Social*. Paris, François Maspéro, 1980.

imperialismo não opõe a nação burguesa ao antigo regime, mas o proletariado à nação burguesa'. Eis um exemplo divertido das brincadeiras que podem ser feitas com a palavra 'imperialismo'. Se, na Rússia, o proletariado já se opõe à 'nação burguesa', então ela está na véspera de uma revolução socialista. Nesse caso, a 'confiscação dos latifúndios' (colocada por Trotsky em 1915) é falsa e não se trata de falar de 'operariado revolucionário', mas de 'governo operário socialista'. O grau de confusão de Trotsky se vê na sua afirmação de que o proletariado encabeçará as massas populares não proletárias! Trotsky nem pensa que se o proletariado consegue levar as massas não proletárias para a confiscação dos latifúndios e a derrubada da monarquia, isso será a realização da 'revolução nacional burguesa', a ditadura democrático-revolucionária do proletariado e do campesinato".

E Lenin concluía que "Trotsky ajuda de fato os políticos operários liberais, os quais, negando o papel do campesinato, recusam levar os camponeses para a revolução". À luz da obra de Trotsky, pode-se dizer que a acusação de Lenin era falsa, embora se apoiasse em elementos ainda fracos da formulação da "revolução permanente", que Trotsky se encarregará de precisar em trabalhos posteriores (isto sem falar em que, de fato, a Rússia se encontrava "na véspera de uma revolução socialista"). A própria guerra fez nascer outras divergências: sobre o "derrotismo revolucionário" (que Trotsky, junto a vários bolcheviques, não aceitava), sobre os "Estados Unidos da Europa"... Mas o trabalho internacionalista comum, na esquerda de Zimmerwald, não deixou de criar os elementos da unidade política futura. A convergência, que se produziu em 1917 foi, em primeiro lugar, *política*, a luta por construir o instrumento da revolução, o *partido*. Ainda no momento da unificação, porém, Trotsky redigiu um documento, no qual se incluía uma "frase com a qual assinalava, em matéria organizativa, 'o estreito espírito de círculo' dos bolcheviques.... Os operários interdistritais conservavam uma grande desconfiança em relação ao comitê de Petrogrado (do bolchevismo). Escrevi então que 'ainda existe o espírito de círculo, herança do passado, mas para ele diminuir, os interdistritais devem deixar de levar uma atividade isolada'".[107]

Anos depois escreveu que "sem pertencer a nenhuma das duas frações durante a emigração, o autor subestimava o fato fundamental de que nas

---

107 Leon Trotsky. Lecciones de Octubre. *De Octubre Rojo a mi Destierro*. Buenos Aires, Baires, 1973.

divergências de opiniões entre os bolcheviques e os mencheviques figuravam, de fato, um grupo de revolucionários inflexíveis por um lado e, pelo outro, um agrupamento de elementos cada vez mais desagregados pelo oportunismo e a falta de princípios. Quando estalou a revolução em 1917, o partido bolchevique representava uma organização centralizada forte, que havia absorvido os melhores elementos entre os operários progressistas e entre a inteligência revolucionária".[108] Na véspera da revolução russa, Lenin, em palestra pronunciada na Suíça, por ocasião do aniversário do "Domingo Sangrento" de 1905, afirmou que, talvez, só as gerações futuras conseguiriam testemunhar a vitória revolucionária, a mesma que levou o bolchevismo ao poder menos de um ano depois...[109] Trotsky reafirmou que "o desacordo mais importante entre Lenin e eu durante esses anos consistia na minha esperança de que uma unificação com os mencheviques impulsionaria a maioria deles na via revolucionária. Lenin tinha razão sobre essa questão fundamental. No entanto, deve-se dizer que em 1917 as tendências à 'unificação' eram muito fortes entre os bolcheviques".[110]

A Revolução de Outubro de 1917 foi precedida pela Revolução de Fevereiro, que não foi o fruto da conspiração de qualquer partido político. 1917 foi chamado pelo presidente francês Poincaré o "ano terrível", o terceiro da Guerra Mundial, depois de um rigoroso inverno europeu. Para milhões de homens, era o fim das ilusões patrióticas de 1914, transformadas em massacres de combatentes em "ofensivas" que custavam centenas de milhares de vidas; dificuldades de abastecimento, com fortes aumentos de preço, atingindo o operariado de todos os países; a "paz civil", defendida pelos sindicatos e partidos operários nos países beligerantes, resultara no questionamento de todas as conquistas operárias (ritmos de produção, horários, condições de trabalho, direitos reivindicativos); o desgaste do material, das máquinas, do aparelho econômico, haviam provocado uma crise em todos os países. A Rússia era o país que, de longe, sofrera as piores consequências da guerra, tornando mais agudas e insuportáveis suas contradições históricas. A Revolução de Fevereiro provocou a queda do czarismo e abriu um período de crises políticas que concluiu com o "golpe de Estado" de outubro, que levou ao poder aos bolcheviques,

---

108 Leon Trotsky. *Resultados y Perspectivas*. Buenos Aires, El Yunque, 1974.
109 Ver o texto da conferência em: V. I. Lenin. *1905: Jornadas Revolucionárias*. São Paulo, História, 1980.
110 Leon Trotsky. Autobiografía. In: *El Testamento de Lenin*. Buenos Aires, El Yunque, 1983.

nessa altura já majoritários nos sovietes de operários, soldados e camponeses. Lenin, como já fartamente exposto em toda a historiografia, esteve no centro desses acontecimentos, que foram o ponto culminante de sua carreira política e alteraram o destino do mundo, justificando por si só a assertiva inicialmente citada de Hobsbawm.

O partido bolchevique que tomou o poder em outubro de 1917 ano era a prolongação do partido nascido em 1912 e da fração posterior a 1903. Era, no entanto, também diverso. Nos meses de aguda crise política, recrutara amplamente entre as jovens gerações de operários, de camponeses e de soldados: a organização clandestina que contava em janeiro 25.000 membros, contava com quase 80.000 quando da conferência de abril, e 200.000 no VI Congresso bolchevique, em agosto: os velhos bolcheviques e os *komitetchiki* eram uma minoria de 10%. As adesões englobavam grupos operários não definidos em relação às frações e querelas anteriores à guerra: a Organização Interdistrital, que não possuía mais de 4.000 membros, teve três de seus membros eleitos para o Comitê Central. O congresso de agosto de 1917 constatou a convergência de diversas organizações ou grupos; seu fundamento sólido era o POSDR (bolchevique) de Lenin, no qual desaguaram os "riachos revolucionários" aos quais se referiu Radek.[111] Dois anos após a Revolução de Outubro, Lenin escrevia: "No momento da conquista do poder, quando foi criada a República dos Sovietes, o bolchevismo atraía tudo o que havia de melhor nas tendências do pensamento socialista mais próximo".[112]

---

111 Karl Radek. *Las Vias y las Fuerzas Motrices de la Revolución Rusa*. Madri, Akal, 1976.
112 Numa conferência pronunciada em 1932, em Copenhague, Trotsky fez um resumo da história do partido operário na Rússia: "Em 1903 teve lugar a cisão entre mencheviques e bolcheviques. Em 1912 a fração bolchevique tornou-se definitivamente um partido independente. Ensinou-nos durante doze anos (1905-1917) reconhecer a mecânica de classe da sociedade nas lutas e nos grandiosos acontecimentos. Educou quadros capazes, quer de iniciativa quer de disciplina. A disciplina da ação revolucionária apoiava-se na unidade da doutrina, nas tradições de lutas comuns e na confiança numa direção experimentada. Assim era o partido em 1917. Enquanto a 'opinião pública' oficial e as toneladas de papel da imprensa intelectual o desprezavam, o partido orientava-se segundo o curso do movimento de massas. A formidável alavanca que esse partido manejava firmemente introduzia-se nas fábricas e nos regimentos. As massas camponesas voltavam-se cada vez mais para ele. Se se entende por nação não os privilegiados, mas a maioria do povo, isto é, os operários e os camponeses, o bolchevismo transformou-se, no decorrer do ano de 1917, no partido russo verdadeiramente nacional".

Lenin convergiu com a teoria de Trotsky[113] a partir de sua própria teoria. Nas *Teses de Abril*, o programa histórico da "virada", Lenin partiu da "conclusão da fase burguesa da revolução". Se o que impedira a tomada do poder pelo proletariado em fevereiro de 1917 fora só sua insuficiente consciência e organização, isto significa que não existia uma "revolução nacional" separada por uma etapa histórica da revolução proletária. O bolchevismo foi, graças a isso, o instrumento político do "segundo estágio" da revolução. Foi Trotsky, em *Lições de Outubro* (de 1924), quem fez o balanço crítico necrológico da fórmula leninista de "ditadura democrática": "Inteiramente revolucionária e profundamente dinâmica, a colocação do problema por Lenin era radicalmente oposta ao sistema menchevique, segundo o qual a Rússia só podia pretender repetir a história dos povos avançados, com a burguesia no poder e a socialdemocracia na oposição. No entanto, na fórmula de Lenin, certos círculos de nosso partido não acentuavam a palavra 'ditadura', mas a palavra 'democrática', em oposição à palavra 'socialista'. Isso significaria que na Rússia, país atrasado, só se concebia a revolução democrática. A revolução socialista deveria começar no Ocidente e nós só poderíamos ingressar na corrente do socialismo seguindo a Inglaterra, França e Alemanha".

A "virada programática" do bolchevismo ficou clara no balanço feito pelo próprio Lenin, poucos anos depois da vitória de outubro de 1917: "Para consolidar para os povos da Rússia as conquistas da revolução democrático-burguesa tínhamos que ir mais além, e assim o fizemos. Resolvemos os problemas da revolução democrático-burguesa no decorrer do processo, como um 'subproduto' de nossas atividades fundamentais e genuinamente *proletárias*, revolucionárias socialistas. Sempre dissemos que as reformas democráticas – dissemos e demonstramos com os fatos – são um subproduto da revolução proletária, ou seja, socialista. Esta é a relação entre a revolução democrático-burguesa e a revolução proletária socialista: a primeira se transforma na segunda. A segunda resolve de passagem os problemas da primeira. A segunda consolida a obra da

---

113 É o que sustentou em sua carta de despedida da vida Abraham Ioffé, dirigente soviético que se suicidou em junho de 1927, em pleno processo de ascensão do stalinismo: "Durante mais de vinte anos lutamos juntos, desde a revolução permanente, mas eu sempre pensei que faltava a você a inflexibilidade, a intransigência de Lenin, a sua resolução de ficar sozinho, se necessário, na sua posição, prevendo a maioria futura, quando todos tivessem reconhecido a correção do caminho por ele escolhido. Você teve sempre razão politicamente, e eu já disse que escutei várias vezes Lenin reconhecer que em 1905 não era ele, mas você, quem tinha razão".

primeira. A luta, e apenas a luta, determina até que ponto a segunda consegue se impor-se à primeira".[114] O "novo bolchevismo" dominou o Congresso (agosto de 1917), que materializou a fusão e teve a presidência de honra de Lenin e Trotsky (ausentes devido à repressão de julho), sendo este último eleito para o CC com 131 de 134 votos possíveis.

O ingresso de Trotsky e seus partidários, além de outros grupos, foi decisivo para a realização da "virada histórica" do bolchevismo, que assumiu seu nome definitivo de *Partido Comunista*. A convergência política se produziu em momentos em que, segundo o memorialista menchevique Sukhanov, "as massas viviam e respiravam com os bolcheviques, estavam inteiramente nas mãos do partido de Lenin e Trotsky".[115] Refletindo retrospectivamente, Trotsky lembrou que: "Aconteciam entre Lenin e eu violentos choques, pois nos casos em que eu estava em desacordo com ele sobre um problema grave, eu levava a luta até o fim. Esses casos, naturalmente, ficaram gravados em todas as memórias, e os epígonos muito escreveram e falaram dele mais tarde. Mas são cem vezes mais numerosos os casos em que nós nos compreendemos um ao outro com meias palavras, e em que a nossa solidariedade assegurava a passagem da questão no Politburô sem debate. Lenin apreciava muito esta solidariedade".[116]

Vitoriosa a revolução, o bolchevismo, antes de circunstâncias precisas (uma guerra civil sangrenta, sustentada pela intervenção de 14 potências estrangeiras, e o isolamento internacional do país) não era o "partido único da revolução". Durante a Revolução de Outubro, quatro anarquistas eram membros do Comitê Militar Revolucionário. Um marinheiro anarquista de Kronstadt liderou a delegação que dissolveu a Assembleia Constituinte. Ao mesmo tempo, porém, era clara a hegemonia bolchevique. Comitês de fábrica surgiam em toda parte, rapidamente tornavam-se fortes e eram dominados pelos bolcheviques. De 30 de outubro a 4 de novembro, realizou-se em Petrogrado a primeira Conferência Russa de Comitês de Fábrica, onde 96

---

114 V. I. Lenin. *Obras Completas*. Vol. XXXV, Buenos Aires, Cartago, 1968.
115 Nikolai N. Sukhanov. *The Russian Revolution 1917*. A personal record. New Jersey, Princeton University Press, 1984.
116 Para Jean-Jacques Marie (*Staline*. Paris, Seuil, 1967), inclusive quando "Lenin solicita (no seu *Testamento*) que Stalin seja eliminado do cargo de secretário-geral, ele questiona apenas o seu caráter, não o seu valor".

dos 167 delegados eram bolcheviques.[117] Ainda assim, "durante a primeira semana de dezembro de 1917 realizaram-se algumas manifestações a favor da Assembleia Constituinte, isto é, contra o poder dos sovietes. Guardas vermelhos irresponsáveis atiraram então contra um dos cortejos e fizeram alguns mortos. A reação perante esta violência estúpida foi imediata: *em doze horas, foi modificada a constituição do Soviete de Petrogrado*; mais de uma dúzia de deputados bolcheviques foram demitidos e substituídos por mencheviques... Apesar disso, foram precisas três semanas para acalmar o ressentimento público e permitir o chamamento e a reintegração dos bolcheviques".[118]

Trotsky foi explícito no reconhecimento da superioridade do papel de Lenin na revolução: "Se eu não estivesse em 1917 em Petersburgo, a Revolução de Outubro teria acontecido do mesmo modo – *condicionada pela presença e a direção de Lenin*. Se não estivéssemos em Petersburgo nem Lenin nem eu, não teria havido Revolução de Outubro: a direção do partido bolchevique teria impedido que ocorresse... Se Lenin não estivesse em Petersburgo, não haveria chance de que eu conseguisse que as altas esferas bolcheviques resistissem. A luta contra o 'trotskysmo' (isto é, contra a revolução proletária) estaria aberta a partir de maio de 1917, e o desfecho da revolução teria sido um ponto de interrogação. Mas, repito, com Lenin presente, a Revolução de Outubro teria de qualquer maneira chegado à vitória. Pode-se dizer o mesmo, em suma, da guerra civil".[119] Em relação ao partido, Trotsky se referiu às velhas questões organizativas em termos que retomavam, quase ponto por ponto, os termos que Lenin usara para criticá-lo três décadas antes: "A direção não é um simples 'reflexo' de uma classe, ou o produto de sua livre criação. A direção se forja no processo dos choques entre as diferentes camadas de uma determinada classe. Uma vez assumido o seu papel, a direção se eleva acima de sua classe, ficando exposta à pressão e influência de outras classes... Um fator importantíssimo da maturidade do proletariado russo, em 1917, foi Lenin, que não caiu do céu. Ele personificava a tradição revolucionária da classe operária. Para que os seus postulados pudessem abrir caminho entre as massas, tinham que existir quadros,

---

117 Y. M. Gorodetsky. A Revolução Bolchevique. In: AAVV. *História do Século XX*, São Paulo, Abril Cultural, 1976.
118 John Reed. *Dez Dias que Abalaram o Mundo*. São Paulo, Companhia das Letras, 2010.
119 Leon Trotsky. *Diário do Exílio*. São Paulo, Edições Populares, 1980.

ainda que limitados; tinha que existir a confiança dos quadros em sua direção, uma confiança baseada em toda a experiência passada".[120]

O bolchevismo não foi só o produto de um conjunto de individualidades, de suas lutas políticas e ideológicas, mas da história do movimento operário e da revolução, através de um gigantesco confronto de ideias, programas, táticas, organizações e homens. Nos primeiros anos da revolução, o bolchevismo não tinha problema em admitir sua virada de 1917, como o demonstra um artigo de Molotov (depois homem do aparelho de Stalin nos mais altos cargos estatais) de 1924: "Deve-se dizê-lo abertamente: o partido não tinha nem a clareza de visão nem o espírito de decisão requeridos pelo momento revolucionário. Não os tinha porque não possuía uma clara atitude de orientação em relação à revolução socialista. Em geral, a agitação e toda a prática do partido revolucionário careciam de uma fundamentação sólida, já que o pensamento ainda não havia avançado até a conclusão audaz da necessidade de uma luta imediata pelo socialismo e pela revolução socialista".[121]

A vitória da revolução soviética significou o naufrágio de todos os partidos que tinham apostado, contra o absolutismo, em regimes burgueses, desde uma monarquia constitucional (o partido constitucional, KDT) até uma democracia parlamentar (a quase totalidade dos partidos socialistas, excetuado o bolchevismo). Foi, sobretudo, de Lenin que vieram os esforços no sentido de preservar, nessas condições, um quadro político pluripartidário. Num quadro instável, foi estendido um ramo de oliveira aos partidos socialistas excluídos do poder. Os mencheviques reuniram uma conferência de cinco dias, em Moscou, no final de outubro de 1918. A eclosão da guerra civil e a ameaça ao regime soviético levaram-nos pelo caminho do compromisso. A conferência aprovou uma série de teses e resoluções reconhecendo a Revolução de Outubro como "historicamente necessária" e como "um fermento gigantesco que tinha posto o mundo inteiro em movimento", renunciando a "toda cooperação política com as classes hostis à democracia". As tentativas de colaboração com os anarquistas (que Lenin chegou a definir como "nossos melhores aliados", chegando a se entrevistar amistosamente com seu célebre dirigente ucraniano Néstor Makhno) afundaram no meio às peripécias da guerra civil, que testemunhou

---

120 Leon Trotsky. *Clase, Partido y Dirección*. Buenos Aires, El Yunque, 1974 [1940].
121 In: Ernest Mandel. *Sobre la História del Movimiento Obrero*. Barcelona, Fontamara, 1978.

violentos enfrentamentos entre o Exército Vermelho e o "Exército Negro" da Ucrânia.

A política de conciliação não resistiu a prova dos acontecimentos, num quadro de contrarrevolução interna e intervenção externa, ambas violentas. A guerra civil transformou, primeiro, os bolcheviques em "partido único de governo", com o atentado dos SR (socialistas revolucionários) de esquerda, que participavam do governo soviético, contra Lenin (embora Fanny Kaplan, sua autora, insistisse em ter agido por conta própria) e os assassinatos de Uritsky e Volodarsky, dirigentes bolcheviques: "Os acontecimentos do verão de 1918 deixaram os bolcheviques sem rivais nem comparsas como partido dominante no Estado; e possuíam na *Tcheka* um órgão de poder absoluto. Persistia, contudo, uma forte relutância em usar esse poder sem restrições. Não tinha ainda chegado o momento para a extinção final dos partidos excluídos. O terror era, nesta altura, um instrumento caprichoso e era normal encontrar partidos, contra os quais tinham sido pronunciados os mais violentos anátemas e tomadas as medidas mais drásticas, continuarem a sobreviver e a gozarem de de tolerância. Um dos primeiros decretos do novo regime tinha autorizado o *Sovnarkom* a encerrar todos os jornais que pregassem 'aberta resistência ou desobediência ao Governo Operário e Camponês' e a imprensa burguesa deixou de existir. O jornal menchevique de Petrogrado, *Novyi Luch*, foi suprimido, em fevereiro de 1918, pela sua campanha de oposição ao tratado de Brest-Litovsk. Não obstante, reapareceu, em abril, em Moscou, com o nome de *Vpered* e continuou durante algum tempo a sua carreira sem interferências. Publicavam-se em Moscou jornais anarquistas muito tempo depois da ação da Tcheka contra os anarquistas, em abril de 1918".[122] A guerra civil varreu todos os compromissos entre o bolchevismo e sua oposição política.

Lenin se opôs a considerar essa situação como ideal, evoluindo na sua apreciação da natureza do poder soviético instaurado na Rússia. Em 1918, escrevia: "A luta contra a deformação burocrática da organização soviética fica garantida pela solidez dos vínculos existentes entre os sovietes e o povo, pela flexibilidade e pela elasticidade desses vínculos. Os pobres nunca consideram os parlamentos burgueses como instituições suas, inclusive na república capitalista mais democrática do mundo. Os sovietes, pelo contrário, são instituições

---

122 Edward H. Carr. *A Revolução Bolchevique 1917 – 1923*. Lisboa, Afrontamento, 1977, vol. 1.

deles, não alheias às massas de operários e camponeses".[123] Já em 1921, no decorrer da polêmica sobre os sindicatos, Lenin se referiu ao Estado soviético como "um Estado operário com a particularidade de que no país não predomina a população operária, mas a camponesa e, em segundo lugar, um Estado operário com uma deformação burocrática".[124] A passagem da deformação para a degeneração burocrática foi um processo político e social, resumida por Christian Rakovsky: "A situação de uma classe que lula pelo poder e a de uma classe que detém o poder é diferente [... quando uma classe toma o poder, uma parte dela transforma-se em agente desse poder. Num Estado socialista, onde a acumulação capitalista está proibida, esta diferença começa sendo funcional, e depois transforma-se em social".[125]

Cinco anos depois da Revolução de Outubro, o isolamento da revolução, a penúria econômica, o cansaço das massas populares e o esvaziamento dos sovietes foram acompanhados, de modo inevitável, pela diferenciação de uma camada burocrática privilegiada do partido, nessa altura partido único do Estado. A luta contra a burocratização do Estado e do partido foi, também, "o último [e fracassado] combate de Lenin".[126] Na crise provocada pela questão nacional georgiana (contra a política o chauvinista grã-russa da nascente burocracia, e de Stalin em especial, ele próprio georgiano) e no testamento político de Lenin (que propunha a destituição de Stalin do posto de secretário geral do partido) se revelaram as linhas mestras desse combate. Trotsky aceitou formar um bloco político com Lenin contra a burocratização, o que não significava que esse bloco tivesse garantida a sua vitória por antecipado, pelo peso do prestígio de ambos dirigentes.[127]

Trotsky escreveu, na sua autobiografia: "A ideia de formar um 'bloco' Lenin-Trotsky contra a burocracia, somente Lenin e eu a conhecíamos. Os outros membros do Birô Político tinham apenas vagas suspeitas. Ninguém

---

123 V. I. Lenin Seis teses acerca das tarefas imediatas do poder soviético (março 1918). *https://www.marxists.org/portugues/lenin/1918/04/26.htm*
124 V. I. Lenin. La crisis del partido (19 de janeiro de 1921). *Obras Completas*, vol.32, Moscou, Progreso, 1983.
125 Christian Rakovsky. Os perigos profissionais do poder (agosto 1928). Tradução: Marcio Lauria Monteiro *https://www.marxists.org/portugues/rakovski/1928/08/06.htm*
126 Moshe Lewin. *Le Dernier Combat de Lenin*. Paris, Minuit, 1980.
127 V. V. Juravlev e N. A. Nenakorov. Trotsky et l'affaire géorgienne. *Cahiers Léon Trotsky* n° 41, Paris, março 1990.

sabia nada a respeito das cartas de Lenin sobre a questão nacional nem do *Testamento*. Se eu tivesse começado a agir, poderiam dizer que iniciava a luta pessoal para ocupar o lugar de Lenin. Eu não podia pensar nisso sem arrepios. Pensava que, mesmo saindo vencedor, o resultado final seria para mim uma tamanha desmoralização que me custaria muito caro. Em todos os cálculos entrava um elemento de incerteza: o próprio Lenin e seu estado de saúde. Poderá ele manifestar sua opinião? Sobrar-lhe-á tempo para tanto? Entenderá o partido que Lenin e Trotsky lutam pelo futuro da revolução, e não que Trotsky luta pelo posto de Lenin enfermo? A situação provisória continuava. Mas a protelação favorecia os usurpadores, pois Stalin, como secretário geral, dirigia naturalmente no período do interregno toda a máquina estatal".

Lenin tentou tornar pública sua ruptura com Stalin nos últimos dias de 1922, pouco antes de ficar afastado da política pela doença. Como Comissário das Nacionalidades, Stalin tinha imposto um governo submisso à Geórgia *manu militari*, invadindo-a em fevereiro de 1921 e destituindo o governo menchevique encabeçado por Noah Jordânia, não só contra a vontade da maioria da população, mas também dos bolcheviques georgianos. Lenin manifestou-se numa "Carta ao Congresso": "Penso que, neste episódio, a impaciência de Stalin e seu gosto pela coerção administrativa, bem como o seu ódio contra o famoso 'chauvinismo social', exerceram uma influência fatal. A influência do ódio na política em geral é extremamente funesta. O nosso caso, o de nossas relações com o Estado da Geórgia, constitui um exemplo típico da necessidade de usarmos o máximo de prudência e mostrarmos um espírito conciliador e tolerante, se quisermos resolver a questão de modo autenticamente proletário". E, referindo-se diretamente a Stalin: "O georgiano que se mostra desdenhoso quanto a esse aspecto do problema, que descaradamente lança acusações de social-nacionalismo (quando ele mesmo é um autêntico social-nacionalista e também um vulgar carrasco grã-russo), esse georgiano, com efeito, viola os interesses da solidariedade proletária de classe. Stalin e [Felix] Dzerzhinski [criador e chefe da Tcheka] devem ser apontados politicamente como os responsáveis por essa campanha". A questão georgiana sinalizou a transformação da URSS, criada em 1922, de um projeto de livre federação de repúblicas socialistas (com direito explícito à separação) em uma "prisão dos povos", que explodiria 70 anos depois.

Lenin morreu em janeiro de 1924, depois de um ano de complicações crescentes de saúde – em parte derivadas do atentado contra a sua vida em 1919 – e de quase total afastamento da política ativa. Nos últimos meses de sua vida, suas preocupações, registradas no seu "Testamento", provocaram constrangimento quando lidas ao Comitê Central; a reunião às vésperas do XIII Congresso que resolveu pelo não afastamento de Stalin resolveu também divulgar o documento apenas a alguns delegados. Seguiram-se uma série de provocações e insultos contra Trotsky, tendendo a polarizar o cenário político: o objetivo era propor uma incompatibilidade entre "leninismo" e "trotskysmo". Com a morte de Lenin, Stalin passou, de maneira rápida, a apresentar-se como o legítimo herdeiro desse "leninismo", definido como um conjunto de doutrinas, definidas de maneira vaga, mas infalíveis, que distinguiriam a "linha oficial" do partido das "heresias" de seus críticos. O pensamento aberto e mutante de um método revolucionário se transformava no sistema fechado e imutável de um interesse conservador e contrarrevolucionário.

O adjetivo ("teoria *leninista* da...") foi substituído pelo substantivo (*o* leninismo) usado, inicialmente, contra Trotsky e a Oposição de Esquerda (criada em finais de 1923) e, depois, como doutrina oficial da URSS e da Internacional Comunista. Em poucos anos, o sumo sacerdote do novo sistema único de "pensamento" e, sobretudo, de coerção política, acrescentou, naturalmente, o "stalinismo" ao cânone doutrinário das novas Sagradas Escrituras. O inimigo de todos os esquemas e ideias definitivas, Lenin, foi deturpado e apresentado como pai fundador do Grande Esquema Definitivo, ao mesmo em que seu corpo foi obscenamente embalsamado, como relíquia religiosa, para exibição pública, fato que sobrevive até o presente. Os partidos comunistas foram "bolchevizados", disciplinados burocraticamente, para ser transformados em aparelho de integração da nova burocracia na ordem mundial, o que precipitou o mundo, novamente, num cenário dominado por contradições inter-imperialistas, que conduziram à maior catástrofe da história humana.

Endeusada no "mundo socialista", a figura de Lenin foi qualificada, depois do fim desse "mundo", como o maior vilão da história humana, por publicistas recrutados nas fileiras dos antigos endeusadores, reciclados como representantes de um anticomunismo histérico pelos ideólogos de um capitalismo autoconfiante e selvagem. Na medida em que essa autoconfiança se derrete à luz da crise do capital, a trajetória de Lenin reemerge, cem anos depois, na sua verdadeira dimensão: não a da criação de um "ismo" para consumo de seitas e justificação de burocratismos (eem nome de um profanado "centralismo democrático") e políticas conservadoras, mas a de um momento incontornável do pensamento crítico-dialético, única base para a ação revolucionária, contra um mundo em que o desdobramento cada vez maior da barbárie, neoliberal, fundamentalista, eco-destruidora e neofascista, só deixa o socialismo como alternativa viável para a sobrevivência da humanidade. Nesse nosso contexto histórico, é preciso desembalsamar o pensamento e a ação de Lenin, como momento exemplar, até o presente não superado, da transformação das ideias revolucionárias em força material.

LENIN, A REVOLUÇÃO DE OUTUBRO E CUBA

Luiz Bernardo Pericás

Fundado em agosto de 1925, no Instituto Politécnico Ariel, em Havana, o Partido Comunista de Cuba foi o resultado das lutas políticas e experiências do movimento operário local ao longo das décadas anteriores, assim como também herdeiro direto da Revolução de Outubro, do leninismo e da atuação dos bolcheviques. Lembremos que no dia 6 daquele mês, a comissão executiva da *Agrupación Comunista* da capital emitiria uma convocatória para suas homólogas em outras cidades, para que participassem, de forma clandestina, de seu primeiro congresso nacional, dez dias mais tarde, com o objetivo de discutir a organização e estruturação do PCC; propor o projeto de estatutos; buscar o reconhecimento do Comintern; indicar os comitês central e regionais da agremiação; e debater as questões tática, agrária, camponesa e eleitoral, além de temas como trabalho dentro de organizações de massa, movimento feminino e imprensa. Em meio aos eleitos para o *presidium*, personagens emblemáticos, como o dirigente sindical Carlos Baliño, o líder estudantil Julio Antonio Mella e o novo secretário-geral, José Miguel Pérez.

É verdade que na reunião encontrava-se um grupo de imigrantes judeus da Europa Oriental, entre os quais, o polonês Fabio Grobart (Abraham Simjovich ou Yunger Simjovich, secretário da UJC de Bialostok), assim como um representante do Partido Comunista Mexicano (que chegara três meses da constituição da agremiação, com o objetivo de auxiliar em seu processo de estruturação), para supostamente supervisionar o encontro.[128] E que no final

---

128 Ver Christine Hatzky. *Julio Antonio Mella: una biografía*. Santiago de Cuba: Editorial Oriente, 2008, p. 155. Para a convocatória e as atas de fundação do Partido Comunista de Cuba, ver Instituto de Historia del Movimiento Comunista y la Revolución Socialista de Cuba. *El Movimiento Obrero Cubano: Documentos y Artículos*, Tomo I. Havana: Pueblo y Educación, 1977, p. 443-457. O judeu polonês Fabio Grobart chegou a Cuba em 1924, quando tinha apenas 19 anos de idade. Alguns autores acreditam que ele possa ter sido enviado diretamente por Moscou como agente soviético para construir uma organização comunista na ilha. Ver, por exemplo, Pierre Broué. *Histoire de L'Internationale Communiste 1919-1943*. Paris: Fayard, 1997, p. 502. Os militantes judeus europeus, por sua vez, ingressaram na *Agrupación Comunista* de Havana em 1925, e logo em seguida, no mesmo ano, participaram da fundação do primeiro partido

de 1919, Mikhail Borodin (membro do Comitê Executivo da IC) e Charles Francis Phillips (também conhecido como Charles Shipman, Manuel Gómez, Jesús Ramírez e Frank Seaman, um *slacker* norte-americano que ajudara a construir o PCM) estiveram em Havana, onde conversaram com duas lideranças anarco-sindicalistas, Marcelo Salinas e Antonio Penichet, com a intenção de criar uma seção comunista na ilha (em maio de 1920 seria lançada a revista *Nueva Aurora*, com um manifesto anunciando o surgimento de uma seção cubana que, teoricamente, acabara de se afiliar ao Comintern; seus representantes, contudo, não seriam convidados a participar do II Congresso em Moscou por não constituírem um "partido" e pelo próprio caráter político-ideológico do grupo).[129] Por outro lado, é fundamental recordar a atuação de organizações políticas endógenas a partir dos primeiros anos do século XX, como o Clube de Propaganda Socialista, o *Partido Obrero*, o *Partido Obrero Socialista*, o Partido Socialista de Cuba, a *Agrupación Socialista* e a *Agrupación Comunista* da capital, assim como o papel importante de Julio Antonio Mella na Federação de Estudantes Universitários (FEU), no grupo marxista Renovación, na Universidade Popular José Martí e na Liga Anti-imperialista das Américas. Essas experiências, combinadas com a inspiração da revolução russa, contribuiriam para o desenvolvimento do PCC e das lutas operárias no país.

A revolução de fevereiro de 1917 foi fartamente divulgada pela imprensa da América Latina. Muito do que se escrevia na região, entretanto, se baseava nos informes das agências de notícias internacionais, como a *Havas* e a *United Press*. Ou seja, informações muitas vezes incompletas, filtradas e carregadas de preconceitos contra os bolcheviques. Enquanto Kerensky e o governo provisório eram, em geral, vistos como progressistas e legítimos representantes das aspirações populares, Lenin, por seu lado, seria retratado como um "extremista socialista", "espião a soldo do kaiser" e "agente da Alemanha". Após os eventos

---

comunista do país. Entre os participantes, Yoshka Grinberg e Yunger Simjovich, da "Sección Hebrea", assim como Félix Gurbich, da "Juventud Comunista Hebrea". Para mais informações sobre Carlos Baliño, ver Luiz Bernardo Pericás, "Carlos Baliño, pioneiro do marxismo na América Latina", in Revista Eletrônica da ANPHLAC, nº 20, janeiro/junho de 2016; Mariana Serra. *Carlos Baliño*. Havana: Editorial Gente Nueva, 1985; e Carmen Gómez García. *Carlos Baliño, Primer Pensador Marxista Cubano*. Havana: Editorial de Ciencias Sociales, 1985.

129 Christine Hatzky, *Julio Antonio Mella: una Biografía*, p. 155-156; e Victor Jeifets e Lazar Jefeits, "El encuentro de la izquierda cubana con la Revolución Rusa: el Partido Comunista y la Comintern", in http://www.sinpermiso.info/textos/el-encuentro-de-la-izquierda-cubana-con-la-revolucion-rusa-el-partido-comunista-y-la-comintern. Os anarquistas, em pouco tempo, teriam uma posição bastante crítica em relação aos bolcheviques.

da Revolução de Outubro, as incertezas continuariam.[130] Em Cuba não seria diferente. Os jornais, como o *Diario de la Marina*, *La Discusión* e *La Lucha* narrariam os eventos de forma dramática. Com manchetes como "Anarquía em Rusia: preocupación mundial"[131] e "La situación de Rusia es lamentable pero no crítica pues el resto del país no secunda la rebelión",[132] os periódicos locais defenderiam Kerensky, a quem chamavam de "homem de ferro". Já os bolcheviques seriam descritos naquela situação (a partir de citações de fontes diplomáticas russas no exterior) como "malvados maximalistas", "anarquistas" e "perturbadores de Petrogrado", que só pretendiam levar o "país à ruína". Aquela revolução, segundo os mesmos informantes, não teria encontrado apoio em nenhuma outra cidade ou distrito, já que se tratava de um fenômeno exclusivamente local, que logo seria aplastado[133] (uma matéria do dia 9 de novembro chegaria a afirmar peremptoriamente que o interior da nação teria recebido com profundo desgosto a atuação dos novos dirigentes no poder).[134]

A reação dos intelectuais e líderes operários, contudo, seria bastante distinta. É só recordar que Carlos Baliño acompanhava os acontecimentos na Rússia desde a revolução de 1905, escrevendo intermitentemente sobre o que se passava lá.[135] Em seu "La revolución rusa", publicado em *La Voz Obrera*, em 19 de agosto de 1906, por exemplo, demonstrava inequívoco apoio ao Partido Operário Social Democrata Russo, conclamando auxílio à agremiação "irmã", através da solidariedade internacional e da propaganda socialista na imprensa

---

130 Ver Boris Koval. *La Gran Revolución de Octubre y América Latina*. Moscou: Editorial Progreso, 1978, p. 44-56; Luiz Alberto Moniz Bandeira, Clovis Melo e A. T. Andrade. *O Ano Vermelho. A revolução russa e seus reflexos no Brasil*. Rio de Janeiro: Civilização Brasileira, 1967; e Luiz Bernardo Pericás, "José Carlos Mariátegui e a Rússia". In: Luiz Bernardo Pericás (org.). *José Carlos Mariátegui: Revolução Russa, História, Política e Literatura*. São Paulo: Expressão Popular, 2012, p. 15-24.

131 Ver "Anarquía em Rusia: preocupación mundial", *La Discusión*, 9 de novembro de 1917, reproduzido in Instituto del Libro. *La Revolución de Octubre y su Repercusión en Cuba*. Havana: Instituto del Libro, 1967, p. 29-32.

132 Ver "La situación de Rusia es lamentable pero no crítica pues el resto del país no secunda la rebelión", *La Lucha*, Havana, 9 de novembro de 1917, reproduzido in Ibid, p. 32-33.

133 Ver "Malvada actuación", *La Lucha*, Havana, 9 de novembro de 1917, reproduzido in Ibid, p. 33.

134 Ver "No ha gustado", *La Lucha*, Havana, 9 de novembro de 1917, reproduzido in Ibid, p. 37.

135 Ver, por exemplo, Carlos Baliño, "Las huelgas em Rusia", *La Voz Obrera*, Havana, 17 de fevereiro de 1905, e reproduzido in Instituto de Historia del Movimiento Comunista y la Revolución Socialista de Cuba. *El Movimiento Obrero Cubano: documentos y artículos, Tomo I*. Havana: Editorial Pueblo y Educación, 1977, p. 259-261.

e na tribuna.[136] Em abril de 1917, viria à luz "En marcha hacia la vida y la libertad", no qual o autor colocaria todas as esperanças nos desdobramentos da revolução de fevereiro, enfatizando a libertação de milhares de "presos políticos", "judeus revolucionários", "desterrados administrativos", "terroristas condenados", "suspeitos" de fazer propaganda subversiva, "conspiradores" e exilados de todo tipo na Sibéria.

Cansados, feridos, mutilados... Homens que haviam tentado fugir e eram recapturados... Prisioneiros torturados pelas autoridades em colônias penais... Todos agora livres, anistiados pelo governo provisório... Descritas de forma vívida e emocionada, cenas das multidões se trasladando pelas estradas e ferrovias, provenientes dos recantos mais distantes do Império, após serem soltas, além da própria experiência daqueles indivíduos nas prisões. Tudo contado de maneira detalhada e realista pelo conhecido sindicalista cubano: "E a semente jogada no sulco germinou e deu como fruto a maior transformação política e social que ocorreu no mundo depois da Revolução Francesa", diria Baliño. Então completava: "Bem merecem toda ventura e toda glória os apóstolos e os lutadores da Revolução que voltam da horrível Sibéria, não para descansar seguramente, mas para continuar sua obra emancipadora".[137]

No ano seguinte, ele escreveria artigos e poemas em tributo à revolução de Outubro, reclamando o apoio dos cubanos ao novo grupo dirigente no poder.[138] Não custa lembrar que em 1922, depois de dizer que aquela era "a data mais luminosa da história",[139] comentaria que, apesar de "cinco anos de luta ingente contra um mundo de inimigos, contra as nações capitalistas do mundo inteiro que veem a revolução proletária da Rússia como o inimigo comum", lá se demonstrava, ao mesmo tempo, como trabalhar e combater, já que nas milhares de escolas fundadas após 1917 se ensinava uma "cultura nova", que correspondia à grande experiência que ali estava sendo construída.

---

136 Ver Carlos Baliño, "La revolución rusa", in Instituto de Historia del Movimiento Comunista y de la Revolución Socialista de Cuba (org.). *Carlos Baliño, documentos y articulos*. Havana: Departamento de Orientación Revolucionaria del Comitê Central del Partido Comunista de Cuba, 1976, p. 133-135.

137 Ver Carlos Baliño, "En marcha hacia la vida y la libertad", in *Ibid*, p. 141-146.

138 Ver Instituto de Historia del Movimiento Comunista y de la Revolución Socialista de Cuba (org.), *Carlos Baliño*, documentos y articulos, p. 261.

139 Ver Carlos Baliño, "7 de noviembre", publicado originalmente in *Espartaco*, Ano I, nº 2, novembro de 1922, e reproduzido in Ibid, p. 173.

O fato é que as repercussões da Revolução de Outubro seriam percebidas rapidamente no movimento operário da ilha. No dia 23 de março de 1918, uma bandeira vermelha seria hasteada no "Centro Obrero" de Havana e em 1º de maio, ocorreriam paralisações na indústria, nos transportes e no comércio, tanto naquela cidade como no interior.[140] Uma onda de greves no setor de calçados e tabaco na capital, assim como dos mineiros de Matahambre, pôde ser verificada ao longo daquele ano.

No dia do trabalho, em 1919, novamente o estandarte rubro seria içado, desta vez em Santiago, enquanto no luxuoso teatro Payret, em Havana (inaugurado em 1877 e localizado no Paseo de Martí), operários locais fizeram um protesto veemente contra o envio de tropas estrangeiras em Vladivostock. Vale lembrar que aquela era a maior casa de espetáculos do país em capacidade de audiência e quase não comportou o público no local. Presentes no encontro para encaminhar a sessão, os dirigentes dos tipógrafos, Francisco Villamizar e Alfredo López, além do barbeiro Federico Sánchez. Luís Fabregat (representante dos trabalhadores da província do Oriente), leria a moção do Sindicato do Ramo da Construção: "Pede-se aos governos europeus que se cesse a perseguição aos camaradas bolcheviques na Rússia, cuja causa todos os trabalhadores de Cuba fazem a sua".[141] A lista de oradores seria extensa: Agustín Hernández (pelo sindicato dos marceneiros); Alejandro Barreiro, José Bravo e Modesto Resgart (os três, de diferentes áreas da indústria tabaqueira); Florentino Suárez (do setor da construção civil); Roberto León Expósito (Federação de Empregados na Indústria, Comércio e Bancos); Federico Sánchez (barbeiros); Basílio Bello (elaborador de gesso); e Alberto Delgado (pelos motoristas e condutores da *Habana Electric*), só para citar os mais conhecidos. Ao longo da tarde, foram recorrentes as saudações à Rússia soviética e a lembrança dos feitos dos bolcheviques, usando o exemplo da Revolução de Outubro como inspiração para as lutas dos cubanos naquele momento.[142] Em outro teatro da capital, o Alhambra (entre as ruas Consulado e Virtudes), uma peça que

---

140 Ver Instituto del Libro, *La Revolución de Octubre y su Repercusión en Cuba*, Havana, Instituto del Libro, 1967, pág. 6.

141 Ver Roberto León Expósito, "1º de mayo de 1919 em La Habana", in Comisión Nacional de Activistas de Historia del Departamento de Orientación Revolucionaria del Comité Central del Partido Comunista de Cuba. *Los Obreros Hacen y Escriben su Historia*. Havana: Editorial de Ciencias Sociales, 1975, p. 332.

142 Ibid, p. 332-336.

tinha como intuito ridicularizar a revolução socialista encabeçada por Lenin e seus camaradas foi interrompida por protestos do público e gritos de "viva" aos bolcheviques. Já no final daquele mês, um grupo de trabalhadores seria detido e mandado para a prisão por, supostamente, estar conspirando para tentar constituir uma "república soviética" na ilha.[143] Além disso, no ano seguinte, durante o "Primer Congreso Nacional Obrero", os delegados reunidos ali enviariam "uma fraternal saudação aos irmãos que na Rússia estabeleceram a República Socialista do Soviete, fundando com sacrifícios infinitos e energias sobre-humanas, num país que ocupa a sexta parte de superfície do planeta, o governo dos trabalhadores e para os trabalhadores".[144]

No dia 1º de maio de 1920, como já mencionado anteriormente, a "suposta" seção do Comintern fundada por anarquistas (estabelecida após as sugestões de Borodin e Phillips, no ano anterior), iria emitir um manifesto, no qual nitidamente demonstrava pouco conhecimento da dinâmica política na Rússia soviética e os embates internos naquele país. Nele diria:

> *Reunidos em Moscou, os representantes mais caracterizados das classes produtoras (operários, camponeses, intelectuais, homens de ciência) constituíram a III Internacional dos trabalhadores. Em seu nome, falamos os que constituímos, no presente, a Seção Comunista de Cuba. [...] A III Internacional proclama a necessidade de abolir por completo o sistema burguês, com o proletariado apoderando-se do Estado, por meio da ação direta, estabelecendo um comunismo econômico de forma tal que garanta a independência e a liberdade a todos os povos da terra e concentrando transitoriamente o poder nos sovietes ou Conselhos proletários [...] Defenderão as conquistas da Revolução contra toda contingência reacionária (criando um Exército Vermelho) e darão às relações entre os diferentes países tal diafaneidade que os conflitos de ordem internacional deixem de existir e que a cada dia os diferentes povos se aproximem mais e mais, chegando a constituir os Estados Unidos Livres do Mundo. [...] Então não haverá razão alguma para existir a 'ditadura', que desaparecerá naturalmente, deixando o campo livre ao esforço voluntário.*[145]

---

143 Instituto del Libro. *La Revolución de Octubre y su Repercusión en Cuba*, cit, p. 7.
144 Ibid.
145 Ver Manifesto publicado no periódico *Nueva Aurora*, Havana, 1º de maio de 1920, e reproduzido in Olga Cabrera. *El Movimiento Obrero Cubano en 1920*. Havana: Instituto del Libro, 1969, p. 49.

As organizações políticas de esquerda iriam se radicalizar. Em 14 de outubro de 1921, a *Agrupación Socialista* de Havana, presidida por Carlos Baliño, lançaria um manifesto em apoio à "heroica república" proletária soviética, no qual conclamava os trabalhadores cubanos a ajudar como pudessem os camaradas soviéticos: "Os trabalhadores de Cuba partirão seu pão com os camaradas russos, realizarão esse belo ato por dever e por consciência, porque a Rússia é um povo digno de que se façam por ele os maiores sacrifícios... Ajudai a Rússia, é um dever que o trabalhador não pode eludir".[146] Mais importante ainda, em termos políticos, foi a declaração de princípios da mesma organização, divulgada em 11 de agosto de 1922. Sua assembleia geral extraordinária, no dia 16 do mês anterior, autorizou o Comitê a publicar suas deliberações, que indicavam que a *Agrupación* se identificava com os princípios da revolução russa; que observaria a tática do Comintern; e que condenava a II Internacional, por trair os princípios socialistas no começo da guerra e colaborar com a burguesia.[147]

Após fazer enormes elogios à "pátria do socialismo", reforçava que seguiria os encaminhamentos da IC através de suas 21 condições, aprovadas no Segundo Congresso celebrado em Moscou, evitando, assim, que elementos espúrios se introduzissem "nas fileiras comunistas para desviar a orientação consciente e honrada do movimento socialista internacional".[148] A *Agrupación Socialista*, portanto, se comprometia a desenvolver uma intensa propaganda entre os trabalhadores urbanos e rurais, com o objetivo de constituir uma frente única proletária; imprimir nas organizações operárias o espírito de luta de classes; provocar a ação de massas; combater a colaboração de classes; convencer as organizações a aderir à Internacional Sindical Vermelha; e criar interesse entre os trabalhadores para que estes prestassem sua cooperação e se oferecessem a intervir, decididamente, na atividade revolucionária, dando ao movimento "societário" do país "uma firme orientação comunista".[149] Em 18 de março de 1923, nos salões do "Centro Obrero" de Zulueta nº 37, os membros daquela organização que haviam decidido romper com a II Internacional e aderir ao

---

146 Ver "Manifiesto de la Agrupación Socialista de La Habana", in Instituto de Historia del Movimiento Comunista y de la Revolución Socialista de Cuba (org.), *Carlos Baliño*, documentos y articulos, p. 241-243.
147 Ver "Declaración de princípios de la Agrupación Socialista de La Habana", in Ibid, p. 245.
148 Ibid, p. 250 e 251.
149 Ibid, p. 251-252.

Comintern fundaram a *Agrupación Comunista*, que viria a ser o embrião do primeiro PC do país.[150]

O historiador e latino-americanista australiano Barry Carr chegou a dizer que o partido foi estabelecido relativamente tarde.[151] Na verdade, ele surgiu na onda de estruturação de diversas agremiações ligadas à IC e antes de vários grupos análogos em outros países da região. Afinal, o Partido Socialista do Peru, fundado por José Carlos Mariátegui, foi criado em 1928 (em 1930, ganharia o nome de "comunista"). Na Colômbia, o PSR surgiria em 1926, tornando-se PC em 1930, enquanto os homólogos do Equador (PSE em 1926) e da Venezuela, se estabeleceriam oficialmente como partidos comunistas em 1931. O PCC, ainda que pequeno, era composto por militantes bastante capacitados e politicamente preparados, como estudantes, artesãos, operários e intelectuais. Além disso, a organização possuía setores constituídos por militantes estrangeiros: imigrantes da Europa Oriental (poloneses, romenos e russos), espanhóis (em especial, ligados à indústria açucareira, ferrovias e transporte público urbano) e chineses (que mantinham vínculos com a *Alianza Protectora de los Obreros y Campesinos*).[152]

Apesar de tudo, como aponta Carr, o Comitê Central se reunia de forma irregular e, paradoxalmente, não produzia material interno nem literatura política, que era preparada por estudantes ou por um camarada judeu em iídiche, precisando ser, depois, traduzida para o castelhano.[153] O aspecto financeiro também deve ser levado em conta. No começo de 1933, por exemplo, apenas um funcionário do partido recebia salário por suas funções, enquanto seus membros, de maneira geral, estavam desempregados e, portanto, não podiam pagar as "cotas" correspondentes ou mensalidades para os caixas da agremiação. Os fundos provenientes da URSS, por sua vez, eram parcos e muitas vezes, sequer enviados. Agentes infiltrados e prisões também eram frequentes

---

150 É só lembrar que a *Agrupación Comunista* tinha, em sua direção, personalidades conhecidas como Carlos Baliño, José Rego López, Alejandro Barreiro e José Miguel Pérez, todos fundadores e futuros dirigentes do Partido Comunista de Cuba.

151 Ver Barry Carr, "From Caribbean Backwater to Revolutionary Opportunity: Cuba's Evolving Relationship with the Comintern, 1925-34". In: Tim Rees e Andrew Thorpe (orgs.). *International Communism and the Communist International 1919-43*. Manchester: Manchester University Press, 1998, p. 236.

152 Ibid, p. 236-237.

153 Ibid, p. 237.

naqueles primeiros anos.[154] Além disso, os comunistas cubanos, de acordo com o mesmo estudioso, só tiveram um órgão *regular* de imprensa a partir de 1931, quando o periódico *El Trabajador* começou a ser publicado (o *Lucha de Clases*, o "primeiro periódico marxista-leninista cubano", da *Agrupación Comunista* de Havana, por sua vez, já havia se tornado, antes disso, órgão do partido). No começo da década de 1930, o PCC, ainda assim, cresceria em número de filiados e seria bastante atuante no movimento operário e nas lutas políticas do país.[155] Obras como *O Estado e a Revolução*, de Lenin, e *O ABC do omunismo*, de Nikolai Bukhárin, seriam lidas e discutidas pelos militantes do partido naquele período.[156]

O nome mais emblemático da geração dos anos 1920 foi, muito provavelmente, o já citado Julio Antonio Mella, que notoriamente sofreu grande influência da Revolução de Outubro. Mella foi quem melhor uniu o ideário martiano e o "bolivarianismo" com o marxismo, o anti-imperialismo e o "internacionalismo" de Lenin.[157] Como diria Christine Hatzky, Mella era "não só um nacionalista latino-americano, mas também um comunista não ortodoxo".[158] A experiência soviética, sem dúvida, marcou o pensamento e atuação do jovem dirigente. No Primeiro Congresso Nacional de Estudantes (convocado e

---

154 Ibid, p. 238.
155 Ver Barry Carr, "From Caribbean Backwater to Revolutionary Opportunity: Cuba's Evolving Relationship with the Comintern, 1925-34". In: Tim Rees e Andrew Thorpe (orgs.). *International Communism and the Communist International 1919-43*, p. 240-249; e Gaspar Jorge García Galló, "Un hombre esclarecido". In: Lucilo Batlle Reyes. *Blas Roca, Virtud y Ejemplo:* la imagen de un hombre excepcional. Havana: Editorial de Ciencias Sociales, 2008, p. 78-87. Para mais informações sobre o movimento operário cubano, ver Carlos del Toro. *Algunos Aspectos Económicos, Sociales y Políticos del Movimiento Obrero Cubano*. Havana: Editorial Arte y Literatura, 1974; e Olga Cabrera. *El Movimiento Obrero Cubano en 1920*, cit.
156 Ver, por exemplo, Fabio Grobart, "Gran líder de la clase obrera cubana", in Lucilo Batlle Reyes. *Blas Roca, Virtud y Ejemplo:* la imagen de un hombre excepcional, p. 106.
157 Como diria Luis Vitale, "a questão nacional, para Martí, não se restringia a Cuba e Porto Rico, mas se estendia a toda a América Latina. Retomando a tradição bolivariana, em um novo contexto histórico, Martí propôs a unidade dos povos latino-americanos". Ver Luis Vitale, *Cuba: de la Colonia a la Revolución*, Chile, RIL Editores, 1999, pág. 63. Já Julio Antonio Mella afirmaria que havia "a necessidade de concretizar em uma fórmula precisa o ideal de Bolívar [...] esta unidade da América só pode ser realizada pelas forças revolucionárias do capitalismo internacional: operários, camponeses, indígenas, estudantes e intelectuais de vanguarda". Ver Julio Antonio Mella, "Hacia una Internacional Americana", publicado originalmente in *Venezuela Libre*, Havana, Ano IV, nº 14 ao 18, setembro-dezembro de 1925, e reproduzido in Ibid, p. 107.
158 Christine Hatzky, *Julio Antonio Mella: una biografía*, pág. 277. Para mais informações sobre a tradição anti-imperialista em Cuba, ver Olga Cabrera (org.). *El Antiimperialismo en la Historia de Cuba*. Havana: Editorial de Ciencias Sociales, 1985.

encabeçado por ele), ocorrido em outubro de 1923, houve uma conclamação ao governo para que reconhecesse formalmente o regime socialista, expressando ao mesmo tempo uma condenação ao isolamento imposto pelas nações capitalistas à "nova Rússia".[159] Já na revista *Alma Mater*, órgão oficial da FEU, Mella insistiria que a nova geração deveria seguir os passos de Martí e Maceo para completar a independência de Cuba e depois, inspirados em Bolívar, lutar pela unidade da América Latina. Na legenda de uma caricatura do próprio Mella, na mesma publicação, havia a indicação jocosa e provocadora de que ele era o "embaixador de Lenin".[160] Em outra revista, *Juventud* (fundada por ele), o rapaz mostrava seu amadurecimento político, apoiando-se, gradualmente, nos princípios ideológicos do marxismo e do leninismo.[161] Quando o líder soviético faleceu, em janeiro de 1924, Mella escreveria o artigo "Lenin Coronado", publicado em *Juventud*, no mês seguinte.[162] O mesmo faria Baliño, com "Lenin", lançado nas páginas de *Lucha de Clases* na edição de 30 de maio daquele ano.[163] Após elogiar a vida e atuação do autor de *Imperialismo, fase superior do capitalismo*, ele diria: "E fica de pé a Internacional Comunista organizada por Lenin, mais sábia, mais previsora, mais poderosa que nunca, composta por mais de cinquenta partidos comunistas em outros tantos países, imenso organismo de uma coesão maravilhosa, apesar de sua diversidade de nacionalidades, de raça e de idiomas, em cujo seio lutadores de colossal inteligência sustentam ardentes discussões sem que jamais se rompa a necessária unidade de ação".[164]

Um tributo político, porém, marcaria o país em janeiro de 1924. Em Regla, o prefeito Antonio Bosch y Martínez,[165] após afirmar que Lenin era um "grande cidadão do mundo" (e que merecia o reconhecimento de todos os habitantes do globo), decidiu declarar que sábado, dia 26 daquele mês, seria

---

159 Ver Instituto del Libro, *La Revolución de Octubre y su Repercusión en Cuba*, p. 8.
160 Ver Christine Hatzky, *Julio Antonio Mella: una biografía*, p. 109.
161 Ibid, p. 131.
162 Ver Julio Antonio Mella, "Lenin Coronado". In: Instituto de Historia del Movimiento Obrero y la Revolución Socialista de Cuba. *Mella: Documentos y Artículos*. Havana: Editorial de Ciencias Sociales, 1975, págs. 86 a 88.
163 Ver Carlos Baliño, "Lenin", publicado originalmente in *Lucha de Clases*, Havana, 30 de maio de 1924 e reproduzido in Instituto de Historia del Movimiento Comunista y de la Revolución Socialista de Cuba (org.), *Carlos Baliño, documentos y articulos*, p. 189-190.
164 Ibid, p. 190.
165 Essa, a forma como o próprio político se apresentava em documentos oficiais. Também designado por outros autores como Antonio Celestino Bosch Martínez.

dedicado ao dirigente bolchevique. A data seria mudada para o domingo, quando os moradores locais eram instados a paralisar toda atividade social (os veículos deveriam parar; os estabelecimentos não efetuariam qualquer operação comercial; os indivíduos, solicitados a ficar em silêncio) por dois minutos, a partir das cinco horas da tarde, quando seria plantada uma oliveira na "Loma del Fortín" (depois chamada de "colina Lenin").[166]

O ato acabou ocorrendo às quatro e meia da tarde, num dia de chuva torrencial. A comitiva encabeçada por Bosch, com representantes de grêmios e federações da capital, incluindo os municípios de Guanabacoa e de Regla (delegados da "Unión de fogoneros", marinheiros, estivadores e tabaqueiros), se deslocou primeiro ao Palácio Municipal e depois, em procissão de mais de mil pessoas (ou "quinhentos" trabalhadores, segundo outras fontes)[167] até "El Fortín". Levada pelo alcaide, uma muda de oliveira, que foi plantada por ele, com a colaboração de muitos dos assistentes. Fizeram uso da palavra diversos líderes de associações de trabalhadores (sindicalistas como Gervaiso Sierra, Carmelo García, Bonifacio Ruiz, Manuel Landrove e Manuel Quintana), além de Fernández Ros (diretor do jornal *La Noche*), David Rachlin (engenheiro russo), Roberto León (em nome das "juventudes socialistas" espanholas), Santiago Castillo (Federação dos torcedores de tabaco de Havana e Pinar del Río) e José Miguel Pérez (pelos comunistas), entre outras personalidades.

O último discurso do evento foi proferido pelo chamado *"alcalde modelo"*.[168] A atitude seria muito elogiada pela população e pelos jornais, como atestam as diversas cartas recebidas pelo político e as matérias favoráveis na imprensa, ainda que um artigo do *Diário de la Marina* tenha dito, de forma irônica: "Sabe-se que os bolcheviques de Regla também têm preparado ao primeiro prefeito de seu credo uma sentida homenagem póstuma. Consistirá

---

166 Ver decretos de Antonio Bosch in Instituto del Libro, *La Revolución de Octubre y su Repercusion en Cuba*, p. 53-55.

167 Ver "El alcalde de Regla, Dr. Bosch, a la cabeza de un gentío, rindió un homenaje de cariño a la memoria del creador del soviet. em la histórica loma del Fortín, fue plantado un simbólico olivo em memoria del reformador Lenin. Más tarde em el Palácio Ayuntamiento, varios oradores hicieron el elogio de Lenin y de su obra", *La Prensa*, janeiro de 1924, reproduzido in Ibid, p. 74-75.

168 Ver "Hermoso acto realizado em Regla: em homenaje a la memoria de Lenin fue plantado un olivo em la loma 'El Fortín', que hará imperecedero el recuerdo del gran ciudadano del mundo", *La Noche*, 27 de janeiro de 1925, e reproduzido in Ibid, p. 70-71. Ver também "Un bello gesto del Dr. Bosch. El día de Lenin. Significación y alcance del acto. A la intelectualidad cubana", *La Noche*, 26 de janeiro de 1924.

em mudar o atual nome do local... pelo mais ribombante de Boschgrado".[169] Um poema para Lenin, dedicado ao "doutor" Antonio Bosch, *"joven y progresista Alcalde Municipal del Término de Regla"*, seria escrito por Francisco Simón naquela época. Como o bardo não conseguira ler seus versos durante o ato em "El Fortín" nem no Palácio Ayuntamiento, pediu aos editores de *El Sol de Regla* que publicassem sua homenagem em suas "colunas ilustradas". O poema dizia:

> *Fue más grande que Bhuda, que con muda, Noción del sacrificio y la clemencia, Predicó una doctrina de indolencia, Útil para el tirano de alma ruda, Más que Cristo también, que como Bhuda, Haciendo una virtud de la indigencia, en cobarde respuesta la violencia, Dio su carne misérrima y desnuda. El respondiendo a la opresión ingente, Mácula vil del siglo omniasapiente, Armó la rebelión contra los yugos. Y vio entre justas iras ancestrales, Bajo un deslumbramiento de puñales, Rodar la pudrición de sus verdugos.*[170]

Cartas e telegramas elogiando Bosch seriam enviados por representantes da Unión Obrera de Gibara, da Central "Hershey" de Havana, da loja maçônica "Pi y Margall", da Sociedade dos Torcedores de Tabaco de Guanabacoa e do Grêmio de Carpinteiros de Regla, entre outros.[171] A importância de Lenin certamente podia ser notada em Cuba naquele momento. Outras homenagens ao líder soviético ocorreriam no país. No dia 4 de fevereiro, a *Agrupación Comunista* de Havana renderia tributo a Lenin no "Centro Obrero", que teria seu salão lotado por estudantes e trabalhadores. Naquela ocasião, Alfonso Bernal, José Miguel Pérez e Mella fariam discursos ao público presente[172] (em

---

169 Ver *Diario de la Marina*, 27 de janeiro de 1924.

170 Ver Francisco Simón, "Nicolás Lenin, con motivo de su muerte", Santiago de las Vegas, 27 de janeiro de 1924, reproduzido in *Ibid*, p. 69.

171 Ver cartas e telegramas a Antonio Bosch da Unión Obrera de Gibara, apartado nº 49, Gibara, 28 de janeiro de 1924, reproduzido in Ibid, p. 67; Filógenes Maillard, Central Hershey, Prov. Habana, Cuba, 28 de janeiro de 1924, reproduzido in Ibid, p. 68; Enrique González, Logia "Pi y Margall", Havana, 29 de janeiro de 1924, reproduzido in Ibid, p. 75-76; de Antonio Bosch a Serafín Rencurrell, Sociedad "Torcedores" de Guanabacoa, Regla, 4 de fevereiro de 1924, reproduzido in Ibid, pág. 80; de Manuel Escobar e Pedro L. Rovira, Gremio de Carpinteros de Regla, Regla, 3 de fevereiro de 1924, reproduzido in Ibid, p. 81; e Manuel Escobar e Pedro L. Rovira, Gremio de Carpinteros de Ribera de Regla, Regla, 28 de fevereiro de 1924, reproduzido in Ibid, p. 91.

172 Ver Pedro Luis Padrón. *Julio Antonio Mella y el Movimiento Obrero*. Havana: Editorial de Ciencias Sociales, 1980, p. 78-79.

9 de novembro daquele ano, a mesma agremiação realizaria mais um evento, desta vez pelo aniversário da revolução russa).[173]

Em termos simbólicos, contudo, o episódio da chegada do cargueiro soviético *Vatslav Vorovski* a Cuba, em agosto de 1925, seria ainda mais marcante. O navio (o primeiro da URSS a visitar a ilha), deveria carregar cinquenta mil sacos de açúcar, mas foi proibido pelo governo de Gerardo Machado de ancorar no porto da capital. As festividades para receber sua tripulação também não seriam autorizadas, o que gerou grande descontentamento entre os comunistas locais (a embarcação recebeu ordens para se deslocar ao porto de Cárdenas). A *Agrupación* havia realizado reuniões com dirigentes operários, no mês anterior, para tentar estabelecer contatos entre diferentes sindicatos e programar atos de boas-vindas aos russos (em um dos encontros, na "Sociedad de Torcedores de La Habana", Alejandro Barreiro anunciara aos presentes que um grande evento em tributo aos estrangeiros estava marcado para ocorrer no Teatro Nacional). No manifesto à população, publicado no periódico *El Heraldo*, os comunistas anunciavam sua proposta e convocavam os interessados:

> *Dentro de poucos dias chegará a este porto um navio representando o único governo de operários e camponeses: o regime soviético da Rússia. Esta* Agrupación, *divulgadora destes ideais entre o povo de Cuba, acredita ser importante para o futuro da classe trabalhadora em nosso país receber os embaixadores proletários, exteriorizando todo o afeto que o trabalhador de Cuba tem pelos instauradores do novo regime na Rússia. A* Agrupación Comunista *de Havana e várias organizações operárias concordaram celebrar em um dos principais teatros da cidade uma função e outros atos em honra dos ilustres visitantes, da hora que a embarcação chegar a nosso porto até sua partida ao país de origem. [...] Trabalhadores, unámo-nos nestes momentos para demonstrar que somos uma só classe em todo o Universo, que já está no poder na Rússia.*[174]

O presidente da "Comisión de Festejos" seria Julio Antonio Mella, o secretário José M. Gallego e o tesoureiro, Mateo González. No programa, também incluída, uma visita à "colina Lenin", em Regla. Mas nem todos estavam satisfeitos. A imprensa atacaria as mobilizações e a chegada do *Vatslav*

---

173 Ibid, p. 96.
174 Ver Ibid, p. 127-128.

Vorovski. Até mesmo a Federação Anarquista, crítica à URSS, defenderia a proibição. Machado, se aproveitando dos ataques dos setores de oposição, impediu que o navio atracasse na capital e que seus homens pudessem desembarcar (depois se tornou público que as autoridades cubanas haviam recebido uma recomendação do Departamento de Estado norte-americano para que fossem tomadas "medidas indispensáveis" no sentido de impedir a "propaganda bolchevique", que supostamente os oficiais e tripulantes vinham realizando por ordens de Moscou).

Indignada com a decisão arbitrária do presidente, a organização comunista decidiu enviar secretamente uma pequena delegação até o barco, com o objetivo de recepcionar os marinheiros da "pátria do socialismo". O grupo, que incluía Mella e Ángel Ramón Ruiz, alugou um bote a motor (a lancha "Don"), navegou pela baía de Cárdenas, se aproximou do navio, recebeu autorização para subir e ficou por algumas horas a bordo. Durante todo esse tempo, os ativistas conversaram com a tripulação, que entregou a Mella uma bandeira vermelha com a foice e o martelo, em forma de agradecimento. Após passar a tarde confraternizando com os membros da marinha mercante soviética, os militantes voltaram para Cárdenas, e de lá, de trem para a capital.[175] Logo depois, o jovem líder estudantil escreveria o conhecido artigo "Una tarde bajo la bandera roja", publicado em *Lucha de Clases*, no qual narraria em detalhes aquele episódio.[176]

A União Soviética continuaria a ser tema de alguns textos de Mella, como "La provocación imperialista a los sovietes",[177] "Cuadros de la Unión

---

175 Ver Christine Hatzky, *Julio Antonio Mella: una biografía*, p. 140-141; Pedro Luis Padrón, *Julio Antonio Mella y el Movimiento Obrero*, p. 126-133; e Adys Cupull e Froilán González. *Julio Antonio Mella en Medio del Fuego: un Asesinato en México*. Havana: Casa Editora Abril, 2006, p. 34-36.

176 Ver Julio Antonio Mella, "Una tarde bajo la bandera roja", publicado originalmente em *Lucha de Clases*, Havana, 16 de agosto de 1925, e reproduzido in: Instituto de Historia del Movimiento Obrero y la Revolución Socialista de Cuba (org.), *Mella: Documentos y Artículos*, p. 192-196.

177 Ver Julio Antonio Mella, "La provocación imperialista a los soviets", publicado originalmente in: *El Machete*, nº 67, junho de 1927.

Soviética",[178] "El triunfo de la diplomacia roja"[179] e "Octubre".[180] Neles, o jovem comunista discutiria assuntos tão diversos como relações internacionais, questão industrial na URSS, proteção a mulheres e crianças, moradia, cooperativas, arte e cinema. Não custa lembrar que Mella esteve na União Soviética em 1927, logo depois de participar do Congresso Mundial contra o Imperialismo e a Opressão Colonial, em Bruxelas, e só teceu elogios para a "pátria do socialismo". Em Moscou, ficou hospedado no hotel Bristol (junto com o dirigente sindical Ismael Martínez); participou de reuniões da Internacional Camponesa; visitou fábricas; esteve na Ucrânia; aparentemente conversou com membros da Oposição de Esquerda e da ISV; e preparou relatórios para o Comintern sobre a situação política e social do México e de seu país de origem.[181] Quando partiu da URSS, produziria artigos laudatórios sobre aquela nação, talvez para contrapor a imagem crítica da terra de Lenin que era divulgada pela grande imprensa ocidental. Ou seja, faria uma defesa intransigente do sistema soviético para seus leitores nos periódicos do movimento operário.

A Revolução de Outubro, portanto, teria diversas repercussões em Cuba ao longo da década de 1920, tanto em termos ideológicos como políticos. E essa influência seria sentida com bastante intensidade em matérias de jornalistas e dirigentes, em manifestações públicas e na organização partidária e sindical dos trabalhadores da ilha por vários anos.

---

178 Ver Julio Antonio Mella, "Cuadros de la Unión Soviética", publicado originalmente in: *El Machete*, nº 67, 68, 69 e 72, México, junho e julho de 1927.

179 Ver Julio Antonio Mella, "El triunfo de la diplomacia roja", publicado originalmente in: *El Machete*, nº 92, 93 e 94, México, 10, 17 e 24 de dezembro de 1927.

180 Ver Julio Antonio Mella, "Octubre", publicado originalmente in *Tren Blindado*, Ano I, nº 1, México, 1928.

181 Ver, por exemplo, Luis Vitale. *Cuba: de la Colonia a la Revolución*. Chile: RIL Editores, 1999, p. 104-105.

LENIN E OS POVOS DO ORIENTE ISLÂMICO

Arlene Clemesha[182]

O clima político internacional da década de 1920 foi marcado pela revolução soviética e sua perspectiva de expansão para a Europa e Ásia. Os olhares do mundo se dirigiam para a Rússia. Os do mundo islâmico, em especial, para a situação das populações muçulmanas do antigo Império Russo, derrubado e desfeito pelo processo revolucionário deflagrado em 1917. Mas a penetração das ideias socialistas no Turquestão – designação dada à região da Ásia Central, historicamente chamada de Transoxiana,[183] conquistada e islamizada pelos árabes a partir dos anos 737 d.C. – era restrita a pequenos círculos russos ali instalados, fossem funcionários, colonos ou operários.

Os movimentos políticos que se desenvolveram entre as elites autóctones muçulmanas ao longo das últimas décadas do século XIX e início do século XX, pelo contrário, giravam ao redor da fusão particular do reformismo islâmico – com seus ideais de resgate dos preceitos considerados fundamentais da tradição islâmica, como forma de avanço e modernização – com os anseios antiimperialistas, e de libertação nacional que se desenvolveram por influência do liberalismo europeu no início do século XX. Vale lembrar, os muçulmanos da Rússia não formavam uma sociedade homogênea, mas numerosos grupos de origens e configurações diversas e cujo maior elo em comum era o pertencimento à fé islâmica. Sequer o reformismo islâmico manifestou-se de maneira uniforme entre seus adeptos, oriundos de diferentes setores socio-econômicas e educacionais.[184] Para não mencionar as massas pobres dessa que era uma das regiões mais atrasadas do império, os camponeses, beduínos e camadas inferiores das cidades, que tinham como horizonte a própria sobrevivência. Ideias

---
[182] Professora de História Árabe Contemporânea do curso de árabe do Departamento de Letras Orientais da Universidade de São Paulo, FFLCH-USP.
[183] Palavra em latim que significa a terra para além do rio Oxo.
[184] Veja Ingeborg Baldouf. Jadidism in Central Asia within reformism and modernism in the Muslim world, *Die Welt des Islams*, New Series, Vol. 41, Issue 1 (Mar., 2001), pp. 72-88.

de reforma educacional ou organização nacional só penetraram nas massas a partir da revolução de 1917 e da agitação política que a ela se seguiu. O crescimento do nacionalismo, bem como a extensão de uma ideologia de revolução mundial para a periferia muçulmana do antigo império, seriam obra da queda do império russo.

O Turquestão integrava os domínios coloniais do regime czarista desde meados do século XIX. Bukhara, um centro espiritual, mas também um dos lugares mais pobres da região, foi conquistada em 1866-68, por Alexandre II. A relação entre os russos e os emires locais era de dominação e instável acomodação. Movimentos políticos reformistas como aquele dos *jadid*,[185] por sua vez, desafiavam o poder do Emir em nome de uma monarquia parlamentar ou um governo nos moldes dos Jovens Turcos em Istambul, que fosse capaz de garantir a justiça social e transformar Bukhara no centro das terras islâmicas da Ásia central. Em 1916, durante a Primeira Guerra Mundial, uma revolta popular contra o fim da isenção do serviço militar muçulmano (decretado pelo governo de Nicolau II) foi esmagada em sangue pela autocracia russa, contribuindo para os sentimentos anti-imperiais russos no Turquestão.

Qualquer tentativa de sintetizar os efeitos da revolução de fevereiro de 1917 sobre o Turquestão, apontam para a adesão, principalmente dos setores russos, mas também dos *jadid* (os reformadores) ao movimento de derrubada do poder imperial russo, mas indicam também a inoperância ou ineficácia dos representantes do governo provisórios na região. Os bolcheviques puderam contar com o apoio dos reformadores, os chamados Jovens Bukhariotas, mais pela ausência de alternativa e desilusão com a recusa do governo provisório de incorporar suas demandas nacionais, do que por qualquer afinidade programatica, já que estes não atribuíam papel algum ao proletariado ou à luta de classes na construção do Estado. Limitaram sua adesão aos bolcheviques "à realização de suas próprias aspirações" e, nas palavras de Carrère d'Encausse, "passaram pela revolução de 1917 sem que seu horizonte fosse modificado. Seguiram, imperturbáveis, seu sonho de reconquista nacional e islâmica".[186]

---

185 A palavra *jadid*, grafada em algumas obras como *zadid*, existe em idiomas da Ásia Central, inclusive o farsi, que era o idioma usado pelas elites de Bukhara. De origem árabe, o termo significa "novo" ou "recente". Foi o termo usado para designar o movimento reformista ou modernista no Turquestão como um todo, i.e., o jadidismo.

186 Hélène Carrère d'Encausse. *Reforma y Revolución entre los Musulmanes del Imperio Ruso*. Buenos Aires: Sur, 1969, p. 242.

O dia 12 de setembro de 1917 foi considerado o início da revolução bolchevique no Turquestão, quando uma coalisão de social-revolucionários de esquerda, mencheviques de esquerda e bolcheviques assumiu o poder em Tashkent. Foram necessários dois meses para a revolução triunfar, período no qual os órgãos do governo provisório permaneceram, porém inoperantes. Nas palavras de Brojdo, de fato, "todo o poder esteve nas mãos dos soviets, desde os primeiros dias da revolução de fevereiro. Nessa região, o mês de outubro precedeu o outubro russo".[187] Em 26 de outubro, depois que Lenin tomou o poder na Rússia, os soviets do Turquestão se reuniram e votaram uma moção de rechaço ao poder do governo provisório e de adesão aos bolcheviques.

O movimento enfrentou a repressão das forças do governo provisório, cujas tropas, comandadas pelo general Korovnicenko só foram derrotadas após quatro dias de combate, em 1º de novembro de 1917. O poder dos soviets foi proclamado em Tashkent. No dia seguinte, os mencheviques e social-revolucionários do comitê executivo de Tashkent, na tentativa de limitar a participação dos bolcheviques, ensaiaram a formação de um Comitê de coalisão composto por nove membros, incluindo apenas dois representantes locais. Sem êxito, no entanto, o comitê revolucionário de coalisão foi formado sem nenhum representante muçulmano, mas sim quatro russos, quatro judeus russos, um alemão, um moldavo e um polonês. Nas palavras de Hélène Carrère d'Encausse, "os nativos acabaram excluídos dessa revolução, à qual tinham assistido como 'testemunhas' impotentes", o que, por sua vez, condizia com "a oposição profunda de aspirações que separavam as duas comunidades da Ásia central: para os russos a revolução significava pão e liberdade dos indivíduos, para os nativos [principalmente muçulmanos, n.a.] implicava também o pão, mas era especialmente a independência".[188]

Como explica d'Encausse, a esperança que a população local depositava na revolução bolchevique era que os bolcheviques mantivessem a promessa feita às nações oprimidas quando estavam na oposição, de defesa do direito à autodeterminação nacional.[189] Antes de abril de 1917, "somente Lenin susten-

---

187 *Idem*, p. 240.
188 *Idem*, p. 245.
189 Lembrando que o programa de fundação do POSDR, do qual se originou o bolchevismo, aprovado em congresso de 1903, defendia explicitamente: "Direito da população à educação em sua língua materna, assegurado mediante a criação de escolas necessárias para tanto, às custas do Estado e dos órgãos de autoadministração. Direito de todos os cidadãos falarem em assembleias

tava a ideia de autodeterminação nacional" sendo que neste mês, a VII conferência pan-russa do partido bolchevique afirmou:

> *"A todas as nações que formam a Rússia, deve-se reconhecer o direito a separar-se livremente e constituir Estados independentes. Negar esse direito e não tomar medidas capazes de garantir sua aplicação prática equivale a sustentar a política de conquistas e anexações. Somente o reconhecimento por parte do proletariado do direito das nações a se separarem, assegura a solidariedade completa das diferentes nações e favorece uma verdadeira aproximação democrática das nações".*[190]

Em 1918, os bolcheviques criaram a República Soviética Socialista Autônoma do Turquestão. Em 1919, a Comissão de Conciliação para os Assuntos do Turquestão foi criada para tentar melhorar as relações com os habitantes locais. Novas formas políticas foram introduzidas respeitando os costumes e a religião locais. Em Bukhara, por sua vez, o emirado de Alim sobreviveu, unindo-se a forças contra-revolucionárias regionais e repelindo a ofensiva liderada por Kolesov e lançada desde Tashkent. Ofensiva militar esta que gerou bastante destruição e desencadeou movimentos de oposição insuflados pelo fanatismo religioso. Em março de 1918, foi selada a paz de Kzyl Tepe, pela qual os bolcheviques aceitavam a permanência do Emir (Alim foi o último emir de Bukhara) e este, vitorioso, concordava em não dar qualquer sustentação a movimentos hostis ao poder soviético.

A primeira tentativa comum de bolcheviques e Jovens Bukhariotas de transformar o poder no emirado terminava em derrota, mas uma derrota interpretada de diferentes maneiras pela historiografia, inclusive como parte de uma estratégia revolucionária capaz de trazer garantias e proteção para a revolução. De todo modo, o episódio evidenciou a fragilidade da revolução nas regiões muçulmanas e o reconhecimento da necessiade de dar vazão às forças nacionais e religiosas, sob risco de "uma explosão geral capaz de fazer vacilar todo o poder soviético". Segundo d'Encausse, desse episódio Lenin tiraria uma lição histórica "ao escrever que era necessário atuar com prudência em matéria de

---

em sua própria língua materna. Direito igual de utilização da língua materna ao lado da língua oficial do Estado, em todas as instituições sociais, locais e estatais. Direito de autodeterminação para todos os povos que pertençam à Federação do Estado".

190 *Apud* H.C. d'Encausse. *Op. Cit.*, p. 245.

revolução: 'Ainda não se pode fazer nada pelos povos atrasados que vivem sob a influência dos *mullah*[191]'.[192] Com a guerra civil deflagrada na Ásia, tornaria-se imprescindível evitar problemas com Bukhara, o que não impediu o Emir de abrigar rebeldes (como Ossipov) e abrir suas fronteiras às tropas brancas da frente transcaspiana.

Em finais de outubro de 1920, enquanto os Jovens Bukhariotas exilados discutiam o seu apoio ou não a uma invasão do emirado pelo Exército Vermelho – pois contavam com que uma sublevação popular iniciada em 23 de agosto de 1920 pudesse triunfar sem uma invasão russa – chegou desde Tashkent o telegrama anunciando o início das operações militares vermelhas. Em conjunto, jovens bukhariotas e regimentos muçulmanos do exército vermelho invadiram o emirado em 1º de setembro. No dia 2 de setembro o emirado de Bukhara dava lugar a uma nova Bukhara revolucionária. O Emir se refugiou nas montanhas e deslanchou a revolta dos guerrilheiros islâmicos radicais conhecidos como *basmachi*, mas no curso de quase um ano foram derrotados. O comando de Bukhara foi entregue, principalmente, aos nacionalistas. Para d'Encausse, "Bukhara foi, durante quatro anos [de 1920 a 1924 n.a.], a ilustração do comunismo adaptado às condições próprias de um país atrasado, sob a direção da burguesia nacional".[193]

A República popular de Bukhara, um Estado independente liderado por sua burguesia nacional, não obstante sua curta duração, ilustrou a ideia, defendida por Lenin, de que – dada a não expansão da revolução para a Europa – para a sobrevivência do primeiro Estado socialista seria necessário juntar os restos do império desfeito pela revolução. Havia que conciliar esse imperativo de reunificação com o tema da independência nacional, crucial para os países do Oriente. Lenin alertava contra o desvio em direção ao chauvinismo russo. Havia que se provar aos povos do Oriente que a revolução não era e não tenderia para o imperialismo. Como diz d'Encausse,

---

191 *Mullah* é o título dado à pessoa que possui uma formação em estudos islâmicos e certa influência na sua localidade. É empregado principalmente na Ásia oriental e central, incluindo Irã, Paquistão, Afeganistão, e também na Turquia e Balcãs. Historicamente, o termo foi utilizado como título honorífico também pelos judeus de Bukhara e Ásia central.

192 Hélène Carrère d'Encausse. *Op. Cit.* pp. 257-258. Nota-se que, se para alguns autores, a revolução chegou cedo demais ao Turquestão, para outros, o próprio reformismo tinha chegado cedo demais a Bukhara. Cf. Ingeborg Baldouf. *Op. Cit.*

193 *Idem*, p. 269.

> "Dessa maneira compreendemos porque durante quatro anos o poder soviético tolerou esse Estado que cada vez lhe fazia mais oposição. Bukhara era a prova de que a revolução russa respeitava as aspirações nacionais e até permitia que fossem expressas, já que os bolcheviques haviam levado ao poder àqueles que desde anos atrás representavam a esperança de reforma e de transformação da sociedade tradicional. A República popular de Bukhara dirigida pelos *jadid* era muito mais tranquilizadora para o Oriente do que se tivesse sido dirigida pelos comunistas".[194]

Assim, de 1920 a 1924, a liderança nacional da república popular de Bukhara, na qual se incluíam os *jadid*, dedicou-se ao desenvolvimento dos mesmos temas nacionais e religiosos que haviam animado o reformismo há mais de três décadas, evidenciando, nesse caso, a tolerância dos bolcheviques. Quando em 1924 a diretiva passou a ser o fim dos movimentos nacionais e reintegração dos países que antes formavam o império, a república de Bukhara representou novamente um caso à parte. A elite nacional de Bukhara, reunida em um *qurultay* (palavra turca que designa uma convenção ou assembleia) decidiu que a independência não tinha mais sentido e o mais importante a partir de então era a "fraternidade socialista". Sem negar a pressão provocada pelo Exército Vermelho, havia causas internas para o fim de uma Bukhara independente e o fracasso da pauta nacional de suas lideranças reformistas.

Os acima mencionados *basmachi* tinham deflagrado seu movimento contra a revolução dos soviets ainda em 1918, quando seu mais célebre chefe, Irgas, lançou em Ferghana uma declaração de guerra contra Tashkent. Continuaram a combater o Exército Vermelho até sua derrota em 1924, com algum apoio externo. Depois de ter sido conquistada pelo Exército Vermelho, a Ásia Central soviética experimentou uma onda de reorganizações político-administrativa. Em 1920, a República Socialista Soviética Autônoma do Quirguistão, abrangendo o Cazaquistão, foi criada, sendo renomeada como República Autônoma Socialista Soviética do Cazaquistão em 1925. Em 1924, a República Socialista Soviética Autônoma do Turquestão (existente desde 1918) deu lugar à República Socialista Soviética do Uzbequistão (integrando Bukhara, Tashkent, e Samarcanda) e a República Socialista Soviética do Turcomenistão.

---

194 *Idem*, p. 303.

A Mongólia também foi influenciada pela Revolução de Outubro e, embora nunca se tornasse uma república soviética (da URSS), tornou-se uma "República Popular" aliada em 1924. Também houve uma ameaça de invasão do Exército Vermelho no Turquestão chinês, mas o governador local concordou em cooperar com o governo soviético.

Em oposição ao novo nacionalismo pan-turco, em novembro de 1920 um Comitê Revolucionário animado e apoiado pelo Exército Vermelho proclamou a Armênia soviética (lembremos que a os armênios turcos haviam sido vítimas de um genocídio em 1915), república soviética independente fundida depois com o Azerbaijão e a Geórgia na Federação Transcaucásica de Repúblicas Socialistas. Em 1929, finalmente, a República Socialista Soviética do Tadjiquistão foi dividida a partir daquela do Uzbequistão. O *Oblast* Autônomo do Quirguistão tornou-se uma república socialista só em 1936. As novas fronteiras políticas pouco tinham a ver com a composição étnica ou mesmo religiosa das populações locais; o governo soviético via no pan-turquismo e no pan-islamismo duas ameaças, o que limitou inicialmente a divisão do Turquestão. As línguas e culturas locais foram sistematizadas e codificadas, com suas diferenças claramente demarcadas.[195] Novos sistemas de escrita em cirílico foram introduzidos nas escolas e na administração, para quebrar os laços com o Irã e a Turquia, a fronteira sul das novas repúblicas foi quase totalmente fechada; todas as viagens e o comércio foram direcionados para o norte através da Rússia.

Qualquer análise da revolução soviética nas terras islâmicas do antigo império russo, deixa entrever que a relação do governo bolchevique com a religião, e com as populações de fé islâmica sob o seu domínio – que tinham o Islã como principal elemento de identidade e sentiam-se pertencentes a essa civilização há mais de um milênio – não foi simples. Com relação à Igreja Ortodoxa, cristã, representante da religião majoritária na Rússia, com dezenas de milhares de templos espalhados pelo país, a Rússia soviética adotou uma política abertamente antirreligiosa. As propriedades da Igreja foram expropriadas, e a religião separada do Estado; foram suprimidos os subsídios ao clero.

---

195 Lembrando que o fato da República popular de Bukhara ter adotado o uzbeque como língua oficial em substituição ao persa, que era a língua das elites, foi considerado como um ato revolucionário que permitiria o desenvolvimento das massas populares e seu acesso à cultura e educação. Para alguns, seria *o único* ato revolucionário para as massas trabalhadoras de um governo nacional marcadamente burguês.

O programa fundacional do socialismo russo, do POSDR, de 1903, defendia explicitamente: "Separação da Igreja do Estado e da Escola da Igreja... Confiscação da propriedade e da posse dos mosteiros e da Igreja, como também dos bens dos senhores feudais e das pessoas pertencentes à família do Czar".

Mas a relação do bolchevismo com o Islã, inclusive com o clero islâmico, foi posta em outro patamar, pois o islamismo, além de minoritário no conjunto do antigo Império Czarista, não era identificado como religião oficial do Estado autocrático do czar.[196] Isso não significava que a política soviética na região não fosse claramente antirreligiosa (ateia) e não se desse por objetivo a emancipação da alienação e opressão religiosa (da opressão social justificada em preceitos religiosos) da população, especialmente a feminina, das novas repúblicas soviéticas da Ásia Central, levando em conta, no entanto, que nelas existia uma espécie de "fusão espontânea" entre *nacionalidade* e religião, e que a primeira vinha apenas de conquistar sua existência independente, depois de um século de opressão nacional grã-russa. Não havia homogeneidade política a respeito da questão no próprio bolchevismo, mas se olharmos retrospectivamente as orientaçõe existentes, mesmo as mais tolerantes se opunham profundamente às tendências políticas locais que, de uma forma ou se outra, sempre incluíam uma visão de resgate do "glorioso passado islâmico". Comunistas veteranos como Sultan Galiev, muito próximo de Lênin, esperavam poder conciliar Islã e socialismo, através de um programa que conseguisse "desespiritualizar os povos muçulmanos em etapas progressivas".[197] Programa este que se diferenciava dos movimentos modernistas locais (como o jadidismo) que propunham reformas educacionais, o avanço técnico e científico, a introdução de novos meios de governo, mas sem abrir mão do resgate dos elementos tidos como fundamentais do islã.[198]

---

196 Alexandre Bennigsen e Chantal Lemercier-Quelquejay. *Les Musulmans Oubliés*. Paris, François Maspéro, 1981.

197 Alexandre Bennigsen e Chantal Lemercier-Quelquejay. *Sultan Galiev, Père de la Révolution Tiers-Mondiste*. Paris, Fayard, 1986.

198 Entre os muçulanos, árabes e não árabes, era comum que ideias de islamização da sociedade se fundissem a outras correntes ideológicas nacionalistas e anti-imperialistas. Entre os árabes islâmicos, o grupo fundamentalista da irmandade muçulmana (*Al Ikhwan*) nascida no Cairo em 1928 pregava, na visão de seu fundador Hassan al-Banna, a islamização gradual da sociedade islâmica através da educação. Outra liderança, que não era fundamentalista islâmico, o sharif Hussein Ibn Ali, de Meca, liderou a revolta nacionalista árabe de 1916 em nome da salvação do

A *Zhenotdel*, a seção feminina do Partido Comunista (bolchevique) da Rússia soviética, promovia reuniões de mulheres nas aldeias da Ásia Central, reuniões às quais suas militantes concorriam às vezes com o rosto coberto com o véu tradicional (não por razões de clandestinidade, mas principalmente para não chocar e enfrentar-se com a população local, e para evitar a reação dos líderes tribais e patriarcais), para organizar as mulheres na luta contra o casamento forçado de crianças e adolescentes, a poligamia, os castigos corporais infringidos "legalmente" (segundo o clero) pelos maridos, e contra as taras opressivas da dominação religiosa.

Era uma atividade muito arriscada para as militantes da organização, inclusive sob o governo bolchevique, mas era também um instrumento fundamental do bolchevismo, nessa etapa e nessa região. Muitas das agitadoras da *Zhenotdel* foram assassinadas por pais, maridos, irmãos, incentivados pelos *mullah* reacionários nas mesquitas, por ousar conclamar as mulheres da Ásia Central soviética a se opor às leis islâmicas e costumes tradicionais.

A Internacional Comunista, em seu 3º Congresso (junho-julho de 1921) aprovou uma resolução especial sobre "os métodos de trabalho entre as mulheres de Oriente", região onde se devia "lutar contra a influência do nacionalismo e da religião sobre os espíritos". Em 1923, cinco anos depois da revolução soviética, a *Zhenotdel* conseguiu, finalmente, atuar "a rosto descoberto" e fundar os primeiros clubes femininos na Ásia Central soviética. O partido bolchevique criou um Birô específico para as repúblicas de Ásia Central, que funcionou entre 1922 e 1934. Em 1926, a *Zhenotdel* lançou uma campanha de massas contra o uso obrigatório do véu islâmico pelas mulheres, que culminou em grandes manifestações, chamadas *hujum*, a 8 de março de 1927: as militantes da *Zhenotdel* pronunciavam discursos e liam poesias, enquanto as mulheres uzbeques lançavam seus véus na fogueira.[199]

---

islã. De uma forma ou de outra, a persectiva política incluía a islamização dos muçulmanos ou, ao menos, o resgate do Islã e de sua grandeza passada.

199 Alexandre Bennigsen e Chantal Lemercier-Quelquejay. *L'Islam en Union Soviétique*. Paris, Payot, 1968, p. 147. Vale mencionar, que na mesma década de 1920, em países e regiões islâmicas não soviéticas, como o Cairo, o movimento feminista era parte do movimento nacionalista local e também se chocou contra o patriarcalismo e, em algumas instâncias, manifestou-se pela remoção do *niqab* (não do *hedjab*), o véu que cobre o rosto, cujo uso está relacionado a costumes tribais e não de origem religiosa.

Um balanço crítico da aproximação do poder bolchevique, durante a primeira década da revolução, à questão cultural/religiosa na Ásia Central, incluídos os experimentos linguísticos e educacionais, não foi possível. Pois esse esforço foi suprimido a partir da década de 1930, quando o poder burocrático stalinista suprimiu a aproximação política militante às populações soviéticas islâmicas, substituída por uma repressão brutal, incluídas deportações em massa (e importação de populações alógenas) sob o pretexto de mobilização de mão de obra com vistas à industrialização forçada da URSS, e de repressão do nacionalismo e da religião.[200]

Moshe Lewin indica claramente como que a força bruta viria a substituir a política na URSS:

> *"No início [Lênin] acreditava que as especificidades nacionais deviam ser acomodadas dentro de um Estado único, mas depois passou a defender a criação de Estados com bases étnicas, que teriam relações contratuais uns com os outros. Mudou da total rejeição cultural à autonomia para o reconhecimento dos aspectos territoriais e extraterritoriais dessa autonomia. As opiniões de Trotsky, Rakovsky, Mdivani, Skryptnik, Makharadze, Sultan-Galiev e outras pessoas ligadas a Lênin seguiam a mesma direção (com exceção de Lênin, nenhum deles morreu de causas naturais). Stalin era um ardoroso defensor do que seus oponentes chamavam de 'unitarismo'...*
>
> *"As concepções de Lenin eram apresentadas por Stalin como um 'desvio nacionalista' nocivo aos interesses do Estado soviético... É importante entender a veemência da condenação de Lenin às características opressivas da burocracia russa e dos ultranacionalistas russos. Essa opressão vinha de séculos, por isso a necessidade de considerar a desconfiança das minorias étnicas que haviam sofrido muita injustiça e que eram, Lenin insistia nisto, particularmente sensíveis a qualquer forma de discriminação... Isso estava de fato no rumo que Stalin seguia e que, com o tempo, se tornaria a política oficial. Não é de admirar, portanto, que em seu testamento Lenin tenha deixado claro que Stalin devia ser removido de sua posição no partido".*[201]

---

200 Shoshana Keller. *To Moscow, not Mecca*. The Soviet campaign against Islam in Central Asia 1917-1941. Westport, Praeger Publishers, 2001; Raymond Charles. *L'Etoile Rouge contre le Croissant*. Paris, Calmann-Lévy, 1962.

201 Moshe Lewin. *O Século Soviético*. Rio de Janeiro, Record, 2007, pp. 33-41.

Lenin, sensível às demandas dos povos islâmicos, diferentemente de Stálin desejava respeitar seus anseios por autonomia cultural e territorial, dentro do sistema soviético. A defesa do princípio federativo para a organização da URSS, contra o "Estado unitário" defendido pela fração stalinista, foi, segundo o autor citado, o eixo do "último combate de Lênin".[202] A morte de Lênin, em janeiro de 1924, a vitória de Stalin sobre a Oposição bolchevique ("Oposição de Esquerda") e a consolidação da ideologia e da política do "socialismo em um país só" na segunda metade de década de 1920, fizeram o restante: a "prisão dos povos" grã-russa foi reconstituída sob um véu pretensamente "socialista", com consequências de longo prazo sobre a história dos povos e países incluídos dentro da "área islâmica", soviética ou não.

O que alarmou o islamismo (sobretudo o clero islâmico) do Oriente Médio e Ásia Central fora a atividade política e ideológica precedente do poder soviético em relação à sua população islâmica. A constituição do moderno islamismo político foi uma resposta a esse "perigo" para a hierarquia clerical islâmica, que via sua posição tradicional de poder na sociedade ameaçada. O primeiro congresso internacional pan-islâmico se reuniu no Cairo em maio de 1926, com a assistência de delegados de treze países muçulmanos, incluídos notadamente o Egito, a Tunísia, o Marrocos e a Índia; outros congressos pan-islâmicos se celebraram posteriormente em Meca, em junho de 1926, e em Jerusalém em dezembro de 1931. Cabe destacar a atuação político-organizativa do secretário do gabinete egípcio, Ahmad Zaki Pasha, entre 1911 e 1921, atividade pela qual foi considerado o decano do movimento.

As possibilidades de os partidos comunistas jogarem um papel dirigente na luta anti-imperialista foi também anulada pela vitória da burocracia stalinista na URSS e a repressão brutal (inclusive internacional) que ela deflagrou. A burocratização da Internacional Comunista foi condição da burocratização da URSS e suas consequências nefastas seriam sentidas na capacidade dos partidos comunistas de liderar os movimentos anti-imperialistas ao redor do mundo islâmico.

---

202 Moshe Lewin. *Le Dernier Combat de Lénine*. Paris, Syllepse, 2015.

VERDADES E MENTIRAS SOBRE LENIN[203]

Leon Trotsky[204]

"É difícil fazer o seu retrato", declara Gorki ao falar de Lenin. É verdade, o que Gorki escreveu sobre Lenin é muito fraco. A textura da sua descrição parece feita dos elementos mais diversos. Distingue-se, por vezes, um traço mais brilhante que os outros, discerne-se uma certa penetração artística. São, contudo, muito mais numerosos os traços duma banal análise psicológica e apercebemo-nos constantemente do moralista pequeno-burguês. No seu conjunto, o produto não é lá muito belo. Mas como o responsável é Gorki, a obra será examinada ainda durante muito tempo. Eis o motivo por que é necessário falar dela. Talvez encontremos a oportunidade de pôr em evidência ou de observar certos traços, grandes ou pequenos, da imagem de Lenin.

Gorki tem razão ao dizer que Lenin «é uma encarnação da vontade dirigida para o objetivo, com uma extraordinária perfeição". A tensão para o objetivo de Lenin, eis a sua característica essencial; já a mencionámos e voltaremos a mencioná-la; mas quando Gorki, um pouco mais adiante, coloca Lenin no número dos "justos", etc., isso soa falso e é de mau gosto. Esta expressão "justo", pedida emprestada à Igreja, à linguagem dos sectários religiosos, cheirando a

---

203 Subtítulo: "A propósito do retrato de Lenin feito por Gorki". O artigo de Gorki sobre Lenin encontra-se no tomo 17 das *Obras Completas* do escritor (Moscou, 1952). O texto de 1952 difere do que foi publicado em francês em 1925; nesta data, Gorki põe na boca de Lenin a propósito de Trotsky: "Apontem-me outro homem capaz de organizar no espaço de um ano um exército quase exemplar e de, ainda por cima, conquistar a estima dos especialistas militares. Temos esse homem. Temos tudo. E também faremos prodígios!" (*Clarté* nº 71, 1º de fevereiro de l925). Em 1952, esta passagem passa a ser: "...Soube formar especialistas militares. – Depois de um silêncio acrescentou muito baixo e tristemente: – E, contudo, não é dos nossos, está conosco, mas não é dos nossos; ambicioso, há nele algo de mau, do socialista Lassalle". Estas aliterações falam por si e tornam inútil que se busquem mais motivos para criticar as falsificações stalinistas dos textos e da história.

204 Lev Davidovich Bronstein (1879-1940) foi militante do POSDR, dirigente da Revolução de Outubro de 1917, do Partido e da Internacional Comunista, fundador do Exército Vermelho. Banido da URSS em 1929, foi fundador da IV Internacional (1938) antes de ser assassinado por um agente do regime stalinista, em agosto de 1940.

carisma e ao azeite das lâmpadas sagradas, não convém de modo algum a Lenin. Era um grande homem, um gigante magnífico, e nenhuma coisa humana lhe era estranha. Num congresso dos Sovietes, viu-se subir à tribuna um representante bastante conhecido duma seita religiosa, um comunista cristão (ou algo parecido), muito despachado e matreiro, que entoou imediatamente um louvor em honra de Lenin, considerando-o "paternal" e "protetor.

Recordo-me que Vladimir Ilitch, sentado à mesa do bureau, ergueu a cabeça, quase assustado, voltando-se depois ligeiramente e dizendo-nos a meia voz, num tom furioso, a nós, seus vizinhos mais próximos:

– Que novas porcarias são estas?

A palavra "porcarias" escapou-lhe duma forma completamente inesperada, contra a vontade, mas por isso mesmo muito verdadeira. Sentia-me abalado por um riso interior e deliciava-me com esta apreciação incomparável de Lenin, tão espontânea, acerca dos louvores do orador muito cristão. Pois bem, o "justo" de Gorki tem algo de comum com o "pai protetor" do homem da igreja. É, se me permitis, e numa medida muita atenuada, "uma porcaria". O que se segue é ainda pior:

"Para mim, Lenin é um herói de lenda, um homem que arrancou do peito o coração escaldante para o elevar como um facho e iluminar o caminho dos homens..."

Brr... Como é mau! Lembra exatamente a velha Izerghil (é este, parece-me, o nome dessa feiticeira que interessou a nossa juventude), é do mesmo género da sua história sobre o cigano Danko. Julgo não me enganar nas minhas recordações: nesse conto vê-se também um coração que se transforma em facho. Mas, isto é outra história, trata-se de ópera... Sim, de ópera, digo bem, com cenários inspirados nas paisagens do Sul, com uma iluminação de fogos de Bengala e uma orquestra de ciganos.

Ora na pessoa e na figura de Lenin não há nada que lembre uma ópera e menos ainda o romantismo dos Boémios nómadas. Lenin é um homem de Simbirsk, de "Piter,[205] de Moscovo, do mundo inteiro – um realista rude, um revolucionário profissional, um destruidor do romantismo, da falsidade teatral, da boémia revolucionária; não pode ter qualquer parentesco com o cigano Danko, esse herói da fábula. Os que têm necessidade de modelos de espírito revolucionário roubados aos romances de ciganos devem ir procurá-los na história do partido dos socialistas-revolucionários! E Gorki afirma ainda três linhas mais adiante: "Lenin era simples e reto como tudo o que dizia."

Se assim era, porquê imaginá-lo arrancando do peito o coração inflamado? Não haveria em tal gesto nenhuma simplicidade, nenhuma franqueza... Porém estas palavras "simples e reto" não foram muito bem escolhidas; há na verdade ingenuidade a mais, sinceridade a mais. Fala-se assim dum rapaz honesto, dum bravo soldado, que diz simplesmente a verdade, tal qual ela é. Esses são termos que não convêm a Lenin, de qualquer modo que quisermos. Ele era, sem dúvida, duma simplicidade genial nas decisões, nas conclusões, nos métodos, nos atos: sabia rejeitar, afastar, pôr em segundo plano tudo o que não tinha uma importância real, tudo o que era apenas acessório ou fogo de vista; sabia dissecar uma questão, reduzi-la aos seus justos termos, lhe sondar o fundo.

Mas isso não quer dizer que fosse unicamente "simples, e reto". E ainda menos deveria significar que o seu pensamento se movia "em linha reta" como, aliás, afirma Gorki: expressão esta das mais lamentáveis, em tudo digna de um pequeno-burguês de um menchevique. Recordo-me subitamente, a este respeito, da definição do jovem escritor Babel: "A curva complexa descrita pela linha reta de Lenin." Esta é, apesar das aparências, apesar da antinomia e da subtileza um tanto ou quanto rebuscada dos termos agrupados, uma explicação verdadeira. Vale, em todo o caso, muito mais do que a tão sumária "linha reta" de Gorki. O homem unicamente "simples e reto" dirige-se sem desvio para o seu objetivo. Lenin dirigia-se e conduzia para um objetivo sempre igual através de uma estrada cheia de complicações, através de caminhos por vezes muito desviados.

Finalmente, essa ligação dos termos "simples e reto" não exprime de modo algum a incomparável malícia de Lenin, a sua habilidade rápida e brilhante, a paixão de virtuoso que sentia ao derrubar o adversário com uma rasteira ou ao atraí-la a uma armadilha. Mencionámos a tensão de Lenin para atingir o objetivo: convém insistir neste ponto. Um crítico julgou descobrir um ponto de vista profundo ao explicar-me que Lenin não se distinguia unicamente pela tensão, para atingir o objetivo, mas também pela sua habilidade de manobra; este crítico censurava-me por ter dado, na imagem que tracei de Lenin, uma rigidez de pedra ao grande homem, em detrimento da sua maleabilidade.

Aquele que assim pretendeu admoestar-me, embora fazendo-o de um modo diferente de Gorki... não compreendeu o valor relativo dos termos empregados.

Deveria, com efeito, meter bem na cabeça que "a tensão para o objetivo" não indica necessariamente uma conduta "em linha reta". E que preço poderia custar a maleabilidade de Lenin sem essa tensão que não afrouxava um minuto. É possível encontrar-se no mundo tanta maleabilidade política quanta se quiser: o parlamentarismo burguês é uma escola excelente onde os políticos se treinam constantemente a dobrar a espinha dorsal. Embora Lenin tenha troçado com frequência da "linha reta dos doutrinários", também exprimiu não menos frequentemente o seu desprezo pelas pessoas demasiado maleáveis que se inclinam nem sempre e necessariamente perante um mestre burguês, nem sempre com um objetivo interesseiro, mas digamos: perante a opinião pública, perante uma situação difícil – procurando a linha de menor resistência.

Toda a essência de Lenin, todo o seu valor íntimo, consiste no fato de ter perseguido incansavelmente um objetivo único, cuja importância o impregnava a tal ponto que parecia encarná-lo e não o distinguir dele próprio. Não considerava e não podia considerar as pessoas, os livros, os acontecimentos senão em função deste objetivo único da sua existência. É muito difícil definir um homem com uma só palavra; afirmar que foi «grande» ou que foi «genial» nada nos diz. Mas se fôssemos forçados a explicar Lenin muito sucintamente diríamos que em primeiro lugar ele se esforçava para atingir o seu objetivo.

Gorki aponta o encanto sedutor do riso de Lenin. "Riso de um homem que, discernindo admiravelmente o peso da estupidez humana e as manobras acrobáticas da razão, sabia também fazer as delicias da ingenuidade pueril dos simples de espírito". Embora expressa com um certo requinte, a observação é verdadeira na sua essência. Lenin gostava de rir dos imbecis e dos espertos que procuravam fazer espírito; e ria com uma indulgência que a sua formidável superioridade justificava. Na intimidade de Lenin as pessoas riam por vezes com ele, sem que se rissem pelo mesmo motivo... Porém, o riso das massas concordava sempre com o dele. Amava os simples de espírito, se nos quisermos servir da expressão evangélica. Gorki conta-nos como, em Capri, Lenin aprendeu com os pescadores italianos a servir-se da linha de pesca (segura com os dedos); essa boa gente explicou-lhe que deveria "puxar" logo que a linha fizesse "drine-drine"; assim que apanhou o primeiro peixe e o sentiu aproximar-se preso ao anzol, gritou com uma alegria infantil, com um entusiasmo de verdadeiro amador:

– Ah! Ah! "drine-drine!"

Eis uma boa imagem! Eis verdadeiramente uma parcela viva de Lenin. Essa paixão, esse entusiasmo, esse esforço do homem para atingir o seu objetivo, para "puxar", para apanhar a presa – ah! ah! drine-drine! aí estás tu, minha rica – tudo isso é bem diferente desse "justo" de quaresma, desse "pai protetor" de que nos falaram; é Lenin em pessoa, numa parte dele próprio. Quando ao apanhar um peixe evidencia o seu entusiasmo, adivinhamos o seu amor à natureza, como a tudo o que estava próximo da natureza, as crianças, os animais, a música. Esta poderosa máquina pensante estava muito próxima do que existe para além do pensamento, para além duma procura consciente; estava muito próxima do elemento primitivo e indefinível. Esse maravilhoso indefinível exprime-se pelo "drine-drine". Penso que, devido a este pequeno pormenor significativo, nos é permitido perdoar a Gorki um quarto das banalidades que semeou no seu artigo. Veremos adiante o motivo por que não lhe podemos perdoar nada mais...

"Afagava as crianças com doçura – diz-nos Gorki – sendo os gestos duma leveza, duma delicadeza muito especiais,"

Também isto foi bem expresso; demonstra essa ternura de homem que respeita a pessoa física e moral da criança; poderia falar-se igualmente do aperto de mão de Lenin: era forte e doce. Recordo-me do seguinte episódio relativamente ao interesse que os animais despertavam em Lenin: reuníramo-nos em Zimmerwald, numa comissão destinada a elaborar um manifesto. Realizávamos a nossa sessão ao ar livre, à volta duma mesa redonda de jardim, numa aldeia de montanha. Não longe de nós encontrava-se um grande barril de água debaixo de uma torneira. Pouco tempo antes da reunião (que teve lugar a uma hora matinal), vários delegados tinham vindo lavar-se a essa torneira. Eu tinha visto Fritz Platten mergulhar a cabeça e o corpo até à cintura na água, como se quisesse afogar-se, com grande estupefacção dos membros da conferência.

Os trabalhos da comissão avançavam com dificuldade. Verificavam-se atritos em várias direções, mas sobretudo entre Lenin e a maioria. Apareceram então dois belos cães: de que raça não sei; nessa época eu não sabia nada disso.

Pertenciam, sem dúvida, ao proprietário da habitação, pois puseram-se tranquilamente a brincar na areia, sob o sol matinal. Vladimir Ilitch levantou-se bruscamente da cadeira, pôs um joelho no chão e, rindo, começou a fazer cócegas na barriga aos dois animais, com gestos leves, delicadamente atenciosos, segundo a expressão de Gorki. Esta atitude foi completamente espontânea da sua parte; quase apetecia dizer que se tratava de um miúdo, e o seu riso era despreocupado, pueril. Lançou um olhar à comissão, como se quisesse convidar os camaradas a tomar parte nesse belo divertimento. Parece-me que era olhado com um certo espanto: cada um estava ainda preocupado com a grave discussão havida. Lenin continuou a fazer festas aos animais, agora mais calmamente, voltou depois para a mesa e declarou que não assinaria um tal manifesto. A disputa recomeçou com nova violência. Digo hoje a mim próprio ser muito possível que esta "diversão" lhe tenha sido necessária para resumir no seu pensamento os motivos de aceitação e de recusa e para tomar uma decisão. Contudo, não agira por cálculo: o subconsciente trabalhava nele em plena harmonia com o consciente.

Gorki admirava em Lenin "esse entusiasmo juvenil que infundia a tudo quanto fazia". Tal entusiasmo era disciplinado, dominado por uma vontade de ferro, do mesmo modo que uma torrente impetuosa é controlada pelo granito da montanha; Gorki não nos diz, muito embora a sua definição continue a ser verdadeira: havia precisamente em Lenin um entusiasmo juvenil. E nele se reconhecia, com efeito, "essa excepcional vivacidade espiritual que só é própria de um homem inabalavelmente convencido da sua vocação". Aqui temos, de novo, algo de verdadeiro e profundo. Porém, essa linguagem antiquada, débil, que ouvíramos há pouco, esse estado de santidade de que nos falaram, ou então esse "ascetismo" (!), esse "heroísmo monástico" (!!) que foi questão noutra passagem, não estão de modo algum de acordo com o entusiasmo juvenil: opõem-se um ao outro como o fogo à água. "O estado de santidade", o "ascetismo" manifestam-se quando um homem se põe ao serviço de "um princípio superior, dominando as suas inclinações, as suas paixões pessoais. O asceta é interesseiro; faz os seus cálculos, espera uma recompensa. Na sua obra histórica, Lenin realizava-se completamente e até ao fim.

"Os olhos de omnisciente do espertalhão" – não está mal, embora formulado de modo grosseiro. Mas como conciliar esse olhar de omnisciente com a "simplicidade" e a "franqueza" e, sobretudo, com a "santidade"? "Ele gostava das coisas divertidas – conta Gorki – e ria com o corpo todo, verdadeiramente "inundado" de alegria, por vezes até às lágrimas". É verdade, e todos aqueles que tiveram conversas com ele se aperceberam disso. Em certas reuniões com um número de participantes reduzido, acontecia-lhe ter um ataque de riso, e isto não apenas nas épocas em que tudo corria bem, mas até em períodos extremamente difíceis. Procurava reprimir-se tanto tempo quanto lhe era possível, mas, no fim de contas, rebentava de riso e o seu rir era contagioso; procurava não chamar a atenção, não fazer barulho, escondendo-se quase sob a mesa a fim de evitar a desordem.

Esta hilaridade louca apoderava-se dele sobretudo quando estava fatigado. Com um gesto habitual, a mão cortando o ar de cima para baixo, parecia afastar para longe a tentação. E apenas conseguia retomar o controle de si mesmo olhando fixamente para o relógio, retesando todas as suas forças interiores, desviando-se prudentemente de todos os olhares, afetando um ar de severidade, restabelecendo com uma rigidez forçada a ordem que um presidente deve manter. Em casos destes, os camaradas tinham como ponto de honra surpreender o olhar do "speaker" e provocar com uma graça uma recidiva de alegria. Se a tentativa era coroada de êxito, o presidente zangava-se simultaneamente contra o responsável pela desordem e contra si próprio. É evidente que estas diversões não se produziam com muita frequência: sucediam principalmente no fim das sessões, após quatro a cinco horas de trabalho intenso, quando todos se encontravam esgotados. De um modo geral, Ilitch conduzia as deliberações com estrito rigor: único método capaz de permitir que inúmeras questões fossem resolvidas numa sessão.

"Tinha uma maneira muito dele de dizer "hum hum!" – continua Gorki – e sabia proferir esta interjeição expressiva ao longo de uma gama infinita de cambiantes que se estendiam desde a ironia sardónica à dúvida circunspecta; frequentemente, este "hum! hum!" traduzia um humor picante cuja malícia era apenas sensível a um homem muito perspicaz conhecendo bem as loucuras diabólicas da existência." É verdade, está certo. O «hum! hum!» desempenhava com efeito um papel importante nas conversas intimas de Lenin, aliás do mesmo modo que nos seus escritos de polemista. Ilitch pronunciava o seu "hum! hum!" muito nitidamente e, como observa Gorki, com uma infinita variedade de cambiantes. Encerrava-se nisso uma espécie de código de sinais que empregava para exprimir os estados de alma mais diversos. No papel, o "hum! hum!" não diz nada; na conversa era muito expressivo, valia pelo timbre da voz, pela inclinação da cabeça, pelo jogo das sobrancelhas, pelo gesto das mãos eloquentes. Gorki descreve-nos também a atitude favorita de Lenin: "Deitava a cabeça para trás e, seguidamente, inclinando-a sobre o ombro, metia os dedos nas cavas do colete, sob as axilas. Havia neste gesto algo de surpreendentemente divertido e encantador, dir-se-ia o de um galo triunfante e nesses momentos ficava radioso". Tudo isto é dito de uma forma perfeita, exceptuando o "gajo triunfante" que não se adapta nada à imagem de Lenin. Porém a atitude está bem descrita. Mas, ai de nós! lê-se um pouco mais adiante:

"Criança grande deste mundo maldito, homem excelente que tinha necessidade de se oferecer como vítima à hostilidade e ao ódio para realizar uma obra de amor e de beleza..."

Piedade, piedade, Alexis Maximovitch! "Criança de um mundo maldito!...", a expressão cheira a impostura! Lenin assumia, sem dúvida, uma pose extraordinariamente insinuante, por vezes talvez um pouco maliciosa, mas não havia aí qualquer espécie de impostura. A expressão "oferecer-se como vítima" é falsa, insuportável como o raspar de um prego sobre o vidro! Lenin de modo algum se sacrificava, antes vivia uma vida plena, criadora, desenvolvendo completamente sua personalidade ao serviço do objetivo que escolhera em completa liberdade. E a sua obra não era, de maneira nenhuma, "de amor e de beleza": eis aqui dois termos duma generalidade demasiado comum, duma redundância desfocada; só lhe faltam, de fato, as maiúsculas: Amor e Beleza! A tarefa de que Lenin se encarregou foi a de despertar e de unir os oprimidos a fim de abater o jugo da opressão; esta causa dizia respeito a noventa e nove por cento da humanidade.

Gorki fala-nos das atenções de Lenin para com os seus camaradas, da preocupação que sentia com a saúde deles. E acrescenta: "Jamais pude surpreender neste sentimento a preocupação interessada que manifesta um patrão inteligente relativamente a Operários honestos e hábeis." Pois bem! Gorki engana-se por completo; deixou escapar precisamente um dos traços essenciais de Lenin. As suas atenções pessoais para com os camaradas nunca estavam desligadas da preocupação do bom patrão, inquieto com o trabalho que havia a fazer. Não há dúvida que é impossível falar-se neste caso de um sentimento "interessado", uma vez que a própria obra não é apenas pessoal; mas é indiscutível que Lenin subordinava a sua solicitude para com os camaradas aos interesses da causa – dessa causa que agrupava justamente em torno dele os seus companheiros. Esta aliança de preocupações de ordem geral e individual não diminuía em nada a humanidade dos seus sentimentos; pelo contrário, a tensão de todo o seu ser para atingir o fim político só a tornava mais forte e mais plena.

Gorki não se apercebeu disso, não compreendeu certamente o destino que teve um grande número dos seus pedidos a favor de pessoas que "tinham sofrido" com a revolução, pedidos esses que dirigia diretamente a Lenin. É sabido que as vítimas da revolução foram muito numerosas e as diligências de Gorki também não foram raras: algumas foram até totalmente absurdas. Basta lembrarmo-nos da intervenção prodigiosamente enfática do escritor a favor dos socialistas-revolucionários, na época do famoso processo de Moscovo. Diz-nos Gorki:

"Não me lembro de caso algum em que Ilitch tenha recusado um dos meus pedidos. Se aconteceu, por vezes, as decisões de Lenin não serem executadas, a culpa não era sua: isso pode ser provavelmente explicado por esses malditos «defeitos de funcionamento» que sempre foram profusamente numerosos na nossa pesada máquina governamental. Também é de admitir que tenha havido por vezes má vontade da parte de não sei quem, quando se tratava de minorar o destino de certas pessoas, de lhes salvar a vida..."

Confessemos que estas linhas nos chocaram mais do que todo o resto. O que se poderá, com efeito, concluir? O seguinte: como chefe do Partido e do Estado, Lenin perseguia implacavelmente os inimigos da revolução; mas bastaria a Gorki interceder e não haveria caso algum em que Lenin recusasse o pedido do escritor? Deveria então admitir-se que, para Lenin, o destino das pessoas se decidia de acordo com a intervenção dos amigos. Esta afirmação seria totalmente incompreensível se o próprio Gorki não pusesse as suas reservas: não foram satisfeitas todas as diligências que fez. Mas nesse caso ele acusa os defeitos do mecanismo soviético... Será mesmo assim? Seria Lenin verdadeiramente impotente para superar os defeitos do mecanismo numa questão tão simples como a da libertação de um prisioneiro ou a comutação de pena de um condenado?

É bastante duvidoso. Não seria mais natural admitir que Lenin, após ter lançado sobre o requerimento e o requerente "o olhar omnisciente do espertalhão", evitava discutir o assunto com Gorki, deixando seguidamente ao mecanismo soviético, com todos os seus defeitos pretensos ou reais, a tarefa de executar o que exigiam os interesses da revolução? Com efeito, Lenin não era assim tão "simples" e tão "reto" quando se via obrigado a enganar o sentimentalismo pequeno-burguês. As atenções de Lenin para com a personalidade humana eram infinitas, mas estavam inteiramente subordinadas às atenções que devia, em primeiro lugar, à humanidade inteira, cujo destino se confunde, na nossa época, com o do proletariado. Se Lenin não tivesse sido capaz de subordinar o particular ao geral teria sido "um justo" que "se oferece como vítima em nome do amor e da beleza", mas não seria certamente o Lenin que conhecemos, o chefe do Partido bolchevique, o autor da Revolução de Outubro. É preciso acrescentar o relato de Gorki sobre "a extraordinária obstinação" de que Lenin deu prova quando, durante mais de um ano, exortou o escritor a seguir um tratamento no estrangeiro.

"Na Europa, num bom sanatório, você poderá tratar-se e trabalhará três vezes mais. Hé! Hé!...Parta, cure-se...Não se obstine em ficar aqui, peço-lhe."

É conhecida de todos, e indiscutível, a ardente simpatia que Lenin sentia por Gorki, tanto pelo homem como pelo escritor. Não há dúvida que a saúde de Gorki preocupava Lenin. No entanto, na "extraordinária obstinação" com que Lenin queria enviar Gorki para o estrangeiro havia também um certo cálculo político: na Rússia, nesses anos difíceis, o escritor desorientava-se de forma deplorável, arriscando perder-se definitivamente; no estrangeiro, perante a civilização capitalista, poderia recuperar. Poderia despertar nele o estado de alma que outrora o tinha forçado a "cuspir no rosto" da França burguesa. Sem dúvida, não era indispensável para Gorki repetir esse "gesto" que em si era bem pouco persuasivo; mas a disposição de espírito que o inspirara prometia ser muito mais fecunda do que as piedosas diligências a favor de trabalhadores intelectuais, cuja única infelicidade provinha do fato de não terem conseguido, pobres deles, lançar no devido tempo um nó corredio sobre o proletariado revolucionário.

Sim, Lenin preocupava-se com Gorki, desejava sinceramente ver melhorar a sua saúde, ver o escritor trabalhar; tinha, contudo, necessidade de um Gorki recuperado e é por isso que insistia tanto em enviá-lo para o estrangeiro; é por isso que o exortava a ir cheirar um pouco os odores da civilização capitalista. Mesmo aqueles que não se encontravam nos bastidores desta questão podem, baseados no gesto de Gorki, adivinhar os motivos de Lenin:

agia precisamente como um bom patrão que jamais e em circunstância alguma esquece os interesses da causa que lhe foi confiada pela História. Não foi como revolucionário, foi como pequeno-burguês moralizador que Gorki nos retratou a imagem de Lenin; e eis o motivo por que esta figura, esculpida num só bloco de uma unidade tão excepcional, se encontra desagregada no texto. Mas o caso piora ainda quando Gorki passa à política propriamente dita. Neste campo existem apenas mal-entendidos ou erros deploráveis.

"Homem de uma vontade extraordinariamente forte, era no restante o tipo exato do intelectual russo."

Lenin – tipo de intelectual! Não é curioso ouvir isto? Não se tratará duma brincadeira, duma inconveniência monstruosa? Lenin – tipo de intelectual! Porém, isto não basta a Gorki. Com efeito, segundo ele, ficamos a saber que Lenin "possuía no mais alto grau uma qualidade que é apanágio da elite intelectual russa – a renúncia levada até ao tormento, até à mutilação do próprio ser... Vejam só isto! Que disparate! Um pouco mais atrás Gorki desenvolvia tanto quanto lhe era possível a ideia de que o heroísmo de Lenin "é o ascetismo modesto, muito frequente na Rússia, do honesto intelectual revolucionário que acredita sinceramente na possibilidade de haver justiça sobre a terra", etc. É fisicamente impossível descrever esta passagem por tão falsa e desoladora... "O intelectual honesto que crê na possibilidade de justiça sobre a terra!" Como se se tratasse simplesmente de um pequeno funcionário provinciano, de um radical que leu as Cartas históricas de Lavrov ou então a falsificação que delas nos deu, mais tarde, Tchernov... Recordo-me a propósito que um dos velhos tradutores marxistas de outrora chamou a Karl Marx "o grande carpidor da desgraça popular".

Há vinte anos, na vila de Nijnelinsk, divertia-me francamente com este Karl Marx provinciano. Todavia, é preciso constatar que, hoje em dia, nem Lenin escapou ao seu destino: um Gorki, um homem que viu Illitch, que o conhecia bem, que se contava entre os seus íntimos, que por vezes colaborou com ele, representa-nos este atleta do pensamento revolucionário não só como um piedoso asceta, mas, e o que é pior, como o tipo do intelectual russo. Isso é uma calúnia, e tanto mais perniciosa quanto é feita de boa-fé, com grande benevolência e quase que num transporte de entusiasmo. Lenin encontrava-se certamente impregnado da tradição do radicalismo intelectual revolucionário; contudo, tinha-o superado e ultrapassado e só a partir desse momento se tornou Lenin. O intelectual russo "típico" é terrivelmente limitado; ora Lenin é precisamente um homem que ultrapassa todos os limites, sobretudo os limites dos intelectuais.

Se é verdade afirmar-se que Lenin se encontrava impregnado da tradição secular dos intelectuais revolucionários, será ainda mais verdadeiro afirmar que ele concentra em si o impulso multissecular do elemento camponês: revive nele o mujique com o seu ódio à classe senhorial, com o seu espírito calculista, a inteligência viva de dono da sua casa. Porém, o que há de limitado, de tacanho no mujique, foi superado, ultrapassado por Lenin através de um imenso impulso do pensamento e do domínio da vontade. Finalmente, em Lenin – e é o que há de mais sólido, de vigoroso nele – encontra-se incarnado o espírito do jovem proletariado russo. Não nos apercebermos disso, vemos apenas o intelectual, é não vermos absolutamente nada. O que torna genial a obra de Lenin é o fato de, através dele, o jovem proletariado russo se emancipar, sair da sua situação extremamente limitada e elevar-se à universalidade histórica. É por isso que a natureza de Lenin, profundamente ligada ao solo, se desenvolve organicamente, se revela em poder criador, se torna invencivelmente internacional. O seu génio consiste, antes de mais nada, em ultrapassar todos os limites. O traço essencial do caráter de Lenin é definido por Gorki de forma muito precisa, quando lhe atribui "um optimismo combativo". Acrescenta, porém: "Nele, esta faceta não tinha nada de russo..."

Que ideia! Mas vejamos: então este intelectual típico, este asceta de província, não constitui o que há de mais russo, de mais local? Não é ele um dos homenzinhos de Tambov? Como é possível que Lenin, com traços essenciais de caráter que "não são russos", com uma vontade de ferro e um optimismo combativo, não seja ao mesmo tempo o tipo do intelectual russo? Não haverá aqui uma forte calúnia contra o homem russo em geral? O talento de conduzir pulgas pela trela é, na verdade, indiscutivelmente russo; mas, graças à dialética isso não vai durar sempre, vai mudar. A política socialista-revolucionária, que coroou o regime de Kerenski, constituiu a expressão mais elevada dessa velha arte nacional que consiste em conduzir as pulgas pela trela. Mas Outubro, não vos esqueceis, Alexis Maximovitch, teria sido impossível se, muito tempo antes, não se tivesse acendido no homem russo uma nova chama, se o seu caráter não se tivesse transfigurado.

Lenin interveio, não apenas na época em que a História russa muda de direção, mas também no momento em que o "espírito" nacional se transforma devido a uma crise. Pretendeis que os traços essenciais de Lenin não são "russos"... Mas permitireis que vos perguntemos se o Partido bolchevique é um fenómeno russo autêntico ou, digamos: holandês? O que diríeis então desses proletários atuando clandestinamente, desses combatentes, desses uralianos duros como um rochedo, desses franco-atiradores, desses comissários do exército vermelho que, dia e noite, mantêm o dedo no gatilho duma pistola e, hoje em dia, desses diretores de fábricas, desses organizadores de trustes que estariam prontos a arriscar a cabeça pela emancipação do "coolie" chinês? Aqui está uma raça, um povo, uma das grandes "categorias" da humanidade! E não serão feitos da mesma massa que se fabrica na Rússia? Permitireis que vos contradiga. E que dizer também de toda a Rússia do século XX (e de outrora): já não é o país provinciano das épocas longínquas; é uma Rússia nova internacional, com um caráter de aço. O Partido Bolchevique é constituído por uma seleção desta nova Rússia e Lenin é o seu maior mestre e educador.

Contudo, estamos a entrar aqui no domínio da confusão absoluta: Gorki, não sem um assomo de vaidade, declara-se um "marxista duvidoso", que não acredita de forma alguma na razão das massas em geral e das massas camponesas em particular. Julga que as massas precisam de ser governadas de fora.

"Eu sei – escreve – que ao exprimir estas ideias me exponho mais uma vez à troça dos políticos. Sei igualmente que os mais inteligentes e os mais honestos de entre eles se rirão de mim sem convicção e, por assim dizer, por dever de ofício".

Não sei quais são os políticos "inteligentes e honestos" que partilham do ceticismo de Gorki relativo às massas. Mas esse cepticismo parece-nos bem medíocre. O fato das massas terem necessidade de serem dirigidas «de fora», já Lenin, parece-nos, tinha adivinhado. Talvez Gorki tenha ouvido dizer que, precisamente para dirigir as massas, Lenin tinha gasto toda a sua vida consciente na criação de uma organização especial: o Partido bolchevique. Ele não encorajava, de modo algum, uma fé cega na razão das massas. No entanto, desprezava ainda mais a arrogância desses intelectuais que acusavam as massas de não serem feitas à sua imagem e semelhança. Lenin sabia que a razão das massas se deve adaptar à marcha objetiva das coisas. O Partido deveria facilitar essa adaptação e, como o prova a História, desempenhou a tarefa com um certo sucesso.

Gorki, assim diz, está em desacordo com os comunistas no que se refere ao papel dos intelectuais. Pensa que os melhores de entre os antigos bolcheviques educaram centenas de operários precisamente "num espírito de heroísmo social e de uma alta intelectualidade" (!!). De um modo mais simples e mais exato, Gorki apenas aceitava os bolcheviques numa época em que o bolchevismo se encontrava ainda em ensaios de laboratório, preparando os primeiros quadros intelectuais. Sentia-se muito próximo do bolchevique de 1903-1905. Mas o homem de Outubro, amadurecido, formado, aquele que, com uma mão inflexível, executa aquilo que apenas se começava a entrever há quinze anos, esse é estranho e antipático a Gorki. O próprio escritor, com a sua constante orientação no sentido de uma cultura mais elevada, de uma mais completa intelectualidade, encontrou, no entanto, a forma de se deter a meio caminho. Não se trata de um laico, nem de um Pope: ele é o poeta da cultura.

Deriva daí a sua atitude altiva, o seu desdém em relação à razão das massas e, ao mesmo tempo, ao marxismo, se bem que este, como já foi afirmado, sendo muito diferente do subjetivismo, se apoie não sobre a fé na razão das massas, mas sobre a lógica do processo material que, afinal, submete à sua lei "a razão das massas". É verdade que a via que aí nos conduz não é muito simples, e que ao percorrê-la se parte muita louça; partem-se até alguns utensílios da «cultura». Eis o que Gorki não pode tolerar! Segundo ele, deveríamos contentar-nos em admirar a bela louça, sem nunca a partirmos. Para aproximar Lenin da sua pessoa, para se consolar, Gorki afirma que Ilitch "teve, sem dúvida, por mais de uma vez, de meter a sua alma pelas asas", por outras palavras, de contrariar a sua vontade: implacável quando lhe era necessário esmagar determinada resistência, Lenin estaria assim sujeito a lutas interiores, devendo vencer o seu amor ao homem, o seu amor à cultura; isto constituía para ele um verdadeiro drama. Numa palavra, Gorki inflige a Lenin esse desdobramento que caracteriza os intelectuais, essa "consciência doentia" que outrora se prezava tanto, esse precioso abcesso do velho radicalismo intelectual.

Mas tudo isso é falso. Lenin era feito de uma só peça. Objeto de alta qualidade, de estrutura complexa, mas sólida em todos os sentidos, e no qual todos os elementos se adaptavam. admiravelmente uns aos outros. A verdade é que Lenin evitava muitas vezes contatar com os solicitadores, os defensores e as pessoas desta espécie. "Que fulano o receba, dizia ele com um risinho evasivo, senão serei mais uma vez demasiado bom". Sim, muitas vezes ele tinha medo de ser "demasiado bom", pois conhecia a perfídia dos inimigos e a beata estupidez dos intermediários, considerando, em suma, como insuficiente qualquer medida de severa prudência. Preferia atirar sobre um inimigo invisível, em lugar de se deixar distrair por contingências e de ser "demasiado bom". Manifestava-se aí, mais uma vez, o cálculo político e não essa "consciência doentia" que acompanha necessariamente os caracteres desprovidos de vontade, choramingas – a natureza húmida do "típico intelectual russo".

E ainda não é tudo. Gorki – ele próprio o diz – censurava Lenin por "compreender o drama da existência de uma forma muito simplificada" (hum! hum!) e dizia-lhe que esta compreensão simplificada "ameaçava de morte a cultura" (hum! hum!). Durante os dias críticos do final de 1917 e início de 1918, quando em Moscou se atirava sobre o Kremlin, quando os marinheiros (o fato deve ter sucedido mas não com tanta frequência como o pretendeu a calúnia burguesa) apagavam os cigarros esmagando-os sobre os Gobelins, quando os soldados -afirmava-se – talhavam calças bastante incómodas e pouco práticas nas telas de Rembrandt – eram estes os motivos de queixa apresentados a Gorki pelos representantes consternados "da intelectualidade" – durante esse período Gorki ficou completamente desorientado, cantando réquiens desesperados pela alma da nossa civilização. Terror e barbárie! Os bolcheviques preparavam-se para partir todos os vasos históricos, os vasos de flores, os vasos domésticos, os vasos de noite!

E Lenin respondia-lhe: "Partiremos tantos quantos for necessário e se partirmos demais a culpa será dos intelectuais que continuam a defender posições insustentáveis." – Não era isto proveniente de um espírito estreito? Não se veria através disto – piedade, piedade, Senhor! – que Lenin simplificava demasiadamente "o drama da existência"? Não sei, mas repugna ao meu espírito raciocinar com base em considerações deste tipo. O interesse da vida de Lenin não consistia em gemer sobre a complexidade da existência, mas em reconstruí-la de forma diversa. Para tal, era preciso considerar a existência no seu conjunto, nos seus elementos principais, discernir as tendências essenciais do seu desenvolvimento e subordiná-las a todo o resto. É precisamente por se ter tornado mestre na concepção criadora desses vastos conjuntos que considerava o «drama da existência» como se fosse seu dono: partiremos isto, demoliremos aquilo e sustentaremos provisoriamente aqueloutro.

Lenin distinguia tudo quanto era honesto, tudo quanto era individual, notava todas as particularidades, todos os pormenores. E se "simplificava", isto é, se rejeitava certos elementos secundários, não era por não os ter notado, mas porque conhecia com certeza as proporções das coisas... Vem-me à memória, neste momento, um proletário de Petersburgo chamado Vorontsov que nos primeiros tempos depois da Revolução de Outubro foi destacado para junto de Lenin a fim de o proteger e ajudar. Como nos preparássemos para evacuar Petrogrado, Vorontsov disse-me com uma voz soturna:

Se por desgraça eles tomassem a cidade, iriam encontrar imensas coisas. Seria preciso enfiar dinamite por baixo de Petrogrado e fazê-la explodir completamente.

– E não teria pena de Petrogrado, camarada Vorontsov? perguntei, admirando-me da ousadia deste proletário.

– Ter pena de quê? Quando voltarmos, reconstruiremos algo de melhor.

Não inventei este breve diálogo, nem o estilizei. Permaneceu tal e qual, gravado na minha memória. Pois bem, é essa a boa maneira de considerar a cultura! Não se encontra aqui qualquer vestígio de choraminguice, nem se trata de um réquiem. A cultura é obra das mãos humanas. Não se encontra, de fato, nos vasos decorados que a História conserva para nós, mas sim numa boa organização do trabalho dos cérebros e das mãos. Se no caminho desta boa organização se elevam obstáculos, é preciso afastá-los. E se então formos obrigados a destruir certos valores do passado, destruamo-los sem lágrimas sentimentais; voltaremos mais tarde para edificar, para criar valores novos, infinitamente mais belos do que os antigos. Eis o modo como Lenin considerava as coisas, refletindo o pensamento e os sentimentos de milhões de homens. A sua opinião era boa e justa, tendo muito para ensinar aos proletários de todos os países.

Kislovodsk, 28 de setembro de 1924

(Extraído de: Leon Trotsky. *Lenin*. Paris, Librairie du Travail, 1925. Tradução de Elisa Teixeira Pinto. Transcrito por José Braz para *Marxists Internet Archive*).

LENIN E CHE GUEVARA

Luiz Bernardo Pericás

Em seu estudo *O Desenvolvimento do Capitalismo na Rússia,* publicado em março de 1899, V. I. Lenin analisaria a formação do mercado interno no seu país a partir do processo de desagregação dos pequenos agricultores em empresários agrícolas e proletários assalariados, resultando na estratificação do campesinato, elemento fundamental para a composição do painel macroeconômico da nação em sua época. As relações no meio rural, por conseguinte, seriam abordadas nessa obra pioneira, que discutiria a tendência à concentração da produção nas mãos de uma minoria e a interdependência com o setor industrial. Ao mesmo tempo em que examinava as particularidades da Rússia czarista, contudo, ele compreendia que o espaço local não podia ser dissociado do "sistema mundial" e das tendências e variáveis do capitalismo monopolista de forma geral, mostrando que seu país estava incrustado na economia "global" a partir do que chamava de "integração semiperiférica", em que formas pré-capitalistas são preservadas como *enclosures* para garantir um papel subordinado que servia a interesses corporativos e financeiros extrínsecos, numa relação "centro-periferia" singular.

Nesse sentido, a questão do mercado interno representaria um problema *também* ligado à "economia mundial" (lembrando que a acumulação e exportação de bens de capital seriam parte de um mesmo fenômeno que ataria as nações dependentes ao centro capitalista). Ainda que formas arcaicas endógenas fossem suprimidas, traços de configurações sociais "obsoletas" poderiam, portanto, conviver com o sistema "moderno", onde diferentes modalidades de produção ou estruturas históricas distintas coexistiriam, o que levaria a Rússia a ser uma região caracterizada por "contradições sobredeterminadas". As possíveis incompatibilidades ou discrepâncias inerentes certamente teriam condições de ser superadas (além de um amplo desenvolvimento, logrado), caso triunfasse um processo revolucionário que desembocasse, em última instância, no socialismo.[206]

Uma visão similar possuía Che Guevara quando tratava de Cuba (e da América Latina, de maneira mais ampla). Por isso, seu esforço para compreender o avanço do capitalismo monopolista no país ao longo da primeira metade do século XX, a permanência dos *chinchales*, a infraestrutura produtiva herdada da administração anterior, a inserção da ilha no quadro maior do imperialismo e seu papel apendicular em termos internacionais. Essencial, aqui, como ele mesmo apontou, a soberania política e a independência econômica.[207]

Assim como Lenin, Guevara via no aprofundamento da nacionalização da esfera da produção e na formação da "consciência", elementos fundamentais para o avanço do socialismo. O trabalho voluntário, defendido pelo "guerrilheiro heroico", em boa medida, pode ser associado aos "sábados comunistas" incentivados por Lenin, atitude que forjaria o caráter do indivíduo e poderia ter desdobramentos favoráveis na produtividade.[208] A emulação socialista nas fábricas, idem.[209] Sem contar com o papel dos sindicatos, tema de suma importância, calorosamente debatido por ambos os dirigentes. Tudo isto, por certo, vinculado à concepção da "vanguarda", de revolucionários profissionais e da ulterior construção do "Homem Novo" (tanto Lenin como o Che encarnavam esse ideal, em seu ascetismo, abnegação, preocupação teórica e dedicação total à causa; afinal de contas, não empreendiam elocubrações "academicistas" estéreis, mas participavam ativamente da pugna política, inclusive ocupando cargos de grande responsabilidade e destaque como altos dignitários dentro do aparelho de Estado).

Como eixo-mestre, a "transição ao socialismo". Neste ponto, o então ministro de Indústrias de Cuba consideraria que "a soma dos trabalhos de Lenin sobre a economia do período de transição nos serve de valiosíssima

---

206 Ver V. I. Lenin. *El Desarrollo del Capitalismo em Rusia*. Moscou: Editorial Progreso, 1975.

207 Para mais informações sobre o pensamento econômico de Che Guevara, ver Luiz Bernardo Pericás. *Che Guevara y el Debate Económico em Cuba*. Havana: Fondo Editorial Casa de las Américas, 2014.

208 Ver V. I. Lenin. "Uma grande iniciativa". In: V. I. Lenin. *Obras Escolhidas 3*. Lisboa: Avante; Moscou: Edições Progresso, 1979. v. 3, p. 152-158.

209 Ver, por exemplo, V. I. Lenin, "Como organizar a emulação?", escrito em 24-27 de dezembro de 1917, publicado originalmente no *Pravda*, nº 17, 20 de janeiro de 1929, e reproduzido in V. I. Lenin. *Obras Escolhidas, tomo 2*. Lisboa e Moscou: Edições Avante e Edições Progresso, 1978, p. 441-447.

introdução ao tema", ainda que faltasse ao russo ter desenvolvido e aprofundado o assunto, o que o tempo e a experiência deveriam lhe dar.[210] Toda uma gama de discussões nesse sentido seria abordada, do sistema bancário aos métodos de planejamento. A conduta e orientação do setor laboral, por sua vez, entrariam em discursos e exposições públicas, como "A classe operária e a industrialização em Cuba" (conferência televisionada em 30 de abril de 1964), "O plano e o homem" (conversas taquigrafadas no Ministério de Indústrias), "Certificado de trabalho comunista" (na CTC-R, em janeiro de 1964), "Uma atitude comunista frente ao trabalho" (MININD, 15 de agosto de 1964) e vários outros[211] (são também numerosas as intervenções de Lenin sobre questões análogas). Afinal, como assinalou Lenin, em sua resposta a P. Kievski (Y. Piatakov), de 1916 (publicada em 1929), "o capitalismo em geral e o imperialismo em particular transformam a democracia numa ilusão... Não se pode derrocar o capitalismo e o imperialismo com nenhuma transformação democrática, por mais 'ideal' que seja, senão somente com uma revolução econômica... Não se pode vencer o capitalismo sem 'tomar os bancos', sem abolir a 'propriedade privada' dos meios de produção..."[212]

É bom lembrar, contudo, que ambos tinham plena noção que, isoladamente, uma experiência de transformação radical e profunda dentro de marcos territoriais limitados dificilmente sobreviveria. O dirigente bolchevique recordava que "a desigualdade do desenvolvimento econômico e político", uma lei "absoluta" do capitalismo, possibilitaria a vitória do socialismo primeiramente em poucos países ou mesmo num só, tomado por separado, e que depois, "o proletariado desse país, após expropriar os capitalistas e organizar a produção socialista no seu país, erguer-se-ia 'contra' o resto do mundo, capitalista, atraindo para seu lado as classes oprimidas dos outros países".[213] Desta

---

210 Ver Che Guevara, "A concepção do valor (em resposta a certas afirmações sobre o tema)", publicado originalmente in *Nuestra Indústria*, nº 3, outubro de 1963, e reproduzido in Che Guevara, *Textos econômicos para a transformação do socialismo*, São Paulo, Edições Populares, 1982, p. 180.

211 Os textos e discursos de Guevara mencionados podem ser encontrados in Che Guevara. *Textos econômicos para a transformação do socialismo*. São Paulo: Edições Populares, 1982; e Che Guevara. *Temas econômicos*. Havana: Editorial de Ciencias Sociales, 1988.

212 Ver V. I. Lenin, "Respuesta a P. Kievski (Y. Piatakov)", escrito em agosto-setembro de 1916, publicado originalmente in *Proletárskaya Revolútsia*, nº 7, 1929, e reproduzido in V. I. Lenin. *Contra el dogmatismo y el sectarismo en el movimiento obrero*. Moscou: Editorial Progreso, s/d, p. 67-73.

213 Ver V. I. Lenin, "Sobre a palavra de ordem dos Estados Unidos da Europa", agosto de 1915, apud Academia de Ciências da União Soviética. *Lenin: biografia*. Lisboa e Moscou: Edições Avante e

forma, dizia ele, "todas as nações chegarão ao socialismo, isso é inevitável; mas chegarão todas de modo não absolutamente idêntico, cada uma delas trará a sua peculiaridade".[214] Em outras palavras, a importância de se compreender ao mesmo tempo as "particularidades" e a "universalidade" inerentes a todo processo. Afinal, Lenin olhava com atenção para os acontecimentos na Alemanha e Hungria, ao fim da guerra. A criação do Comintern, em 1919, por sua vez, mostra sua preocupação constante com o "internacionalismo" proletário. E os diálogos com militantes estrangeiros, como o indiano M. N. Roy, ampliariam seu campo de visão para experiências nacionais e formações societárias variegadas.

De forma parecida o Che encarava a questão. A promoção de lutas no Terceiro Mundo, a criação de "dois, três, muitos Vietnãs", suas operações no Congo e na Bolívia, indicam claramente a necessidade de uma contenda ampliada nos elos débeis do capitalismo, abrindo novas frentes de combate e construindo a possibilidade de uma outra retaguarda para a revolução cubana, que fosse além do apoio soviético (afinal, a URSS na época defendia a política de "coexistência pacífica", algo que Guevara discordava com veemência). Se Lenin havia impulsionado a construção da IC, o combatente argentino, por sua vez, apoiaria iniciativas como a Conferência Tricontinental e a OLAS. Chegou a afirmar o autor de *Guerra de Guerrilhas*, numa frase emblemática, *"La Habana me atrae particularmente para llenarme el corazón de paisajes, bien mezclados con pasos de Lenin"*.[215] E, se quisermos outra representação simbólica, podemos recordar que no escritório de sua casa, na capital cubana, ele tinha como objetos de decoração um baixo-relevo de bronze de Lenin ao lado de uma estatueta de Simón Bolívar, feita do mesmo material...[216] O líder bolchevista, de fato, era recorrentemente lembrado pelo Che. Em setembro de 1961, por exemplo, numa entrevista a Maurice Zeitlin, diria:

Edições Progresso, 1984, p. 230.

214 Ver V. I. Lenin, "Sobre uma caricatura do marxismo e sobre o economicismo imperialista", in *Ibid*, p. 242.

215 Ver Roberto Massari. *Che Guevara: Grandeza y Riesgo de la Utopia*. Navarra: Txalaparta, 1993, p. 108.

216 Ver Jon Lee Anderson, *Che Guevara: uma Biografia*, Rio de Janeiro, Editora Objetiva, 1997, p. 646.

> *El valor del leninismo es enorme, en el mismo sentido en que el trabajo de un gran biólogo es valorable en relación con el de otros biólogos. Lenin es probablemente el líder que ha hecho mayor aportación a la teoría de la revolución. Ha sido capaz de aplicar el marxismo, en un momento dado, a los problemas de Estado, y salir con leyes de validez universal.*[217]

Não se pode, também, deixar de lado, aspectos da trajetória intelectual dos personagens em discussão. Se Lenin, desde a adolescência enraizado nas tradições literárias e culturais locais, se interessava por escritores como Tchernichevsky, Saltikov-Chedrin, Nekrássov, Púchkin, Lermontov, Tolstói e Tchékhov, o jovem Ernesto leria uma série heterogênea de autores latino-americanos, entre os quais Domingo Sarmiento, José Hernández, Carlos Luis Fallas, Ciro Alegría, Ruben Darío, Miguel Ángel Asturias, José Enrique Rodó, José Ingenieros, Aníbal Ponce e Pablo Neruda. Enquanto a influência de Zaichnevsky, Nechaev e Tkachev, misturada ao "núcleo duro" do pensamento marxiano pode ser sentida nas ideias leninistas (em outras palavras, uma inspiração política calcada na história russa vinculada às obras do Mouro), Guevara está nitidamente inserido numa linha de pensamento progressista, libertador e integracionista da América Latina, podendo ser visto, de certa forma, como um continuador e *herdeiro político e intelectual* de homens como Simón Bolívar, José Martí, Julio Antonio Mella e José Carlos Mariátegui.

Além disso, ambos se dedicaram, em algum momento, a temas filosóficos. No caso de Lenin, num diálogo crítico e em acirrados debates com contemporâneos em obras como *Materialismo e Empiriocriticismo*[218] (seus embates com as ideias de Mach, Avenarius e Bogdanov) ou nos *Cadernos Filosóficos*.[219] O Che, por seu lado, na sua juventude, elaborou seu *Dicionário Filosófico* (também conhecido como *Cadernos Filosóficos*),[220] com verbetes sobre Hegel, Platão, Schopenhauer, Marx e Engels. Ainda na fase de formação, leria diferentes

---

217 Ver Roberto Massari. *Che Guevara: Grandeza y Riesgo de la Utopia*, p. 111.
218 Ver V. I. Lenin. *Materialismo y Empiriocriticismo*. México: Editorial Grijalbo, 1967.
219 Para uma discussão sobre a filosofia de Lenin, ver Anton Pannekoek, "Lenin filosofo", Karl Korsh, "La filosofía de Lenin" e Louis Althusser, "Lenin frente a Hegel", todos em: Anton Pannekoek et al. *Lenin Filosofo*. Córdoba: Cuadernos de Pasado y Presente, 1973. Ver também: Louis Althusser. *Lenin e a Filosofia*. Lisboa: Editorial Estampa, 1970; e Tamás Krausz. *Reconstructing Lenin: an Intellectual Biography*. Nova York: Monthly Review Press, 2015.
220 As listas de leituras e trechos do "dicionário" (ou "*cuadernos*") podem ser encontrados em Che Guevara. *América Latina: Despertar de un Continente*. Havana: Ocean Press/Ocean Sur, 2006.

volumes sobre o materialismo histórico e dialético (incluindo uma introdução ao assunto preparada por Thalheimer). E mais tarde, produziria textos como "O socialismo e o homem em Cuba" (no qual exporia, em traços gerais, seu modelo ideal de partido operário, muito próximo ao formato tradicional leninista), continuando a se interessar pela área, com seleções de citações ou pautas de leituras que incluíam nomes como Hegel, Althusser, Mondolfo, Aristóteles, Abuchafar, Lukács, Dynnik, Rosental e Straks.

Isso para não falar do próprio Lenin, obra do qual chegou a conhecer profundamente em seu período de maturidade. Já em seu "dicionário" (ou "cadernos"), o futuro comandante redigiria um verbete sobre o revolucionário russo (escreveu seu perfil a partir de uma obra de R. P. Ducatillon) e outro, sobre o "marxismo", no qual citaria como fonte, alguns trabalhos leninianos. Na relação de obras lidas no período, "A los pobres del campo", "La catástrofe que nos amenaza y cómo combatirla", *El Imperialismo, Fase Superior del Capitalismo* e *Un Paso Adelante, Dos Pasos Atrás.*[221]

Anos depois, em seu rol de leituras, na Sierra Maestra, constariam as *Obras Escolhidas* de Lenin, e posteriormente, quando era ministro, faria observações críticas e anotações sobre textos do mesmo autor coligidos nas *Obras Completas* (tomos 32 e 33) e nas *Escolhidas* (tomo III): *O Estado e a Revolução* (este ele estudara no México, pouco antes da expedição do *Granma*); "VIII Congreso del PC (b) de Rusia", "IX Congreso del PC (b) de Rusia", "X Congreso del PC (b) de Rusia" e "XI Congreso del PC (b) de Rusia"; *La enfermedad infantil de "izquierdismo" em el comunismo;* "II Congreso de la Internacional Comunista"; "VII Congreso de los Soviets de Toda Rusia"; "Sobre el impuesto em especie"; "Informe sobre la actividad del Consejo de Comisarios del Pueblo (24/01/1918)"; "Los sindicatos, el momento actual y los errores de Trotsky", "Las tareas inmediatas del poder soviético" e "El infantilismo 'izquierdista' y el espíritu pequeño burgués"; "Con el motivo del IV Aniversario de la Revolución de Octubre", "La NEP y los objetivos de la educación política" e "La Nueva Política Económica (informe em la VII Conferencia del Partido de la Provincia de Moscú)"; "Acerca de la significación del oro ahora y después de la victoria completa del socialismo"; "Acerca del papel y tareas de los sindicatos em las condiciones de la Nueva Política

---

221 Ver Che Guevara. *America Latina: Despertar de un Continente*, p. 175-177.

Económica"; "Discurso pronunciado em el Pleno del Soviet de Moscú el 22 de novembro de 1922"; "Para el apartado relativo al aumento del número de miembros del CC"; "Sobre la cooperación" e "Notas de un publicista".

Além disso, aparentemente apreciava a biografia de Vladimir Ilitch Ulianov escrita pelo historiador francês Gérard Walter[222] (lançada originalmente em 1950), que acabaria sendo publicada em Cuba em 1967. Por fim, o dirigente russo estaria presente nas *"libretas de lectura"* do Che durante as campanhas no Congo e na Bolívia. No primeiro caso, os volumes 32 e 33 das *Obras Completas,* além do tomo II, das *Escolhidas.* Na seleção elaborada para o final de 1966, *O Desenvolvimento do Capitalismo na Rússia, Materialismo e Empiriocriticismo* e *Cadernos Filosóficos.*

Guevara, entretanto, sentia liberdade para fazer as críticas que julgasse necessárias. E seria duro com alguns aspectos do ideário leniniano, ainda que sua admiração e respeito continuassem. De um lado, afirmaria que *O Estado e a Revolução* podia ser considerado *"como una Biblia de bolsillo para los revolucionarios. La última y más importante obra teórica de Lenin donde aparece el revolucionario integral y ortodoxo. Algunas de las recetas marxistas no las pudo cumplir em su país y debió hacer concesiones que todavía hoy pesan sobre la URSS; pero los tiempos no estaban para experimentos a largo plazo; había que dar de comer a un pueblo y organizar la defensa contra posibles ataques. Frente a la realidad de hoy,* El Estado y la Revolución *es la fuente teórico-práctica más clara y fecunda de la literatura marxista"*.[223] De outro, porém, diria que em determinados momentos coexistiriam dois (ou até três) Lenins,[224] *"el de la marcha segura hacia un futuro comunista que avizora y el pragmático desesperado que trata de encontrar una salida racional al desbarajuste económico"*.[225] Nas atas taquigrafadas de uma conhecida reunião no Ministério de Indústrias, em 1964, o Che chegaria a comentar que "estamos na presença de alguns fenômenos que se produzem porque existe uma crise de teoria, e a crise teórica se produz por haver esquecido a existência

---

222 Ver Gérard Walter. *Lenin.* Havana: Editorial de Ciencias Sociales, 2007.

223 Ver Che Guevara, comentarios a V. I. Lenin. *El Estado y la Revolución* (segunda edición), Havana, Imprenta Nacional de Cuba, sem data. In: Che Guevara. *Apuntes Críticos a la Economía Política.* Havana: Ocean Press/Ocean Sur, 2006, p. 225.

224 Ver Che Guevara, "O plano e o homem". In: Che Guevara, *Textos econômicos para a transformação do socialismo.* São Paulo, Global, 2009, p. 69.

225 Ver Che Guevara. Comentarios a V. I. Lenin, "Las tareas inmediatas del poder soviético". In: Che Guevara. *Apuntes Críticos a la Economía Política,* p. 251.

de Marx e porque ali se baseiam somente numa parte do trabalho de Lenin. O Lenin dos anos 1920 é tão somente uma pequena parte de Lenin, porque Lenin viveu muitos anos e estudou muito... É um fato que entre o Lenin de *O Estado e a Revolução* e o de *O imperialismo, Etapa Superior do Capitalismo* e o Lenin da NEP existe um abismo. Na atualidade se considera sobretudo este último período, admitindo como verdade coisas que teoricamente não são certas, que foram impostas pela prática, que estão revestidas ainda pelo perfil prático e são analisadas teoricamente, como todos os problemas da economia política do período de transição".[226]

Ou seja, Lenin seria *"el revolucionario de grandes conocimientos teóricos, desarrollando lo que Marx dice y hablando de toda una serie de cosas parecidas, del control obrero; y el revolucionario después que ha tenido que toparse con la revolución, en una Rusia atrasada y que tiene otro lenguaje distinto".*[227] De fato, a forma como se configuravam o painel econômico, os mecanismos de planificação e a gestão industrial da URSS na década de 1960 incomodava sobremaneira o membro do governo cubano. E como os soviéticos encaravam retrospectivamente a *Novaya Ekonomicheskaya Politika*, também.

O Che iria ser um ácido acusador da NEP e das posturas do líder bolchevique no momento de sua implementação. Em seus *Apuntes Críticos a la Economía Política* o guerrilheiro, de maneira polêmica, ousada e quase herética, acusaria o próprio Lenin como o grande culpado pelo que chamava de "pragmatismo inconsistente" em todos os campos da vida dos povos socialistas e da situação econômica em que se encontrava a União Soviética naquele momento. Para Guevara, se o país prosseguisse com as medidas reformistas de então (inspiradas supostamente no retrocesso político-econômico representado pela experiência nepiana), caminharia gradualmente para um retorno ao capitalismo. E, como a história mostrou, ele estava certo...

---

[226] Ver Che Guevara, "O plano e o Homem". In: Che Guevara, *Textos Econômicos para a Transformação do Socialismo*, p. 69.
[227] Ver Che Guevara. *Apuntes Críticos a la Economía Política*, p. 338-339.

AS TRADUÇÕES DA OBRA DE LENIN NO BRASIL

Fabiana Lontra[228]

O legado político de Lenin é inegável. Um dos grandes articuladores da Revolução Russa de 1917, sua incansável liderança lhe rendeu o título de primeiro governante da União Soviética. Um esforço sem precedentes fez de um retrógrado e monárquico país continental a primeira experiência a longo prazo do modelo comunista no mundo. Um esforço político, militante, militar, diplomático, popular. Mas, antes, um esforço teórico. A obra de Vladímir Lenin é monumental. Sua contribuição intelectual o coloca no Olimpo dos autores de esquerda e, independentemente das divergências inevitáveis neste campo político, a maioria dos teóricos concorda, como Lefebvre (2020), que Lenin foi o continuador de Marx e Engels. Após sua morte, uma equipe de especialistas destacados pelo governo soviético trabalhou por décadas para reunir, catalogar e sistematizar todos os seus escritos. A quinta edição de suas Obras Completas, lançada entre 1956 e 1975, que utilizamos como referência, conta com 55 volumes e mais de três mil documentos, que incluem seus livros completos, artigos, cartas, discursos etc. (Krausz, 2017).

No entanto, para a maioria dos brasileiros, de nada valem 55 volumes de teoria política *em língua russa*. A imigração no sentido Rússia-Brasil, embora tenha existido, foi modesta, o que limitou nossos laços culturais e, consequentemente, linguísticos com essa longínqua nação. O surgimento da União Soviética só fez piorar esse elo ao longo do século XX: o Brasil historicamente manteve relações exteriores com os inimigos do governo soviético, de modo que todo tipo de embargo ou bloqueio aplicados à URSS, provindos dos Estados Unidos ou da Inglaterra, por exemplo, também valiam em nosso país. Essa constatação traz consigo um problema prático: para ler Lenin, é preciso traduzi-lo. E, dada a distância cultural que apontamos acima, traduzir o autor diretamente do russo era praticamente impossível, se pensarmos no Brasil da

---

228 Mestra em Estudos da Linguagem pelo Programa de Pós-Graduação em Letras da Universidade Federal do Rio Grande do Sul (UFRGS). Bacharel em Tradução pela mesma casa.

primeira metade do século XX. Por consequência, foi necessário traduzir as obras de Lenin indiretamente, sobretudo por intermédio das línguas francesa e espanhola, para que os leitores brasileiros tivessem acesso ao pensamento do autor. As inquietações acerca da circulação da obra traduzida de Lenin e de seus tradutores foram a força motriz deste trabalho, que se debruça sobre o tema no intervalo entre 1920 e 1964[229]. Este recorte se inicia com a publicação do que consideramos o primeiro livro – ou, mais especificamente, uma brochura – traduzido de Lenin no Brasil, excluindo-se as possíveis publicações de textos em jornais e periódicos, que não foram considerados no nosso estudo. O ano de 1964 encerra nossa história por ser o início da Ditadura Militar no Brasil, que cria um grande hiato na publicação de literatura comunista no país. 1964 também marca o fim do levantamento de Edgard Carone (1986) da história do marxismo no Brasil.

Partindo do levantamento de Carone (1986), que compreende um amplo leque de autores marxistas, repertoriamos 46 edições de obras de Lenin traduzidas no Brasil entre 1920 e 1964. Apesar de muitas vezes não serem creditados, conseguimos recuperar o nome de 23 tradutoras e tradutores que contribuíram para a difusão dessa obra. São, sobretudo, militantes, de maioria nordestina, e frequentemente conciliavam a profissão de tradutor com a de jornalista e escritor. Nossa história começa com *A luta pelo pão,* brochura traduzida e editada pelo militante de tendências anarquistas José Alves. A fonte da tradução foi *La lucha por el Pan*, texto publicado na Argentina pela *Biblioteca Documentos del Progreso*, um braço editorial do Partido Comunista Argentino (Lacerda, 2019). Essa primeira publicação caracteriza bem o estado da esquerda brasileira no começo dos anos 1920: Alves, um militante libertário, mas não comunista, partiu de uma iniciativa individual. Contudo, teve como fonte o material do já consolidado PCA, o partido comunista mais antigo do nosso continente. Cumpre lembrar que o Partido Comunista Brasileiro só será fundado em 1922. A próxima brochura de Lenin a ser lançada no Brasil é, justamente, de responsabilidade do Comitê Regional do PCB de Pernambuco, intitulada *O cidadão e o produtor* (1923). Trata-se de uma entrevista de Lenin a um jornalista, sem indicação de tradutor.

---

[229] Para uma leitura mais aprofundada sobre o tema, cf. a minha dissertação de mestrado (UFRGS): *As Obras de Lenin no Brasil (1920-1964): em busca de uma história da tradução* (2022).

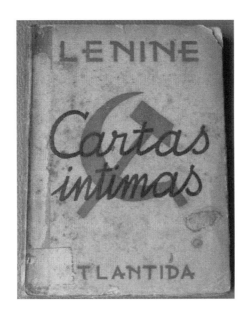

Nos anos 1930, observamos um salto de publicações de Lenin no Brasil, em consonância com o desenvolvimento do mercado editorial no país, que começa a se consolidar. Não é à toa que nosso autor foi publicado por sete editoras diferentes nessa década: Adersen, Selma, Atlântida, Calvino, Nosso Livro, Coelho Branco Filho e Unitas. Essa variedade de casas comprova que, até então, a publicação de livros de esquerda não era monopólio do Partido Comunista. Pelo contrário, a nova década trouxe ao Brasil uma nova corrente da esquerda, o trotskismo, que organizou suas ideias inicialmente através da Gráfica-Editora Unitas (Karepovs, 2013). Das treze edições publicadas nessa década, a maioria são coletâneas de artigos. No entanto, é nesse momento que vemos as obras de maior porte de Lenin sendo traduzidas para o português brasileiro, como é o caso de *O Estado e a Revolução* (original de 1917) publicado pela primeira vez no Brasil pela Unitas em 1933, em tradução assinada pelo histórico militante trotskista Mário Pedrosa. Também chegam às estantes brasileiras os clássicos *O Extremismo, Doença Infantil do Comunismo* – uma tradução curiosa para o termo esquerdismo, cujo original data de 1920 –, *O Imperialismo, Etapa Superior do Capitalismo* (original de 1917) e *A Revolução Proletária e o Renegado Kautsky* (original de 1918). É interessante perceber que a obra de Lenin chegou ao Brasil a partir dos textos mais recentes para a época. Esse detalhe pode ter tido implicações teóricas importantes para o leitor brasileiro, que não tinha acesso, ao menos na nossa língua, a textos fundamentais do pensamento leniniano. *Que fazer?*, por exemplo, livro de 1902 que traz os conceitos basilares de agitação, propaganda e organização partidária, só será publicado no Brasil em 1946.

O período de bonança editorial, no entanto, durou pouco. A criação da Lei de Segurança Nacional, popularmente conhecida como "Lei Monstro, que criminalizava a circulação de "materiais subversivos", e o malfadado Levante Comunista orquestrado pelo PCB no mesmo ano intensificou a censura aos livros. Dainis Karepovs relata um episódio de apreensão ocorrido em São Paulo, entre 1935 e 1936, em que foram confiscados cerca de 46 mil livros. O autor com mais títulos apreendidos, é claro, foi Lenin, mas também figuravam na lista autores literários como Dostoiévski e Tolstói – as autoridades brasileiras consideravam qualquer nome russo como uma ameaça. A situação piorou ainda mais com o início do Estado Novo; de fato, houve um longo hiato nas publicações de Lenin no Brasil, que só voltaram às livrarias em 1944. O retorno das traduções do nosso autor configurou, também, um período de bonança: foram 19 livros com textos de Lenin publicados entre 1944 e 1949. Com a vitória do Exército Vermelho sobre Hitler, a popularidade dos comunistas aumentou, e o PCB cresceu vertiginosamente após um período de reestruturação, o que possibilitou a criação de uma rede articulada de editoras, gráficas e livrarias, incluindo aí as editoras Calvino e Vitória (Secco, 2017).

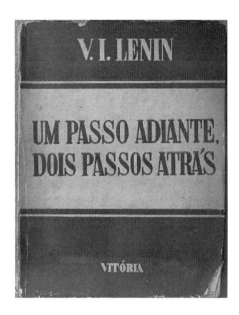

A década também marca a difusão de algumas das mais importantes obras de Lenin, até então inéditas no português brasileiro. Como dito anteriormente, *Que Fazer?*, lançado em 1902, é traduzido pela primeira vez no Brasil. *Duas táticas da social democracia na revolução democrática*, de 1905, também faz seu *début*. *Materialismo e empiro-criticismo*, obra de cunho filosófico, publicada originalmente em 1909, chega ao português na tradução de Abguar Bastos em 1946, mesmo ano do lançamento de *Um passo adiante, dois atrás*, cujo original data de 1904. Isso corrobora nosso argumento de que as principais obras de Lenin foram traduzidas, por assim dizer, de trás para frente. A tradução apenas em 1955 da primeira obra de maior importância do autor, *Quem são os Amigos do Povo e como Lutam contra os Socialdemocratas* (escrita ainda em 1894) e o fato de que *O Desenvolvimento do Capitalismo na Rússia* (de 1899) simplesmente nunca foi traduzido no período completa nosso raciocínio.

Nos anos 1950, apenas sete livros contendo textos de Lenin são publicados no Brasil, todos pela editora Vitória, que seguirá com este monopólio até 1961. Tal hegemonia atesta a responsabilidade política da editora do PCB de seguir a divulgação do autor tão fundamental para o comunismo e, consequentemente, tão perigoso para o governo brasileiro. Em relações às escolhas editoriais, é interessante notar a volta do *Testamento* de Lenin – publicado pela primeira vez no Brasil em 1932 –, desta vez em um livro-balanço do PCB, intitulado *O que é o stalinismo?* publicado em 1956, ano que marca a crise na URSS desencadeada pelas denúncias de Nikita Khruschióv sobre o governo Stalin. Ainda em 1956 é publicado a coletânea *O socialismo e a emancipação da mulher*, colocando em foco a pauta feminista. Nessa década, a Vitória também lança uma coleção de *Obras Escolhidas* de Lenin em três volumes, iniciativa inédita no Brasil. O conteúdo, no entanto, não era totalmente inédito: a própria editora já havia lançado *Que Fazer?* e *Um Passo Adiante, Dois Atrás*. A verdadeira novidade foi a tradução de *Quem são os Amigos do Povo e como Lutam contra os Socialdemocratas*, que inaugurou a série de volumes.

Infelizmente, o Brasil se encaminhava para um mais um período de fechamento de regime, de modo que o ano de 1961 tanto inicia quanto encerra a década de 1960 para as publicações de Lenin no Brasil. Foram quatro livros lançados pela Vitória, dos quais três eram coletâneas de maior porte, como *A aliança operário-camponesa*, de 649 páginas. A julgar pelo ritmo e tamanho das edições, com traduções realizadas a várias mãos, mas agora assinadas, parecia que a Vitória, apesar da ilegalidade do PCB, estava se profissionalizando cada vez mais. Nos anos seguintes, a editora dedicou-se a outros autores clássicos da esquerda, antes de fechar definitivamente suas portas com o golpe militar (Carone, 1986). Como epílogo, cumpre lembrar da interrupção do ambicioso projeto de Ênio Silveira, editor da Civilização Brasileira, de publicar as obras escolhidas de Lenin em tradução direta do russo. O tradutor e filósofo Álvaro Vieira Pinto chegou a traduzir dois dos três volumes previstos (cerca de duas mil páginas) quando, certa noite, os militares invadiram a gráfica da Civilização. Apreenderam e queimaram os originais, os manuscritos da tradução, cinco mil exemplares já impressos do primeiro volume, além do material do segundo volume, em processo de impressão, levando até mesmo os insumos da gráfica (Hallewell, 2017). O recado era claro: é perigoso demais publicar Lenin no Brasil.

O contexto editorial das publicações de Lenin atesta as particularidades, ou melhor dizendo, dificuldades do livro político no Brasil. Com poucos momentos de respiro entre longos períodos de fechamento de regime, lançar-se à tradução do nosso autor não era tarefa fácil. Em nossa análise do perfil dos tradutores (creditados) de Lenin para o português brasileiro, logo percebemos que a ampla maioria era militante ativo nas fileiras da esquerda, sobretudo do PCB. A diversidade se dá na esfera geográfica: são tradutores paulistas, mineiros, capixabas, paraenses. Mas a maioria é nordestina: são dois sergipanos, quatro baianos, um potiguar e um pernambucano. De maneira cronológica, podemos delimitar bem três tendências de esquerda entre os tradutores: o primeiro tradutor, como vimos, é o militante anarcobolchevique José Alves; em seguida, temos três militantes trotskistas – Miguel Macedo, Aristides Lobo e Mário Pedrosa. Daí em diante, dos tradutores que pudemos confirmar a filiação política, são todos militantes ou simpatizantes do PCB. Newton Freitas, Abguar Bastos e Edison Carneiro também fizeram parte da Aliança Nacional Libertadora.

Analisando nossos tradutores, podemos traçar um perfil de militante inscrito nas tarefas de agitação e propaganda, onde a tradução cumpre um papel de divulgação, juntamente com a imprensa, as práticas panfletárias, entre outras. Um exemplo é Aristides Lobo: foi secretário de Agitação e Propaganda no PCB em 1927, e depois seguiu sua trajetória política no campo trotskista, tendo trabalhado como tradutor, revisor e redator na editora do seu grupo político, a Unitas, na década seguinte. Renato Guimarães, um dos tradutores d'*A aliança operário-camponesa*, também integrou o Setor de Agitação e Propaganda do Comitê Central do PCB nos anos 1960, junto com seu irmão Fausto Cupertino, tradutor d'*O Estado e a Revolução*. Eneida de Moraes, tradutora da coletânea de *Trechos escolhidos sobre literatura e arte*, foi presa diversas vezes por organizar material panfletário (Santos, 2005). Fragmon Borges, que trabalhava ativamente na imprensa comunista, foi preso em 1961 na redação da revista *Novos Rumos*, mesmo ano da publicação de sua tradução d'*O trabalho do partido entre as massas* para a Vitória (Andrade, 2007).

Tantos outros tradutores também cumpriram papéis de peso na militância política brasileira. Abguar Bastos e Zuleika Alembert foram deputados; Armênio Guedes chegou a ser secretário pessoal de Luís Carlos Prestes e foi enviado pelo partido para estudar na Escola de Quadros de Moscou, assim como Fausto Cupertino (Souza, 2015; Gaspari, 2017). Helga Hoffmann foi a primeira presidente da União Brasileira dos Estudantes Secundaristas (Lovatto, 2009). Alina Paim foi escritora ativa no projeto de introdução do realismo socialista na literatura brasileira, e teve sua obra traduzida e publicada na União Soviética, China, Bulgária e Alemanha (Cardoso, 2010). Esses são apenas alguns exemplos das riquíssimas histórias dos tradutores de Lenin no Brasil.

Livros de Lenin traduzidos e publicados no Brasil entre 1920-1964

Ano	Livro	Editora	Tradutor(a)	Outros autores inclusos
1920	A luta pelo pão: a luta pela existência	José Alves	José Alves	-
1923	O cidadão e o produtor: entrevista que o Cel. Raymundo Robins, presidente da Cruz Vermelha norte-americana, teve com Lenin, presidente do Colégio dos Comissários do povo nos Estados-Unidos Sovietistas	Comitê regional de Pernambuco – PCB	Desconhecido	-
1930	O marxismo	?	Miguel Macedo	-
1931	No caminho da insurreição	Unitas	Aristides Lobo	-
1932	A verdade sobre a Rússia: pontos capitais de análise da ação de Stalin no governo	Coelho Branco Filho	Desconhecido	Trótski, L.
1933	O Estado e a revolução: o que ensina o marxismo sobre o Estado e o papel do proletariado na revolução	Unitas	Mário Pedrosa	-
1933	O marxismo	Unitas	Desconhecido	Engels, F.; Kautsky, K; Plerránov, G.; Luxemburg, R.
1934	Cartas íntimas	Atlântida	Osvaldo Castro	Krúpskaia, N.
1934	O extremismo, doença infantil do comunismo. Ensaios de popularização da estratégia e da tática marxista	Calvino	Armando Lauria	-
1934	O imperialismo, etapa superior do capitalismo	Nosso Livro	Desconhecido	-
1934	A luta contra a guerra: com um apêndice sobre a experiência internacional dos movimentos antiguerreiros nos últimos tempos	Calvino	Desconhecido	-
1934	Memórias	Selma	Newton Freitas	-

Ano	Livro	Editora	Tradutor(a)	Outros autores inclusos
1934	A religião	Atlântida	Desconhecido	-
1934	A revolução proletária e o renegado Kautsky	Unitas	Mário Pedrosa	Trótski, L.
1934	Tática e objetivos da revolução	Selma	Radamés Montá	-
1935	Comunismo: iniciação doutrinária	Adersen	Aurélio Pinheiro	-
1944	Carlos Marx, sua vida e sua obra	Calvino	Abguar Bastos	Beer, M.; Lafargue, P.; Marx, E.; Luxemburg, R.
ca. 1945	O capitalismo de Estado e o imposto em espécie	Guaíra	Desconhecido	-
1945	Duas táticas da social democracia na revolução democrática	Vitória	Aldenor Campos	-
1945	Duas táticas da social democracia na revolução democrática	Calvino	Luís C. Afilhado	-
ca.1945	O marxismo	Guaíra	Desconhecido	Engels, F.; Kautsky, K; Plerránov, G.; Luxemburg, R.
1945	Marx-Engels e marxismo	Calvino	J. de Sá Carvalho	Marx, C.; Engels, F.
1945	Trechos escolhidos sobre literatura e arte	Calvino	Eneida	Fréville, J. (Org.); Marx, C.; Engels, F.; Stalin, J.
1945	A questão agrária e os "críticos de Marx"	Calvino	C. F. de Freitas Casanovas	Stalin, J.
1945	Manifesto comunista	Triângulo	J. de Sá Carvalho	Marx, K.; Engels, F.
1946	A doença infantil do "esquerdismo" no comunismo	Vitória	Aldenor Campos	-

Ano	Livro	Editora	Tradutor(a)	Outros autores inclusos
1946	O Estado e a revolução: a teoria marxista do Estado e os objetivos do proletariado na revolução	Vitória	Desconhecido	-
ca. 1946	O Estado e a revolução: o que ensina o marxismo sobre o Estado e o papel do proletariado na revolução	Guaíra	Aristides Lobo	-
1946	Materialismo e empiro-criticismo: notas e críticas sobre uma filosofia reacionária	Calvino	Abguar Bastos	-
1946	Que fazer?	Calvino	Luis C. Afilhado e Edison Dias	-
1946	Que fazer?	Vitória	Alina Paim e Gilberto Paim	-
1946	Um passo adiante, dois passos atrás	Vitória	Alina Paim e Gilberto Paim	-
1947	O imperialismo, fase superior do capitalismo	Vitória	Laura Austragésilo	-
1947	O socialismo e a guerra	Vitória	Edison Carneiro	-
1949	Lenin, Stalin e a paz	Vitória	Desconhecido	Stalin, J.
1954	O programa agrário da social democracia na primeira revolução russa de 1905-1907	Vitória	Desconhecido	-
1955	Quem são os amigos do povo e como lutam contra os socialdemocratas	Vitória	Desconhecido	Stalin, J.
1955	Que fazer?	Vitória	Desconhecido	-
1955	Um passo adiante, dois atrás	Vitória	Desconhecido	-
1956	O socialismo e a emancipação da mulher	Vitória	Desconhecido	-

Ano	Livro	Editora	Tradutor(a)	Outros autores inclusos
1956	O que é o stalinismo?	Vitória	Desconhecido	Denis, E.; Togliatti, P.; Khruschióv, N.
1960	A doença infantil do "esquerdismo" no comunismo	Vitória	Luiz Fernando	-
1961	A aliança operário-camponesa	Vitória	Renato Guimarães, Fausto Cupertino, Regina Maria Mello e Helga Hoffman	-
1961	O Estado e a revolução: a doutrina marxista do Estado e as tarefas do proletariado na revolução	Vitória	Regina Maria Melo Fausto Cupertino	-
1961	Sobre os sindicatos	Vitória	Armênio Guedes, Zuleika Alambert e Luiz Fernando Cardoso	-
1961	O trabalho do partido entre as massas: artigos e discursos	Vitória	Fragmon Borges	-

Fonte: nossa autoria, com base em Carone (1986)

REFERÊNCIAS

ANDRADE, Miguel Caballero de. *"Novos Rumos"*: a história do semanário do PCB, de 1959 a 1964. 2007. 56 f. Monografia (Graduação em Comunicação Social) – Escola de Comunicação, Universidade Federal do Rio de Janeiro, Rio de Janeiro, 2007.

CARDOSO, Ana Maria Leal. Alina Paim: uma romancista esquecida nos labirintos do tempo. *Aletria*, Belo Horizonte, v. 20, n. 2, p. 125-132, mai.-ago. 2010.

CARONE, Edgard. *O Marxismo no Brasil*: das origens a 1964. Rio de Janeiro: Dois Pontos, 1986.

GASPARI, Elio. *A Ditadura Acabada*. Rio de Janeiro: Intrínseca, 2017.

GOMIDE, Bruno Barretto. *Dostoiévski na Rua do Ouvidor*: A Literatura Russa e o Estado Novo. São Paulo: Editora da Universidade de São Paulo/FAPESP, 2018.

HALLEWELL, Laurence. *O Livro no Brasil*: sua história. Tradução de Maria da Penha Villalobos, Lólio Lourenço de Oliveira e Geraldo Gerson de Souza. 3ª ed. São Paulo: Edusp, 2017.

JUBERTE, Vinícius. *O PCB e os Livros*: a Editorial Calvino no período da legalidade do partido nos anos 1940 (1943-1948). 2016. 172 f. Dissertação (Mestrado em História Econômica) – Faculdade de Filosofia, Letras e Ciências Humanas, Universidade de São Paulo, São Paulo, 2016.

KAREPOVS, Dainis. A Gráfico-Editora Unitas e seu projeto editorial de difusão do marxismo no Brasil dos anos 1930. *In*: MIDORI DEAECTO, Marisa; MOLLIER, Jean-Yves. (Orgs.). *Edição e Revolução*: Leituras comunistas no Brasil e na França. Cotia: Ateliê Editorial; Belo Horizonte: Editora UFMG, 2013. p. 65-119.

KRAUSZ, Tamás. *Reconstruindo Lenin*. Tradução de Baltazar Pereira. São Paulo: Boitempo, 2017.

LACERDA, Felipe Castilho de. *Octávio Brandão e As Matrizes Intelectuais do Comunismo no Brasil*. Cotia: Ateliê Editorial, 2019.

LEFEBVRE, Henri. *O Pensamento de Lenin*. Tradução de Bruno Santana e Gabriel Landi. São Paulo: LavraPalavra Editorial, 2020.

LENIN, Vladímir Ilítch. Polnoe Sobranie Sotchineniy. 5ª ed. Moscou: Instituto do Marxismo-Leninismo, 1969. Disponível em: http://kvistrel.ucoz.ru/biblioteka/LeninSob/34.htm. Acesso em: 2 fev. 2024.

LIMA, Aruã Silva de. A Internacional Comunista entre Argentina e México: exemplos de descompassos entre a Revolução Mundial e a classe trabalhadora (1917-1924). *Revista Escrita da História*, [S. l.], v. 6, n. 12, p. 59-80, jul.-dez. 2019.

LONTRA DA CONCEIÇÃO, Fabiana Zogbi. *As Obras de Lenin no Brasil (1920-1964)*: em busca de uma história da tradução (2022). 2022. 152 f. Dissertação (Mestrado) – Instituto de Letras, Universidade Federal do Rio Grande do Sul, Porto Alegre, 2022.

LOVATTO, Angélica. *Maria Augusta Tibiriçá Miranda e Helga Hoffmann*: presença feminina nos Cadernos do Povo Brasileiro nos anos 1960. *Mediações*, Londrina, v. 14, n. 2, p. 178-197, jul.-dez. 2009.

MAUÉS, Flamarion. A Editorial Vitória e a Divulgação das Ideias Comunistas no Brasil (1944-1964). In: MIDORI DEAECTO, Marisa; MOLLIER, Jean-Yves. (Orgs.). *Edição e Revolução*: Leituras comunistas no Brasil e na França. Cotia: Ateliê Editorial; Belo Horizonte: Editora UFMG, 2013. p. 121-152.

MONIZ BANDEIRA, Luiz Alberto; MELO, Clóvis; ANDRADE, Aristélio Travassos. *O Ano Vermelho:* a revolução russa e seus reflexos no Brasil. 2ª ed. São Paulo: Brasiliense, 1980.

SANTOS, Eunice Ferreira dos. *Eneida de Moraes*: militância e memória. Em tese, Belo Horizonte, v. 9. p. 99-106, dez. 2005.

SECCO, Lincoln. Leituras Comunistas no Brasil (1919-1943). *In:* MIDORI DEAECTO, Marisa; MOLLIER, Jean-Yves. (Orgs.). *Edição e Revolução*: Leituras comunistas no Brasil e na França. Cotia: Ateliê Editorial; Belo Horizonte: Editora UFMG, 2013. p. 29-64.

SECCO, Lincoln. *A Batalha dos Livros*: formação da esquerda no Brasil. Cotia: Ateliê Editorial, 2017.

SOUZA, Cláudio. Morre o jornalista Armênio Guedes, líder histórico do Partido Comunista. In: *Associação Brasileira de Imprensa*, 13 mar. 2015. Disponível em: http://www.abi.org.br/morre-em-sao-paulo-o-jornalista-armenio-guedes-lider-do-partidocomunista-brasileiro-pcb/. Acesso em: 23 ago. 2020.

LENIN E A REVOLUÇÃO BRASILEIRA

Ruy Mauro Marini[230]
As Alianças de Classes[231]

Este é, sem dúvida, um elemento central do conceito de democracia, que lhe confere sua especificidade, independente do sistema econômico com o qual convive: o reconhecimento de divergências e choques de interesses entre os atores políticos (a democracia socialista não faz mais do que converter em sujeitos políticos reais as grandes massas do povo, o que a democracia burguesa coíbe e reprime) e a possibilidade efetiva de que eles sejam solucionados pacificamente, por meio de negociação e do consenso. No momento em que um sujeito impõe a outro uma solução de força, está abandonando o terreno da democracia, por mais que, aos olhos dos contemporâneos em perspectiva histórica se procure justificar esta imposição como destinada a garantir, a longo prazo, a própria democracia. Pode-se discutir se, caso não houvesse ocorrido a coletivização, a União Soviética teria sido capaz de levar adiante sua edificação socialista; mas não há dúvida de que a coletivização constituiu um modo não-democrático de solucionar a crise a que havia chegado a aliança operário/camponesa.

Nesta perspectiva, a democracia, mais além das instituições jurídico políticas em que se expressa, configura um modo, um método para solucionar as divergências entre os sujeitos políticos, isto é, de modo geral, entre as classes sociais. Entre todas? A visão leninista, inscrita em um contexto de guerra civil e de agressão internacional, responde a esta pergunta restringindo a

---

[230] Ruy Mauro Marini (1932-1997) foi cientista social, conhecido internacionalmente como um dos elaboradores da Teoria Marxista da Dependência. Esta seleção de textos teve organização de Tomás Becker (Pesquisador do PEPO, Grupo de Pesquisa CNPq "Pensamento Político Brasileiro e Latino-americano, UNESP-Marília). Os excertos aqui apresentados, extraídos da obra de Ruy Mauro Marini, contribuem para que o leitor não somente tenha acesso ao seu pensamento político e à leitura que faz da obra de Lenin, como também expõem a importância que a teoria do líder bolchevique exerceu no autor para sua formulação de uma teoria da revolução proletária no Brasil.

[231] Texto extraído de Ruy Mauro Marini. Duas notas sobre o socialismo. *Lutas Sociais,* São Paulo, nº 5, jul/dez 1998.

democracia ao campo da revolução, à aliança operário/camponesa, e a torna gêmea da ditadura a ser exercida sobre a burguesia, que promove esta guerra e esta agressão. Deixemos de lado, por enquanto, a questão de saber se essa dualidade é consubstancial ao conceito de democracia socialista e nos ocupemos, inicialmente, de como Lenin concebe o seu exercício. Na Revolução Russa, a aliança operário-camponesa não é uma aliança entre iguais. Isto fica claramente estabelecido na Constituição de 1921, que superdimensiona a representação política do proletariado em detrimento dos camponeses. Considera-se esta aliança como a que realiza a classe revolucionária – o proletariado – com a imensa massa oprimida e explorada da Rússia, a qual se compõe essencialmente de camponeses, e que ela se baseia na insubmissão destes a esta opressão e exploração, o que também os converte em revolucionários. Porém, enquanto os camponeses podem se contentar com o acesso ao direito de propriedade, mantendo-se, por ele, nos marcos da revolução burguesa, o proletariado quer ir além e suprimir a propriedade privada dos meios de produção, como modo de garantir a igualdade política e, enfim, a liberdade. A questão consiste, para o proletariado, em convencer o campesinato a lutar contra seu interesse imediato, a propriedade privada, em troca da satisfação de seu interesse geral, ou seja, o término de qualquer forma de opressão e exploração.

Convencer significa persuadir. Existe, para isto, uma razão prática: por sua situação minoritária na sociedade, o proletariado não tem condições de submeter o campesinato pela força, mesmo que alegasse que o faz em benefício deste, sem colocar em xeque a aliança de classes. Mas também existe uma questão de princípio: submetê-lo pela força contraria a vocação democrática do proletariado.

Portanto, é preciso recorrer mais à persuasão do que à coerção: isto é o que faz do Estado operário-camponês um Estado democrático, ou seja, um Estado cuja característica central é a solução das divergências entre as classes mediante a discussão e o consenso. A forma e a duração da transição socialista estarão determinadas, antes de tudo, pelo modo como se enfrentam as divergências e tempo que sua resolução exija. Até então, as duas classes têm de conviver pacificamente, fazendo concessões mútuas, nos marcos das instituições estatais que assegurem esta convivência. A convivência democrática não impede, mas, ao contrário, exige iniciativas tendentes a modificá-la. Do contrário, resultaria em estagnação, o pior inimigo dos grandes projetos históricos. Enquanto essas iniciativas se mantêm no plano da persuasão, elas não afetam em nada o caráter democrático do Estado. Bastaria, porém, que assumissem um caráter coercitivo para que a democracia fosse posta em xeque.

Isto nos leva a perguntar o que é a lei em um Estado democrático. Instrumento mediante o qual este fixa objetivos e estabelece procedimentos sob pena de sanção, o que a converte em medida coercitiva, a lei não poderia existir em um regime no qual todos fossem iguais e ninguém tivesse o direito de impor qualquer coisa ao outro. Para que ela exista, é necessário que a tomada de decisões em uma sociedade não se reparta equitativamente entre os indivíduos e as classes que a compõem – o que não tem nada a ver com a igualdade de todos perante a lei, noção que a revolução proletária herda da revolução burguesa. Democracia e igualdade política não são, pois, idênticas. A democracia implica desigualdade no plano da tomada de decisões e implica necessariamente um modo de dominação. A especificidade da democracia socialista reside em que a dominação tende a se exercer predominantemente por meio da persuasão e não pela coerção.

Eis porque, para Lenin, a lei não é um mero imperativo que implica uma sanção (como ocorre na democracia burguesa), mas também – e sobretudo – enquanto meio de ação da democracia socialista, um elemento educativo, que coloca objetivos e que os explica, cabendo ao Estado (e ao partido) aplicá-los por meio da persuasão. A lei ideal na democracia socialista é aquela que contém mais preâmbulo do que artigos e que serve de ferramenta aos agitadores e propagandistas para induzir comportamentos revolucionários[232]. No limite, a lei é apenas uma forma mais desenvolvida de educação política[233]. A este respeito, Lenin afirmou que, "se esperássemos que a redação de uma centena de decretos fosse mudar toda a vida do campo, seríamos uns rematados idiotas. Mas se renunciássemos a indicar nos decretos o caminho a seguir, seríamos traidores ao socialismo. Estes decretos, que na prática não puderam ser aplicados imediata e integralmente desempenharam um grande papel para a

---

[232] Isto foi o que vislumbrou Rousseau, ao se ocupar do tema da desigualdade, e que quase o levou ao ponto de ruptura com a ideologia burguesa. Sua fidelidade ao pequeno produtor e, por fim, à pequena propriedade individual o impediu de fazê-lo. Disto se aproveitou a burguesia para, mesmo a contragosto, empreender a recuperação de sua doutrina.

[233] É mais desenvolvida porque a classe que a utiliza conta com o Estado para apoiá-la, mesmo que não tanto pelo uso da força, mas antes pela pressão econômica; *v.g.*, a prioridade concedida às cooperativas agrícolas para a obtenção de recursos do Estado.

propaganda (...) O nosso decreto é um apelo, mas não no espírito anterior: 'Operários, erguei-vos, derrubai a burguesia!' Não, é um apelo às massas, um apelo à ação prática. Os decretos são instruções que chamam à ação prática de massas". (V. I. Lenin. *Relatório sobre o Trabalho no Campo*. s/d)[234].

Os Caminhos da Revolução[235]

Esta revolução é necessariamente violenta? Marx admite a possibilidade do caminho pacífico, baseado no compromisso, em países sem grande desenvolvimento da burocracia e do exército, ou seja, países onde o Estado burguês não alcançou sua plena maturidade. Em sua análise do problema, Lenin parte da visão do capitalismo em sua fase imperialista para sustentar que a via pacífica estava cancelada precisamente naqueles países onde Marx a julgara mais praticável (Estados Unidos, por exemplo). As reflexões de Lenin, retomadas depois pela Terceira Internacional, farão do imperialismo a pedra angular da estratégia da revolução violenta, particularmente nos países do Terceiro Mundo. A história deu razão a Lenin. Não há motivo para supor que a possibilidade da revolução pacífica não se possa recolocar, ainda sobre bases distintas das que Marx estabeleceu. Em um marco que se caracterizara pelo reforço constante do socialismo e o avanço permanente do movimento revolucionário mundial, a correlação de forças internacional se tornará inteiramente desfavorável à burguesia. Isto assentará as premissas para as revoluções pacíficas, capazes de praticar em ampla escala o compromisso e o pluralismo, o que poupará custos e sofrimento dos povos que estiveram em condições de fazê-lo. Obviamente, esta não é a situação que estamos vivendo. Pior ainda, passamos por um período que não favorece uma estratégia ofensiva por parte das forças socialistas, o que faz, ao menos por certo tempo, improvável a revolução violenta. Vemo-nos, pois, forçados a buscar novas formas de ação, orientadas para colocar os trabalhadores em condições de solucionar a seu favor a disputa pelo poder, nas circunstâncias atuais.

---

234 Mais adiante, ele acrescenta: "Os nossos decretos em relação às explorações camponesas são basicamente justos. Não temos motivos para renunciar a nenhum deles nem para lamentar um único. Mas se os decretos são justos, é injusto impô-los pela força ao camponês".

235 Texto extraído de Ruy Mauro Marini. Duas notas sobre o socialismo. *Lutas Sociais*, São Paulo, nº 5, p. 122-123, jul/dez 1998.

Como nós marxistas sabemos, as formas de ação não podem ser fruto de uma simples invenção, têm que representar a expressão consciente do movimento espontâneo das lutas de classes. 70 anos de triunfos e derrotas do socialismo proporcionam uma ampla gama de experiências, cuja riqueza nossa reflexão está, todavia, longe de esgotar. Porém, não há dúvida de que elas nos colocam uma exigência fundamental: apreender, em sua expressão concreta e particular, a especificidade da relação socialismo-democracia e entender, em cada caso, como se configurarão as contradições que ela implica. Em particular, estamos obrigados a analisar as causas da crise do socialismo na União Soviética e na Europa Oriental, sem lamentar a derrocada de regimes que sabíamos incapazes de realizar as tarefas da transição socialista. Trata-sede investigar e descobrir as perspectivas de transformação social que o atual desenvolvimento das forças produtivas está abrindo, na medida em que tende a superar as diferenças entre o campo e a cidade, homogeneizar em âmbito mundial as condições técnicas de produção e internacionalizar o processo de trabalho. Trata-se também de determinar até que ponto este desenvolvimento, que privilegia o trabalho intelectual e os serviços produtivos, afeta o conceito de proletariado, pelas diferenciações que introduz no interior da classe trabalhadora. Trata-se, sobretudo, de entender as novas formas de ação e os mecanismos de participação que as massas estão criando para intervir de modo mais ativo no plano da gestão empresarial e política.

O controle operário, a cogestão e a autogestão das empresas; a luta eleitoral e a participação no parlamento e nos governos locais; a participação e o controle popular sobre as políticas orçamentária, educacional, de saúde, de transporte público, junto à reivindicação de uma maior autonomia regional e local; a democratização dos meios de comunicação e o rechaço da censura; a crítica às desigualdades de base econômica, étnica ou sexual: estes são alguns dos instrumentos de que as massas estão lançando mão, aqui e ali, para defender seus interesses, elevar sua cultura política e amadurecer seu espírito revolucionário. É por este caminho que elas estão se capacitando para – diferentemente do ocorreu até agora nas revoluções socialistas – assumirem, elas mesmas, a direção do processo de transição socialista. O que, ao fim e ao cabo, é a única garantia segura de seu êxito.

O LEGADO DE LENIN NEGADO

Sungur Savran[236]

Estamos reunidos militantes dos cinco continentes no centenário da morte de Lenin para discutir o seu legado, porque estamos mais interessados no futuro do que no passado ou, melhor, estamos interessados no passado na medida em que ele nos ensina sobre o futuro. É por isso que o legado de Lenin significa tanto para nós e queremos discuti-lo. Lenin é considerado, mesmo no melhor dos casos, simplesmente como o grande líder da onda revolucionária do início do século XX. Talvez alguns vão mais longe e digam que Lenin legou à posteridade a experiência de um Estado operário como a União Soviética, um laboratório para o futuro, e assim tornou possível uma melhor preparação para revoluções futuras. Mas isso está longe de esgotar a importância de Lenin na história e no futuro. Lenin, de fato, é um farol para aqueles que desejam evitar a recorrência do colapso que a construção socialista sofreu no final do século XX. Lenin é o pioneiro que descobriu o caminho para o socialismo internacional e, portanto, mesmo agora, fornece uma alternativa à degeneração, decadência e colapso final que o socialismo experimentou. A ação e o pensamento de Lenin são integralmente atuais no século XXI.

Qual é a alternativa que Lenin oferece ao socialismo do século XXI? Infelizmente, essa alternativa escapou até aos seus seguidores mais leais. Algumas das iniciativas mais importantes que tomou nos últimos anos da sua vida passaram despercebidas e foram mal compreendidas ou deliberadamente negadas e suprimidas. A razão para esta última atitude é, naturalmente, o triunfo do nacional-comunismo da burocracia sobre o programa da revolução mundial. No entanto, é triste dizer que os mais leais às realizações e ideias de Lenin não compreenderam alguns dos aspectos mais importantes do seu legado. É do conhecimento geral que Lenin fez uma observação

---

[236] Sungur Savran, ativista político e tradutor, mora em Istambul e é um dos editores do jornal *Gerçek* (Verdade) e da revista teórica *Devrimci Marksizm* (Marxismo Revolucionário), ambos publicados em turco, e do site *RedMed*.

surpreendente em 1914 nas notas que tomou para si enquanto lia *A Ciência da Lógica* de Hegel e outras obras. À luz da sua leitura do filósofo da dialética, Lenin chegou ao seguinte julgamento: "É impossível compreender completamente *O Capital* de Marx, e especialmente o seu primeiro capítulo, sem ter estudado e compreendido a fundo toda a *Lógica* de Hegel. Consequentemente, meio século depois, nenhum dos marxistas compreendeu Marx!" Receio que o mesmo destino tenha acontecido com o trabalho da vida de Lenin. A nossa afirmação de que o legado de Lenin foi mal compreendido ou deliberadamente negado baseia-se nesta infeliz circunstância. Por outras palavras, as novidades que Lenin formulou em termos de visão estratégica e de programa passaram despercebidas durante um século.

A prática revolucionária de Lenin desde a Grande Guerra, ou seja, durante sua última década de vida (1914-1924), deu origem a uma visão programática e estratégica inteiramente original para o avanço da revolução mundial. É esta visão estratégica a que tem sido ignorada ou negada durante os últimos cem anos. Vou deter-me numa única área, o ápice da sua visão internacionalista. Chamo a isto a "questão das nações", não a "questão nacional", como é comumente chamada. Por que me debruço só sobre isso? Por várias razões. Primeiro, é uma área que tem sido imensamente subestimada. Lembre-se, não estou falando da "questão nacional". Isso tem sido amplamente discutido. Mas não a "questão das nações" que irei abordar. A segunda razão é que esta é a área em que Lenin se destaca como o principal porta-voz da revolução mundial no século XX, em oposição ao nacional-comunismo. E porque a principal razão do colapso da experiência de construção socialista e dos Estados operários no século XX é o fracasso do comunismo em abordar a questão da revolução mundial da forma adequada, porque o comunismo internacional foi traído por muitos, começando pela burocracia soviética, esta polarização entre a revolução mundial e o internacionalismo, por um lado, e o socialismo num país e o nacional-comunismo, por outro, é o problema mais vital a ser superado para o socialismo do futuro, o socialismo do século XXI século. Lenin forneceu respostas sobre o que deve ser feito. O legado de Lenin fornece um programa, uma estratégia e um método, além da concepção do partido e da Internacional, para o futuro do socialismo.

Em terceiro lugar, essa visão não é compreendida nem apreendida nem mesmo pelos seguidores mais leais de Lenin e pelos melhores elementos do movimento marxista revolucionário em todo o mundo. Nem a luta prática de Lenin para moldar a União Soviética da forma como esta finalmente tomou, nem a prática de Lenin para conquistar todo o Oriente russo, em particular os povos muçulmanos do império czarista, nem ainda sua visão para a futura República Socialista Mundial, foram realmente apreciadas até hoje. Qual é, então, a "questão das nações"? Esta questão não é coextensiva com a "questão nacional", que tem sido debatida incessantemente. A inclui, mas não pode ser reduzida a essa questão. A famosa "questão nacional" que todos reconhecem ser parte integrante do programa dos bolcheviques, graças aos esforços intermináveis de Lenin, é apenas um elemento na muito maior "questão das nações".

A "questão das nações" é algo muito mais extenso e definitivamente não é uma "questão democrática", é uma questão que está diretamente relacionada com o socialismo e o comunismo. A sua importância não se limita à questão tática de como lidar com as relações entre as nações de uma forma democrática até a revolução socialista chegar e resolver a questão nacional. Pelo contrário, após o divisor de águas da Primeira Guerra Mundial em 1914 e a traição total dos Kautsky e dos Ebert, dos Longuets e dos Plekhanov, Lenin refletiu sobre o conjunto de questões colocadas pela multidão de nações no mundo como um problema para a construção do socialismo e uma barreira a ser tratada com atenção e tato no caminho para o comunismo.

Lenin colocou uma questão inteiramente nova na história do movimento comunista. Para Marx e Engels, a necessidade da libertação irlandesa era uma condição da revolução socialista. Enquanto a nação irlandesa estivesse subordinada à inglesa, a classe trabalhadora permaneceria dividida em termos nacionais. Essa foi também a base da persistente ênfase de Lenin na "questão nacional" até 1914, lutando enquanto o Partido Bolchevique se encontrava numa notória "prisão de nações" que era a Rússia czarista. Depois de 1914, Lenin refletiu sobre uma questão totalmente diferente: num mundo dividido em nações com interesses contraditórios e até hostis, como iria a ditadura do proletariado superar e transcender as contradições entre essa multidão de nações? Esta é a questão das nações, que não está relacionada com "direitos democráticos", mas com a construção do socialismo no período de transição entre a sociedade capitalista e a sociedade sem classes. Além disso, não é uma questão tática que possa ser resolvida através de diferentes métodos em diferentes contextos nacionais. É uma questão estratégica na qual todo o programa comunista se baseia. O programa político que Lenin formulou para a solução da tradicional "questão nacional" continua a fazer parte desta nova visão estratégica. O programa em questão pode ser resumido em três títulos:

O direito das nações à autodeterminação: Esta é uma continuação da medida democrática e tática anterior de unificar a classe trabalhadora de cada país ou região mais ampla. Este direito proporciona às nações oprimidas a garantia de que o proletariado daquela que foi anteriormente a nação opressora, ou seja, os russos depois de 1917, os sérvios depois de 1944, a nacionalidade Han depois de 1949, etc., não pretende continuar a opressão implementada pela sua burguesia. contra as nações oprimidas, para que o esforço conjunto do proletariado da nação opressora e das nações e nacionalidades oprimidas valha a pena ser prosseguido também pelas nações oprimidas na tentativa de alcançar juntas uma sociedade sem classes.

O princípio federal: Lenin foi, até ao fim, um fervoroso partidário da unificação económica no mais alto nível possível. É por isso que antes da revolução ele era contra o federalismo. No entanto, tendo experimentado o chauvinismo persistente da nação opressora, mesmo nas fileiras do proletariado e da sua vanguarda, ele rapidamente se voltou para o federalismo, insistindo ao mesmo tempo no centralismo económico. O princípio federal também foi reforçado e integrado ao direito à autodeterminação.

Igualdade real entre nações, para além da igualdade formal: Lenin insistiu em que a igualdade formal entre nações opressoras e oprimidas era, na melhor das hipóteses, uma perspectiva pequeno-burguesa que iria, em última análise, descer ao nível de uma posição burguesa, tal como a igualdade formal perante a a lei era um princípio burguês que poderia coexistir com uma gigantesca desigualdade socioeconómica entre classes. Assim, defendeu o que hoje é chamado de "discriminação positiva" (britânica) ou "ação afirmativa" (EUA) em favor das nações oprimidas. A estratégia que Lenin seguiu na sua prática no território dos sovietes, uma estratégia que ele defendeu face à resistência de quadrantes dentro do Partido Bolchevique, mas com o total apoio de Trotsky, estava em completa harmonia com essa orientação programática. Com a concessão pacífica a cinco nações do direito à autodeterminação: a Finlândia, os três estados bálticos (Estónia, Lituânia e Letónia) e, de forma um pouco mais controversa, a Polónia, esses países receberam a independência como um sinal prático e uma confirmação do compromisso do novo governo soviético com o direito à autodeterminação. Extremo respeito pelas sensibilidades nacionais e religiosas específicas dos povos orientais dentro do antigo império czarista: isto foi fundamental para conquistá-los para o regime soviético, apesar do fato de apenas um punhado desses povos possuir um mínimo de proletariado moderno nas suas estruturas de classes.

A fundação da União Soviética em bases igualitárias: isto significa condições fundamentalmente iguais para as nações principais e uma base honrosamente autónoma para as nações mais pequenas; nenhum privilégio para a nação russa dominante. Enquanto Lenin lutava contra a deterioração do seu estado de saúde, Stalin e os seus co-pensadores no Comissariado para os Assuntos Nacionais desenvolviam um projeto para unificar os governos soviéticos existentes em diferentes cantos da antiga Rússia czarista (por exemplo, Rússia, Ucrânia, Bielorrússia, Arménia, Geórgia, Azerbaijão) com base na autodenominada "autonomização". Isto significava que todas as outras nações se juntariam à já estabelecida República Socialista Federativa Soviética Russa (RSFSR) como repúblicas autónomas, a par, por exemplo, do Bascordistão ou do Daguestão, sendo estas nações mais pequenas subunidades do coração da Rússia. Lenin lutou com unhas e dentes contra isso e fez vencer o seu projeto de União das Repúblicas Socialistas Soviéticas, que estabeleceu a igualdade entre os maiores grupos nacionais no território soviético. Foi neste contexto que Lenin ditou aos seus secretários sua *Questão das Nacionalidades ou "Autonomização"*, escrita contra Stalin e o seu grupo, o mais poderoso dos seus textos defendendo a igualdade real entre as nações em oposição à desigualdade formal.

"Korenizatsiya": não só a estas grandes nações da antiga Rússia czarista, mas também às mais pequenas nações e nacionalidades da Rússia propriamente dita, foi concedido o direito de governar a sua própria unidade federativa dentro da república federal, com a participação ativa do seu povo, aprendendo e usando a sua própria língua juntamente com o russo, a língua federal de comunicação, e mobilizando as forças do seu povo a fim de criar um renascimento nacional após décadas, por vezes séculos, de servidão sob o regime czarista. Esta é a base sólida sobre a qual se ergueu a espantosa estrutura nacional da União Soviética, uma estrutura que nem mesmo o nacional-comunismo e o crescente nacionalismo russo, que a burocracia alimentou ao longo das décadas, conseguiram desfazer totalmente. Este é também o precedente de décadas

de implementação bem sucedida de uma política nacional igualitária noutros países socialistas multinacionais, como a Iugoslávia.

O resultado da insistência obstinada de Lenin na liberdade de separação das nações e na importância da igualdade real, em vez da formal, foi a criação de um Estado diferente de qualquer outro na era moderna. A URSS destaca-se como um caso único de Estado nos anais da construção do Estado em toda a era moderna. Note-se o uso de um termo incomum, "construção do Estado", em vez do habitual "construção da nação", utilizado pelos círculos oficiais e intelectuais dos EUA. Isto é obviamente proposital. Pois, para colocar a questão na sua forma mais crua, coloquemos a seguinte questão: na era dos Estados-nação, a que nação pertence este Estado? Qual é a resposta a esta pergunta? Silêncio total. Não há nenhuma nação envolvida aqui! Pela primeira vez na história moderna, temos um Estado que não traz na sua denominação o nome de uma nação ou mesmo de um espaço geográfico, como os Estados Unidos da América (a propósito, não esqueçamos que "América" se tornou verdadeiramente o nome de uma nação.) A URSS é um Estado sem nação. Se, como Lenin acreditava, o período de transição para o socialismo deve superar e deixar para trás todas as divisões nacionais, a URSS, na forma, mas ainda não na substância, já iniciou a trajetória em direção dessa superação, dessa *aufhebung* das nações.

No antípoda desta entidade política sem nação estão as unidades federativas, as regiões autónomas, as repúblicas autónomas e as repúblicas soviéticas da mesma estrutura estatal. Estas são unidades que dão vida às nacionalidades, línguas e culturas da Rússia czarista, que antes morriam, e que, agora, encontram as melhores condições para reviver essas nações e nacionalidades. Qual é a contradição no cerne da concepção leninista do Estado de transição? Por que um Estado sem nação com subunidades cheias de zelo pela construção da nação e *korenizatsiya*? Esta contradição é dialética no melhor sentido da palavra. A política de renascimento nacional e *korenizatsiya*, no extremo oposto do Estado federal sem nação, é exatamente a personificação do princípio da igualdade real em oposição à igualdade formal que Lenin defende. Para que as nações sejam iguais não apenas formalmente, mas em termos reais, o que é necessário, como já vimos, é "discriminação positiva". Bem, aqui está uma situação em que uma nação, a nação historicamente opressora, a nação russa, por outras palavras, está, por assim dizer, presa no seu desenvolvimento, enquanto todas as outras recebem luz verde para avançarem no seu renascimento e consciência nacionais, bem como no seu autogoverno. Pode-se pensar em alguma maneira melhor de lutar não pela igualdade formal, mas pela igualdade real?

Até este ponto estabelecemos dois pontos principais. Primeiro, a abordagem de Lenin sobre as relações entre as nações no período da ditadura do proletariado atribuiu um significado inteiramente novo a esta questão, nunca antes discutida pelos marxistas. Em segundo lugar, esta nova perspectiva foi traduzida na sua prática revolucionária de maneiras muito diferentes em relação à construção do novo Estado soviético. Vamos completar o quadro projetando a abordagem de Lenin da "questão das nações" dentro da União Soviética para a arena internacional.

O Comintern e a internacionalização do bolchevismo na questão nacional: a Internacional Comunista (Comintern) foi o ambiente no qual a perspectiva organizacional e política revolucionária do Partido Bolchevique foi transmitida gradualmente aos novos partidos comunistas em outros países (no final da sua vida, Lenin pensou que isto era um exagero). No que diz respeito à "questão das nações", a condição #8 entre as "21 Condições" para aderir à Internacional Comunista é de suma importância. Os partidos social-democratas, membros da Segunda Internacional, foram brandos com o colonialismo imperialista, algumas alas chegaram mesmo a defender o imperialismo com a desculpa de que ele trouxera a civilização e o progresso aos povos "primitivos". Assim, a condição #8 estabeleceu um princípio estrito para os partidos comunistas dos países imperialistas: eles tinham o dever de lutar contra as políticas imperialistas do seu próprio estado, militar e de se solidarizarem com as nações oprimidas das colónias em atos, não apenas em palavras. *Unidade entre a emancipação anti-imperialista e a revolução socialista*: o reverso dos deveres dos partidos comunistas dos países imperialistas é a orientação que Lenin defendeu para os países camponeses. Com base nas lutas revolucionárias no Médio Oriente e na China antes e depois da Grande Guerra, Lenin passou a acreditar que os países camponeses podiam avançar diretamente para a sovietização sob a hegemonia da ditadura do proletariado estabelecida na Rússia. Apesar de tudo o que ocorreu mais tarde na União Soviética, foi assim que a revolução avançou no século XX.

A visão estratégica relativa à transição para uma República Socialista Mundial: a visão que domina todas as outras políticas implementadas, mas que infelizmente permaneceu na sombra, é a estratégia concebida por Lenin para a transição da ditadura do proletariado num ou vários países rumo a uma República Socialista Mundial. Lenin provavelmente teria condenado como nacional-comunismo o estabelecimento de governos socialistas numa base nacional em cada país que alcançara a vitória revolucionária, o caminho percorrido universalmente após a Segunda Guerra Mundial. Sua visão estratégica está materializada nas famosas "Teses sobre as Questões Nacionais e Coloniais", por ele redigidas, revistas duas vezes na comissão competente e votadas quase por unanimidade, com três abstenções, pela assembleia geral do II Congresso da Internacional Comunista em 1920. Nas suas teses 6 a 8, esta resolução estipula a unificação dos novos Estados socialistas com a União Soviética sob a forma transitória de uma federação com, entre outros, o propósito de "criar uma economia mundial unificada de acordo com um objetivo comum", plano regulamentado pelo proletariado de todas as nações.

A sovietização dos países camponeses e a sua adesão à federação: o dito não é verdade apenas para os países com uma estrutura de classe capitalista desenvolvida, mas também para os países camponeses. É claro que Lenin adverte que cada caso deve ser avaliado com base nos seus méritos, mas insiste que nenhuma ex-colónia pode esperar desenvolver-se de uma forma que liberte a sua economia do reinado do imperialismo. Ele castiga a burguesia imperialista porque "sob a máscara de Estados politicamente independentes, ela cria estruturas estatais que são económica, financeira e militarmente completamente dependentes deles". Assim, o objetivo deveria ser "sempre que possível, organizar os camponeses e todas as vítimas da exploração nos sovietes e, assim, criar uma ligação tão estreita quanto possível entre o proletariado comunista da Europa Ocidental e o movimento revolucionário dos camponeses no Leste, nas colónias e nos países atrasados".

À luz do que foi dito, podemos concluir sem qualquer hesitação que o programa e a visão estratégica avançada por Lenin nos últimos anos da sua vida definiram um caminho para o comunismo totalmente diferente, na verdade diametralmente oposto, daquele seguido por as lideranças dos partidos comunistas que tomaram o poder durante e após a Segunda Guerra Mundial. A visão de Lenin é completamente diferente da das lideranças posteriores, na medida em que é totalmente internacionalista. O que podemos concluir então sobre as lideranças posteriores? Não vou entrar numa análise detalhada da razão pela qual a experiência de construção socialista do século XX falhou tão miseravelmente, nem emitir um julgamento sobre a liderança pós-Lenin da União Soviética ou as lideranças de outros países que passaram por revoluções mais tarde. A única coisa que direi é que foi nos escombros do nacional-comunismo e do socialismo num país só que a experiência do século XX naufragou.

Se Stalin e Mao, Ho Chi-Minh e Tito e todos os outros tivessem sido discípulos leais de Lenin, uma única federação socialista poderia ter sido formada no início da década de 1950, estendendo-se desde a Europa Central, a Oeste, até ao Mar da China Oriental e ao Mar Amarelo. no Leste, e do Oceano Ártico no Norte até o Mediterrâneo e o Oceano Pacífico no Sul. Pode-se imaginar uma única federação socialista incluindo o país com o maior território do planeta (a URSS) e o país com a maior população do mundo (China)? Que oportunidades isso teria criado no que diz respeito às economias de escala e à divisão criteriosa e equitativa do trabalho e à cooperação científica e técnica, e com que rapidez teria sido alcançado um ritmo de crescimento mais industrialização! E quão forte, militarmente falando, tal Estado se teria tornado face ao imperialismo! E, além disso, dado o que Lenin previu relativamente à sovietização das sociedades camponesas, imaginemos adicionalmente, por uma questão de argumentação, que a Índia aderiu a esta comunidade socialista, mesmo depois da partição. O segundo país com a maior população do mundo também teria se tornado parte desta federação e as fronteiras da comunidade socialista também teriam alcançado o Oceano Índico. A restauração capitalista provavelmente teria sido adiada por muitas décadas. Lenin, então, é a alternativa do futuro, aquela que ainda não foi tentada.

(Texto apresentado no Seminário on line *Lenin's Legacy 100 Years On*, organizado por *RedMed* e International Socialist Center Christian Rakovski, 21 de janeiro de 2024. São Petersburgo – Istambul – Atenas – Budapeste – São Paulo)

PORQUE OS FILISTEUS NÃO GOSTAM DE LENIN

Liudmila Bulavka-Buzgalina[237]

A escala e a gravidade das contradições sociais nas vésperas de 1917 eram tais que exigiam a sua resolução imediata e dialética. Quaisquer tentativas para resolvê-los através da modernização parcial, principalmente política, do sistema, apenas aceleraram a sua desintegração. Lenin não apenas adivinhou essa dialética, ele estabeleceu-lhe um curso teórico mesmo antes da revolução. O estabelecimento dessa dialética por Lenin e pelos bolcheviques, no próprio curso do desenrolar da Revolução de Outubro, mudou tanto o vetor de desenvolvimento da história mundial que foi percebida por muitos como arbitrariedade e, além disso, como violência contra a ordem mundial. Isto causou uma avalanche de acusações contra Lenin e os bolcheviques, que supostamente estabeleceram um rumo para a destruição da Rússia. Estas acusações têm sido apresentadas contra Lenin há mais de cem anos. Na Rússia moderna, estas acusações vêm principalmente de um tipo de intelectual pós-soviético – o filisteu.

Professando o imperativo da existência do consumidor, ele não tem medo da alienação que isso acarreta. Além disso, no anonimato da alienação social, este intelectual filisteu encontra para si, antes de tudo, o conforto de uma existência irresponsável, não sendo responsável por nada neste mundo. Afirmando o princípio da existência privada (pequeno-burguesa) como um ideal social no mundo da cultura, ele tenta assim justificar a sua existência privada (pequeno-burguesa) na história. Não é por acaso que esse intelectual ama tanto o romance. O "Doutor Jivago" de Pasternak, que, segundo o autor deste artigo, nada mais é do que uma tentativa literária de fundamentar o princípio pequeno-burguês de estar na história como um ideal ético. Assim, o imperativo da existência alienada torna-se o credo existencial e ideológico do filisteu. Para o intelectual pequeno-burguês, especialmente o "iluminado",

---

[237] Professora Doutora, Diretora do Centro Científico e Educacional de Estudos Marxistas Modernos da Faculdade de Filosofia da Universidade Estadual Lomonosov, de Moscou.

que professa os postulados da existência privada, não há inimigo maior do que Lenin. Vejamos porque. Em primeiro lugar, Lenin provou pessoal e praticamente que um intelectual, sendo um criador de cultura, não só pode, mas também deve ser um sujeito de existência responsável na história.

Certa vez (no verão de 1919), Lenin apontou criticamente esse problema pessoalmente a Gorki: "Tal como em suas conversas, em sua carta há uma soma de impressões doentias que o levam a conclusões doentias... Acontece algo assim como que o comunismo é o culpado – pela necessidade, pobreza e doenças da cidade sitiada!!... Se você observar, você deve observar abaixo, onde você pode observar o trabalho da nova estrutura de vida... O país está vivendo em a febre da luta contra a burguesia de todo o mundo, que está vingando loucamente sua derrubada. Naturalmente. Para a primeira República Soviética, as primeiras greves de todos os lugares. Naturalmente. Aqui você tem que viver ou como um político ativo, ou se você não tem alma para política, então como artista você pode observar como a vida está sendo construída de uma nova maneira... É fácil separar a decomposição do antigo dos germes do novo pela simples observação".

Em segundo lugar, no nível teórico, Lenin fundamentou a relação dialética da cultura com a ideia de uma transformação revolucionária (removendo a alienação) da realidade, desdobrando suas três teorias sobre isso: revolução, estado e cultura Em terceiro lugar, e esta é a mais terrível coisa para o leigo – com base nestas ideias, Lenin conseguiu ganhar apoio ideológico entre as massas revolucionárias e, além disso, contribuir para o seu despertar histórico em movimento. Para o intelectual pequeno-burguês, o próprio conceito de "massas", especialmente "despertas", é percebido como sinal de uma catástrofe total. Afirmando a identidade entre os conceitos de "massas revolucionárias" e "massas consumistas", bem como entre "comunismo" e "fascismo", no entanto, tem mais medo do primeiro. Para o filisteu intelectual, as massas revolucionárias são apenas algo obscuro, estranho e perigoso. "Essas massas, feras famintas e zumbidoras... O que é isso? O que é isso..." – assim escreveu uma das ideólogas do simbolismo russo, Zinaida Gippius, em novembro de 1917. Um filósofo tão famoso como Ortega y Gasset foi ainda mais longe: aplicou o conceito de "massas" para nações inteiras, que, em sua opinião, se opunham às "grandes nações criativas".

Eis o que ele escreveu a esse respeito: "Em certo sentido, existem povos de massa que se rebelam resolutamente contra os grandes povos criativos, contra a minoria seleta que criou a história". E depois continua: "Aonde tudo isto conduz? A Europa criou um sistema de normas, cujo valor e fecundidade foram comprovados durante séculos... Agora, as massas estão a abolir o nosso sistema de normas, a base da civilização europeia; mas, como não são capazes de criar uma nova, não sabem o que fazer e, para ganhar tempo, cavalgam como uma cabra". Aqui está, a "democracia" de uma minoria eleita – não se pode dizer nada! Este filósofo tenta nos assegurar: "Liberalismo... Ele demonstra uma generosidade sem precedentes: partilha voluntariamente os seus direitos, os direitos da maioria, com as minorias; este é o gesto mais nobre alguma vez visto na história". Mas esta filosofia de divisão entre os escolhidos e os restantes ainda tem um calcanhar de Aquiles, a questão nacional: "Numa era de fortalecimento e consolidação do Estado, o nacionalismo sem dúvida tem um valor positivo e está em um nível elevado", diz o filósofo Ortega y Gasset. Mas a história do século XX mostrou a que leva essa filosofia quando adquire a prática de encarnar politicamente a divisão dos povos em eleitos e em "massas", que aos milhões podem até ser enviadas para fornos crematórios para fortalecer o Estado nacional dos povos eleitos.

Todos estes julgamentos sobre o papel histórico das massas revolucionárias, ao que parece, permaneceram num passado distante, assim como a própria revolução socialista de outubro de 1917, especialmente hoje, na era da hegemonia global do capital, no contexto da qual a os slogans da revolução são considerados inadequados. E, de fato, o próprio nome do problema é desconcertante: revolucionário (tão rebelde?), as massas como criadoras (isto é impossível em princípio) de uma nova realidade (isto é completamente incompreensível). O moderno intelectual-filisteu percebe tal afirmação do problema apenas como um selo de propaganda vazio do passado soviético, que em princípio nada tem a ver com a vida, e mais ainda com a de hoje, em que a uma pessoa é atribuído apenas um papel – ser uma função do capital, do mercado, da burocracia, das redes sociais e dos partidos políticos, etc. Em outras palavras, ele está destinado para apenas um papel – o papel de função das forças dominantes de alienação.

Hoje, sob o domínio da hegemonia global do capital e do totalitarismo de mercado, quase qualquer tipo de atividade é normalmente reduzida a negócios, e muitas vezes criminosa, e uma pessoa é uma função das forças dominantes de alienação. Tal situação dá origem a uma procura, tanto teórica como prática, de alternativas àquelas formas perversas de "atividade vital" que são agora impostas de forma bastante rígida à sociedade, ao indivíduo e à cultura. Já existem uma série de estudos teóricos sérios dedicados aos problemas das alternativas socioeconómicas e culturais, que na Rússia são representadas principalmente pela escola pós-soviética de marxismo crítico de Alexander Buzgalin. Além disso, a busca por alternativas é conduzida ativamente no âmbito dos desenvolvimentos teóricos dos marxistas estrangeiros. É por isso que o apelo às práticas sociais da Rússia revolucionária da década de 1920 é tão relevante hoje, porque nos permite compreender suas contradições e avanços, que outrora se tornaram o pré-requisito mais importante para superar a alienação do indivíduo da criatividade. de história e cultura. E este é o caminho direto para a formação de um Novo Ser Humano como criador de História e Cultura.

A viragem revolucionária da luta de classes, especialmente durante a Primeira Guerra Mundial, empurrou o proletariado, que estava ganhanado força, para a cena internacional, precisamente porque a classe dominante demonstrou a sua absoluta incapacidade de resolver as poderosas contradições nas quais não só a Rússia, mas também o mundo, se encontrava. Nas vésperas de outubro de 1917, o estado da cultura era considerado, mesmo pela intelectualidade mais criativa, como estando em profunda crise. A cultura já não conseguia lidar com a tensão e a gravidade das contradições sociais causadas pela Primeira Guerra Mundial. A expressão artística tinha de fato se esgotado: o simbolismo estava escondido atrás de uma cortina teatral; havia formas quebradas e significados contorcidos no futurismo. Pode-se dizer que às vésperas da Revolução de Outubro se formaram dois tipos de demanda pública por uma nova cultura. A primeira partiu da própria cultura e foi ditado pela ideia de libertá-la das formas sociais que dificultavam o seu desenvolvimento. A segunda era ideológica, exigia uma cultura proletária concebida para satisfazer significativamente os interesses do proletariado como sujeito de transformações socialistas. E a esta demanda o ideólogo do *Proletkult*, A. Bogdanov, deu sua definição peremptória: «O proletariado ele precisa de sua própria arte bacana».

Esta posição provocou duras críticas por parte de Lenin. Enfatizando a necessidade e a importância de subordinar a causa do iluminismo à tarefa política de destruir as classes e eliminar toda exploração do homem pelo homem (este é o objetivo principal da ditadura do proletariado), ao mesmo tempo rejeitava a ideia de uma sociedade proletária, com uma cultura especial (uma cultura para o auto-ser). Lenin criticou duramente Bogdanov por tentar "inventar a sua própria cultura especial, fechar-se nas suas próprias organizações separadas", porque a própria essência do proletariado, associada à remoção dialética do antagonismo de classe, exclui esta característica na cultura. Com o estabelecimento do poder político do proletariado, a questão de uma cultura que vá ao encontro dos seus interesses tornou-se cada vez mais relevante. E, de fato, tendo levantado as barricadas de três revoluções, o proletariado acabou por colocar a seguinte questão: onde está a cultura que seria sobre ele, para ele e a partir dele?

Por trás destas questões, se expressava uma das contradições mais importantes do tempo revolucionário: sem o desenvolvimento do património cultural e sua inclusão ativa nos processos sociais, não poderia haver dúvida da perspectiva histórica do proletariado como uma classe dirigente; ao mesmo tempo, a solução desta questão é um processo historicamente longo. É claro que o proletariado, como sujeito das transformações socialistas, estava objetivamente interessado na cultura, mas esta cultura tinha de satisfazer os seus interesses de classe e seus objetivos históricos. A questão da cultura para o proletariado era uma necessidade urgente de primeira ordem também porque determinava não só a qualidade e a perspectiva do seu trabalho histórico, mas também a força do seu poder político. Mais um ponto importante deve ser enfatizado: fora da ligação com a cultura, a política do proletariado pode transformar-se numa arbitrariedade voluntarista, inclusive em relação à própria cultura. E houve muitos exemplos desse tipo em práticas revolucionárias.

Mas essa questão, a questão de eliminar a alienação da personalidade revolucionária da cultura, pressupunha a solução de uma série de tarefas. A primeira era a organização do amplo acesso dos trabalhadores à cultura. A segunda era estabelecer o domínio da cultura por representantes dos vários estratos sociais da nova sociedade revolucionária. A terceira era a formação da necessidade de cultura de um indivíduo revolucionário. Mas isto não bastava: junto com isso surgiu uma tarefa mais significativa – a formação das massas revolucionárias como sujeito da cultura. Deve-se notar que os bolcheviques conseguiram ligar a estratégia de criação socialista ao problema da alienação e à sua superação, porque esta era precisamente a chave para a mudança social qualitativa. Deve-se admitir que naquela época ninguém, exceto os bolcheviques, ligava o problema da alienação à criatividade histórica das massas revolucionárias. Com efeito, as mudanças revolucionárias ocorridas na década de 1920 definiram o rumo do desenvolvimento social, que esteve associado à libertação das relações reais de todas as formas de alienação geradas não só pelo antigo regime, mas também pelas contradições da realidade soviética. Este tipo de atividade, associada à libertação das massas revolucionárias da alienação, teve vários nomes: atividade amadora (Marx), "criatividade viva das massas" (Lenin), "criatividade histórica das massas" (N. S. Zlobin) ou como ficou conhecido mais tarde – criatividade social (A. V. Buzgalin).

De acordo com a posição de Buzgalin, a essência da criatividade social é a criação pelos próprios indivíduos de relações sociais qualitativamente novas que eliminem o domínio de forças externas de alienação sobre uma pessoa (poder de mercado, governo) e, portanto, é a antítese do fenômeno de alienação e autoalienação de uma pessoa. E este é o pré-requisito mais importante para a formação de um Novo Ser Humano. E, no entanto, na agenda da década de 1920, uma das principais contradições da Revolução de Outubro manifestou-se de forma aguda: as massas revolucionárias, como principais criadoras do socialismo, estavam alienadas da cultura. Como esta contradição poderia ser resolvida?

O principal ideólogo do *Proletkult*, Bogdanov, deu a isto a uma resposta firme: até que a classe trabalhadora não crie a sua própria cultura proletária, ela não pode e não deve assumir a tarefa da transformação socialista da sociedade. Mas os ideólogos do bolchevismo não aceitaram esta posição. Ao mesmo tempo, compreenderam que a natureza não resolvida desta contradição era muito mais perigosa do que os "custos" sociais que inevitavelmente aparecem quando ela é resolvida. Portanto, os bolcheviques aceitaram esta contradição e aceitaram-na como um desafio. Ao contrário de Bogdanov, eles não tiveram medo de dar um "curso" histórico à conhecida contradição entre o baixo nível de cultura das massas revolucionárias e a tarefa histórica de criar o socialismo como seu tema principal.

A tentativa de resolver esta contradição exigiu uma dialética na escala do gênio. A revolução geralmente não tolera o meio, o mesquinho (interesses, visão de mundo, abordagens), pelo qual é tão odiada pelo pequeno filisteu, especialmente pelos "iluminados". A propósito, Lenin acabou sendo orgânico às leis imanentes da revolução e, entre outras coisas, à sua exigência de gênio. Isto foi confirmado pela abordagem dialética com que Lenin abordou a solução da contradição em questão como uma das principais contradições da revolução. A formação da necessidade de cultura num indivíduo revolucionário – Lenin resolveu esta tarefa não diretamente a partir da cultura, mas dialeticamente, isto é, indiretamente e numa base materialista – através do envolvimento das grandes massas no governo. Na verdade, isto significava envolver as massas revolucionárias em atividades práticas relacionadas com a resolução de uma variedade de questões: organizar a contabilidade e o controle no domínio da produção; reparar ferrovias destruídas pela guerra; resolver a questão das crianças de rua – crianças sem-abrigo que haviam perdido os pais na Guerra Civil; trabalhando em escolas onde os professores não reconheciam o governo do soviete, onde as autoridades organizaram a sabotagem e, de fato, perturbaram o ano escolar de 1917-1918.

É claro que as massas revolucionárias criaram novas relações sociais de uma forma contraditória e muitas vezes primitiva, com o melhor das suas próprias ideias e forças; em suma, com base em toda aquela escassa "riqueza cultural" que possuíam antes da revolução. Devido a isso, mais urgente se tornou a questão da eliminação da alienação do proletariado em relação à cultura. Em qualquer caso, a inclusão das massas revolucionárias na criatividade social tornou-se uma forma de um tipo novo e ativo de democracia popular, que, por um lado, fortaleceu a posição política dos bolcheviques, por outro, contribuiu para o desenvolvimento do e potencial educativo e cultural das massas revolucionárias, sem o qual era impossível criar o socialismo. E o mais importante, foi um caminho direto para a formação de um Novo Ser Humano. Lenin não associou à tarefa de envolvimento no governo a nenhum grupo restrito (profissionais, associados do partido ou "elite" cultural, como é habitual hoje), mas sim a amplos estratos das massas. Assim, o envolvimento direto das massas revolucionárias nas transformações sociais, ou seja, na resolução de problemas socioeconômicos específicos, tornou-se – o que é muito importante – um pré--requisito material para a formação da sua necessidade objetiva de cultura, que é uma das tarefas mais importantes do socialismo, sem a qual é impossível formar um Novo Ser Humano. Esta abordagem também determinou a orientação dos bolcheviques para a "criatividade social" como o pré-requisito mais importante para a formação de uma necessidade social de cultura. O significado desta relação é tão decisivo no desenvolvimento da "causa do socialismo" que atravessa como um fio condutor muitas obras, tanto de Lenin como de outros ideólogos do bolchevismo.

Outro fator que molda a necessidade de cultura do indivíduo revolucionário é o que Lenin chamou de "consciência das massas", o que dá ao proletariado a oportunidade de compreender quais são os seus reais interesses e perspectivas. Sem isso, a criatividade social transforma-se em ativismo puro, contribuindo para a rápida reprodução da burocracia. Pode-se dizer que a criatividade social foi aquilo em que tanto os "superiores" como os "inferiores" da década de 1920 concordaram. E é por isso que foi uma das formas de apoio político aos bolcheviques nos primeiros anos revolucionários. Por outro lado, a emergência da burocracia em períodos subsequentes levou às derrotas sociais, políticas e, eventualmente, económicas, que se tornaram a principal razão para o colapso da URSS.

Mas, juntamente com a criatividade social, o que é chamado de vandalismo também ocorreu na prática revolucionária. O que se manifestou, entre outras coisas, em relação à cultura. Houve muitas razões para isso. Em primeiro lugar, tratava-se ao mesmo tempo de uma Guerra Civil e de uma intervenção internacional, e os "custos" de qualquer guerra (por exemplo, a Primeira Guerra Mundial, lançada por Estados muito "civilizados") transformam-se sempre em perdas grandes e inevitáveis. Em segundo lugar, por trás do vandalismo que ocorreu na revolução estava a destruição, principalmente, daquela parte da cultura que atuou como instrumento de supressão das classes mais baixas na Rússia czarista, ou foi fundida com os seus símbolos ideológicos. Em terceiro lugar, houve também vandalismo gerado pela consciência pequeno-burguesa. Foi nesta base que a cultura dos Cem Negros, sobre a qual Lenin escreveu, cresceu, e o bolchevismo se levantou para lutar contra ela.

Além disso, houve outra circunstância sobre a qual Buzgalin escreveu: "Nas condições da revolução, quando a ordem mundial estabelecida está desmoronando diante de um rude que é bestial por causa disso, tudo isso faz com que ele seja incapaz de se auto-orientar e evitar provocar o desejo do grosseiro por ações caóticas e destrutivas (banditismo e criminalidade) e pelo poder. É precisamente esse filisteu, enfurecido pela incerteza e contradições das revoluções, pela necessidade e incapacidade de tomar decisões e agir de forma independente, consciente, com conhecimento do assunto, que podemos chamar de 'grosseiro'. Lenin repetidamente levantou este doloroso problema em suas obras e discursos: "As amplas massas de trabalhadores pequeno-burgueses, buscando conhecimento, quebrando o antigo, não conseguiam trazer nada de organizador, nada de organizado".

Podemos dizer que, na medida em que as próprias massas criam relações sociais, nessa medida se realizam como sujeitos da História e da Cultura. A unidade dialética destas duas hipóstases é precisamente a essência do Novo Ser Humano, que realizou a Revolução de Outubro, derrotou o fascismo mundial e criou um novo tipo de cultura – a soviética – como forma de cultura mundial, e lançou o comunista Yuri Gagarin como o primeiro homem no espaço. Tudo isso dá base para fazer as seguintes generalizações.

Primeiro: a participação do indivíduo nas práticas de criatividade social tornou-se a base para resolver uma das principais tarefas da revolução – eliminar a alienação das grandes massas da cultura. Sobre essa tarefa, vital para determinar o futuro do vetor socialista de desenvolvimento do país, Lenin observou em suas obras: "...Anteriormente, colocávamos o centro de gravidade, e tínhamos que colocá-lo, no político luta, revolução, conquista do poder, etc. Agora, o centro de gravidade está mudando a tal ponto que é transferido para o trabalho cultural e organizacional pacífico".

Segundo: a prática de criação de um Novo Mundo determinou os princípios fundamentais da linha vermelha da URSS. Baseava-se não numa ideia nacional ou religiosa, ou mesmo política como tal, especialmente na forma de socialismo teológico, mas no princípio de atividade relacionado com a remoção dialética da alienação. É por isso que os princípios fundamentais da linha vermelha da URSS eram o internacionalismo – na História e mundialmente na Cultura.

Terceiro: a unidade dialética destes dois princípios tornou-se a base da gênese do Novo Ser Humano como criador da história e da cultura do Novo Mundo. Mas, observando a linha vermelha da URSS, deve-se enfatizar que o seu desenvolvimento foi realizado em confronto antagônico tanto com a linha cinzenta do filistinismo soviético como com a linha negra do stalinismo. As suas práticas repressivas contra o Novo Humano, o verdadeiro criador do socialismo, suprimiram a alternativa real à burocracia soviética, que não conseguia resolver as contradições sociais, mas era capaz de parasitá-las. Lenin, como criador da História e da Cultura do Novo Mundo, deu a uma classe mundial as vias para resolver uma contradição histórica centenária: sem cultura, os trabalhadores não podem criar uma vida que atenda aos seus interesses, mas, ao mesmo tempo, ninguém construirá esse "novo mundo" para eles. Só um Novo Ser Humano nascido e desenvolvido no processo de criação de um Novo Mundo poderia resolver esta contradição.

Os resultados da atividade do Novo Ser Humano foram de natureza mundial, a Revolução de Outubro; a vitória sobre o fascismo mundial; a criação de um novo tipo de cultura – soviética como mundial; o lançamento ao espaço do primeiro humano, Yuri Gagarin. E enquanto a criatividade social manteve o seu poder como uma relação concretamente universal, a linha vermelha da URSS teve o seu próprio desenvolvimento, o que significa que o seu próprio sujeito, o Novo Ser Humano, estava a desenvolver-se. Esta conclusão corresponde exatamente à conhecida posição de Lenin: "Na atividade revolucionária, a mudança de si mesmo coincide com a transformação das circunstâncias".

Mas à medida que a criatividade social foi suprimida pelo poder da burocracia, do filistinismo e da perda dos objetivos do seu desenvolvimento pela sociedade, também ocorreu a eliminação do Novo Ser Humano. Esta foi uma das razões decisivas para o colapso da União Soviética. Para concluir, perguntemo-nos: é possível um Novo Ser Humano nas condições do capitalismo moderno? E de fato, até que ponto isso é possível se o cronotopo da existência de um Novo Ser Humano é: tempo – história, espaço – cultura, enquanto o cronotopo de um indivíduo moderno é construído de acordo com as leis do capital: tempo – dinheiro, espaço – mercado? Parece que não pode haver uma resposta optimista. No entanto, o autor deste artigo pode dar um exemplo real de uma Nova Pessoa que se revelou possível já nas condições da Rússia capitalista. Este é Alexander Buzgalin, uma personalidade brilhante. Um cientista marxista com uma posição de princípios, um criador social e fundador da escola pós-soviética do marxismo crítico – a única em todo o espaço pós-soviético e, talvez, até nos países da Europa Oriental.

Suas ideias, teorias, integridade, ações, relacionamentos, que ele criou no espaço da ciência, com seus alunos na universidade, amigos e camaradas em fóruns sociais russos, europeus e globais, seu estilo de vida e talento para ser feliz – tudo isso é essencialmente um desafio e ao mesmo tempo uma alternativa ao mundo da alienação. Além disso, como um Novo Ser Humano, Alexander Buzgalin revelou um fenómeno de avanço da história.

(Texto apresentado no Seminário on line *Lenin's Legacy 100 Years On*, organizado por *RedMed* e International Socialist Center Christian Rakovski, 21 de janeiro de 2024. São Petersburgo – Istambul – Atenas – Budapeste – São Paulo)

LENIN E AS QUESTÕES NÃO RESOLVIDAS DA REVOLUÇÃO

Andrey Kolganov[238]

Não queremos procurar exemplos na obra de Lenin que mereçam ser assimilados e aplicados, ou condenados e rejeitados. Na minha opinião, muito mais valiosas são aquelas questões políticas e socioeconómicas agudas que ele enfrentou, e que não teve tempo ou não conseguiu resolver, algumas delas sequer se colocaram. Afinal de contas, a incapacidade e muitas vezes a falta de vontade dos herdeiros políticos de Lenin para resolver estas questões desempenharam posteriormente um papel significativo no destino trágico da revolução russa. Uma destas questões é a de se a revolução socialista pode garantir uma democracia mais completa do que a burguesa. Em algumas questões (direitos laborais, direitos socioculturais, direitos das mulheres), a experiência soviética demonstrou: sim, pode. Mas a mesma experiência demonstrou um processo quase contínuo de estreitamento e mesmo eliminação da maioria dos direitos e liberdades políticas. Este processo não foi determinado pela má vontade dos bolcheviques, que teriam pretendido inicialmente tirar esses direitos e liberdades da população. Pelo contrário, inicialmente tentaram ampliar esses direitos. Mas a lógica da luta de classes intensificada, que tomou a forma de uma guerra civil, empurrou-os para o caminho da restrição consistente desses direitos – primeiro para os seus adversários políticoas e e de classe e políticos – mas estas restrições começaram inevitavelmente a afetar o resto da população.

Afinal de contas, estava longe de ser apenas uma guerra civil: a situação na Rússia Soviética, quando o governo dependia diretamente apenas de uma minoria da população, não lhe permitia manter o poder sem limitar a democracia. Os os direitos, liberdades e procedimentos democráticos proporcionavam uma oportunidade de organização política e de propaganda para as classes

---

[238] Membro do Conselho Editorial de *Alternativy*, revista trimestral de esquerda da Rússia.

exploradoras derrubadas, que podiam contar com a maioria camponesa, não entusiasmada com a "experiência socialista" dos bolcheviques. Os bolcheviques agiram em nome do campesinato apenas como aliados temporários na luta pela resolução da questão fundiária, depois os seus interesses divergiram dele em muitos aspectos.

A democracia teve de ser limitada para as massas trabalhadoras, também saturadas pela influência do ambiente pequeno-burguês e até patriarcal predominante, eram pouco educadas, incultas, politicamente instáveis, na maior parte não demonstravam, de forma alguma, suas melhores qualidades de classe. Lenin formulou este problema da seguinte forma: "Na transição para o socialismo, a ditadura do proletariado é inevitável, mas esta ditadura não é levada a cabo pela organização universal dos trabalhadores industriais. Pois não só aqui, um dos mais atrasados países capitalistas, mas também em todos os outros países, o proletariado ainda está tão fragmentado, tão menosprezado, tão subornado em alguns lugares (nomeadamente pelo imperialismo em certos países) que a organização universal da ditadura do proletariado não pode implementá-lo diretamente. A ditadura é realizada apenas pela vanguarda, que absorveu a energia revolucionária da classe". E como se apresentaria essa vanguarda? Lenin tem uma resposta para esta questão: "... a ditadura do proletariado é impossível exceto através do Partido Comunista" [Lenin, 1970]. Mas em 1918, Lenin escrevera exatamente o oposto: "...o socialismo não pode ser introduzido por uma minoria – o partido. Dezenas de milhões podem introduzi-lo quando aprenderem como fazê-lo eles próprios" [Lenin, 1974].

O problema de restringir a democracia política para todos, exceto para os bolcheviques, transformou-se inevitavelmente numa restrição da democracia também dentro do Partido Comunista. Permanecendo como o único partido no poder, ele tornou-se objetivamente um reflexo das contradições políticas e de classe que se formavam na sociedade. Numa tal situação, o confronto aberto de várias posições resultou numa divisão faccional do partido no poder e minou a sua capacidade de exercer o poder. Como resultado, Lenin no X Congresso aprovou uma resolução proibindo as facções, que acabou se transformando em um instrumento não apenas para suprimir quaisquer tendências de opinião dentro do partido, mas também para abalar arbitrariamente a composição dos órgãos de governo. Aqui, aliás, recordamos as palavras de Engels, escritas em 1889: "O movimento operário baseia-se na crítica mais contundente da sociedade existente. Será que realmente exigimos liberdade de expressão dos outros para nós mesmos apenas para destruí-la em nossas próprias fileiras?" [Engels, 1965].

A restrição da democracia, incluindo a democracia intrapartidária, permitiu evitar o perigo da perda de poder. No entanto, isso atacou os fundamentos da sociedade socialista, criando uma ameaça direta de decomposição desses fundamentos – primeiro através da usurpação burocrática do domínio de classe, e depois da degeneração social da burocracia. Outro problema enfrentado por Lenin foi determinar os limites da permissibilidade da coexistência do setor socializado da economia com os setores pequeno-burguês e capitalista. A necessidade de tal coexistência no período de transição para o socialismo, no final, estava fora de dúvida. A questão, porém, era até que ponto o âmbito dos setores não socialistas poderia ser expandido e qual deveria ser a dinâmica da proporção destes setores em relação ao setor geral? Por outras palavras, como e à custa de que tipo de NEP Rússia seria a Rússia socialista? Seria devido à livre concorrência destes setores ou devido à supressão gradual, deslocamento ou alteração dos setores não socialistas?

Lenin imaginou, pelo menos para o setor pequeno-burguês, para o campesinato, um caminho de transformação gradual baseado na criação de formas sociais de produção com base na cooperação voluntária. No entanto, a questão permaneceu obscura: como interessar economicamente o campesinato na mudança para uma via geral, sem perder o momento em que o campesinato pode defender os seus interesses como produtores pequeno-burgueses? Não é de admirar que Preobrazhensky não visse a possibilidade de avançar para o socialismo num país com predominância do campesinato sem uma pressão séria sobre os interesses desse mesmo campesinato. E a política prática do PCUS(b), apesar da veemente condenação das opiniões de Preobrazhensky, foi essencialmente construída sobre esse conceito.

Quanto ao setor capitalista, a questão de como transformá-lo não foi de todo levantada. É possível deslocá-lo devido à maior eficiência do setor geral (mesmo que contasse com o apoio das autoridades estatais)? Ou teria de ser reprimido por medidas coercivas? Não foi dada nenhuma resposta declarada e aberta a estas questões (embora houvesse divergências sobre isto entre os líderes empresariais). Na prática, foi a opção de liquidação forçada a que foi implementada – um aumento consistente dos impostos, um aumento das taxas de aluguel até um nível proibitivo, inúmeras restrições à atividade empresarial que chegaram à sua efetiva proibição. Como resultado, o setor generalizado cobriu quase toda a economia, embora ainda não demonstrasse maior eficiência do que o capitalista, mesmo dentro do país, para não mencionar a comparação com os Estados capitalistas mais desenvolvidos.

Mas não foi tal decisão tão forçada como a restrição da democracia? Será que o renascimento do setor capitalista, mantendo uma maior eficiência, representou uma ameaça real para fortalecer a sua influência sobre as massas do campesinato, e mesmo sobre partes da classe trabalhadora, o que criou perigos políticos? Pode-se notar que, no final das contas, todas as questões aqui levantadas em relação à experiência da URSS se resumem a uma coisa: é possível avançar de forma confiável em direção ao socialismo em um país onde inexistem recursos logísticos, socioeconômicos e socioeconômicos suficientes? Os pré-requisitos culturais amadureceram para isso? E se ainda isso é possível, como pode ser assegurado sem repetir o triste destino da tentativa de construção do socialismo na URSS? Será mesmo possível, sob tais condições, encontrar uma solução para as questões que Lenin e os líderes subsequentes da URSS enfrentaram?

Uma das respostas pode ser: construir pequenos enclaves "modelo" de socialismo no sistema de capitalismo de Estado (controlado pelo Estado dos trabalhadores). O principal perigo neste caminho é o risco de que o desenvolvimento de forças, motivações e objetivos sociais capitalistas não só ganhe influência crescente na sociedade, mas também decomponha a ideologia e corroa a estratégia política do Partido Comunista. Quão grande é esse perigo? E será mesmo possível superá-lo num país onde existem mais pré-requisitos objetivos para o crescimento do capitalismo do que para o socialismo? Se teoricamente esta questão não foi resolvida, os líderes do partido que seguiram Lenin tentaram resolvê-la na prática, interrompendo pela força o desenvolvimento do modo de vida capitalista. Mas esta decisão não significou a eliminação dos pré-requisitos do capitalismo, o que foi comprovado pela subsequente restauração burguesa.

No entanto, não se devem tirar conclusões fatalistas disso. O socialismo é perfeitamente possível como um projeto internacional, incluindo países com um nível insuficientemente elevado de desenvolvimento dos pré-requisitos objetivos do socialismo. Mas isto não significa que, nesta base, as questões que Lenin enfrentou desaparecerão por si mesmas. Elas resistirão de qualquer maneira, mesmo que a revolução socialista se baseie em premissas muito mais maduras. No entanto, neste caso, pode-se esperar que sejam encontradas soluções praticamente realizáveis, que, até agora, infelizmente, são praticamente invisíveis na literatura socialista (na maioria das vezes são slogans limitados, embora fundamentalmente corretos, mas demasiado abstratos). E esta lacuna terá de ser preenchida. Por você e eu, ninguém fará isso por nós.

Referências

Lenin V.I. (1970). On trade unions, on the current moment and on the mistakes of T. Trotsky. Speech at the joint meeting of delegates of the VIII Congress of Soviets, members of the All—Russian Union of People's Commissars and MGSPS – members of the RCP(b) on December 30, 1920. In: Lenin V.I. *Complete Collected Works*. Vol.42. Moscou: Politizdat,

Lenin V.I. (1974). Report on the revision of the program and the change of the name of the party. The Seventh Emergency Congress of the RCP(b) on March 6-8, 1918/ In: *Complete Collected Works*. Vol. 36. Moscou: Politizdat.

Engels F. Letter to Gerson Trier in Copenhagen, December 18, 1889. In: *Collected Works*, Volume 37.

(Texto apresentado no Seminário on line *Lenin's Legacy 100 Years On*, organizado por *RedMed* e International Socialist Center Christian Rakovski, 21 de janeiro de 2024. São Petersburgo – Istambul – Atenas – Budapeste – São Paulo)

O OUTRO TESTAMENTO DE LENIN

Edgar Azevedo[239]

Queremos chamar a atenção para uma questão que consideramos de grande importância estratégica e também muito relevante para os desafios enfrentados pela classe trabalhadora internacional, num cenário de profunda decomposição do capitalismo agonizante. Lenin, na fase final de sua vida, já gravemente afetado pela doença, escreveu entre dezembro de 1922 e as primeiras semanas de 1923 a "Carta ao Congresso do Partido Comunista da União Soviética" conhecida como seu "Testamento", e uma série de documentos associados, que ficaram conhecidos na história como seu testamento político. Naquele momento, Lenin pretendia iniciar uma luta para mudar o regime do partido no PCUS (Partido Comunista da União Soviética). Esses documentos constituíram uma crítica ao estado do governo soviético e alertaram sobre uma série de perigos que ameaçavam a revolução, sobre o perigo de burocratização, sobre os riscos associados à composição do Comitê Central na época – em particular sobre Stalin, seu secretário-geral -, bem como uma série de sugestões sobre como enfrentar os desafios da economia e da administração. O texto, sabemos agora, não foi publicado e qualquer pessoa que o distribuísse era acusada de ser contrarrevolucionária e inimiga da revolução.

Nesse mesmo contexto histórico, um mês antes, em 22 de novembro, Lenin proferiu seu último discurso perante a Internacional Comunista (IC), onde abordou questões que considerava prioritárias naquela conjuntura, diretamente relacionadas ao conteúdo do seu testamento político. Em seu discurso, Lenin fez um balanço das conquistas nos cinco anos seguintes à vitória da Revolução de Outubro e abordou dois temas principais. A maior parte de seu discurso esteve dedicado aos problemas e dificuldades da Nova Política Econômica (NEP) e ao estado da sociedade soviética. Mas, no final, em suas

---

[239] Jornalista, graduado em Letras e Mestre em Integração Latino-americana pela Universidade de São Paulo (USP).

últimas palavras perante os delegados de todo o mundo reunidos no Quarto Congresso da IC, ele se referiu às perspectivas da revolução internacional. Nessa parte final de seu discurso, Lenin concentrou suas considerações em um questionamento crítico da resolução adotada pelo Terceiro Congresso da Internacional *Sobre a estrutura, métodos e ação dos partidos comunistas*.[240] A resolução tinha o defeito, ele disse, de ser muito longa, de modo que os estrangeiros não seriam capazes de assimilar todo o seu conteúdo. Outro problema era ser "muito russa", que estava completamente impregnada do espírito russo. Sua maior virtude, o fato de sintetizar a experiência russa, era ao mesmo tempo "seu maior defeito". Terceiro, disse Lenin: "Mesmo que os estrangeiros pudessem entendê-la, eles não teriam condições de aplicá-la". A conclusão, para ele, era que havia sido cometido "um grande erro". Nas próprias palavras de Lenin: "Nós bloqueamos com isso nosso próprio caminho para o sucesso".[241]

O que é único na avaliação de Lenin é que ele também disse que a resolução era "excelente" e que "estou pronto para subscrever cada um de seus pontos". O documento, de fato, é um verdadeiro tratado sobre estruturação política revolucionária. Suas 59 teses constituem uma tentativa de transmitir de maneira exaustiva e detalhada a experiência do partido bolchevique e seus métodos. Apenas mencionando aqui seus oito capítulos, é possível observar a amplitude de seu conteúdo: 1. Generalidades, onde são estabelecidas as diretrizes teóricas fundamentais da resolução; 2. A centralização democrática; 3. O dever de trabalho dos comunistas; 4. Agitação e propaganda; 5. Organização das lutas políticas; 6. A imprensa do partido; 7. A estrutura do partido como um todo; e 8. O vínculo entre o trabalho legal e ilegal.

O maior problema com a resolução, disse Lenin, é que "não aprendemos a apresentar nossa experiência russa aos estrangeiros", o que pode ser interpretado, na verdade, como dois problemas: que os estrangeiros teriam dificuldade em assimilar a experiência bolchevique nesses termos, mas também o problema de que os próprios russos não seriam capazes de transmitir sua própria experiência, as lições da vitória da Revolução de Outubro. A resposta de Lenin é, de certa forma, enigmática. Pois sua resposta é que esses problemas

---

240 Riddell, John. (2015). *To the Masses. Proceedings of the Third Congress of the Communist International, 1921.* Chicago: Haymarket.

241 Riddell, John. (2012). *Toward the United Front. Proceedings of the Fourth Congress of the Communist International, 1922.* Leiden: Brill.

devem ser resolvidos através do estudo, "estudo, e estudo de uma maneira especial, estudo do zero". Onde ressoa, claramente, aquela famosa nota escrita nos *Cadernos Filosóficos* de Lenin sobre o fato de que "é impossível entender *O Capital* de Marx sem ter estudado e entendido completamente toda a Lógica de Hegel. Consequentemente, meio século depois, nenhum dos marxistas entendeu Marx!"[242]

Apesar de suas falhas, Lenin concluiu que "a resolução deve ser cumprida", mas também advertiu que "a resolução é incompreensível para estrangeiros, que não podem contentar-se em pendurá-la em um canto como um ícone e rezar para ela; nada será alcançado dessa forma. Eles devem assimilar parte da experiência russa. Não sei como eles farão isso." Na conjuntura histórica em que Lenin estava falando, de certa forma, ele também pensava seguramente na perspectiva de sua própria ausência física, na perspectiva da morte e dos desafios políticos abertos por essa ausência. E isso não em um sentido geral, mas como uma questão de importância crucial quanto às perspectivas da revolução mundial. Lenin aponta que os bolcheviques e ele próprio cometeram "muitas tolices" desde a vitória de Outubro. Mas também analisa os movimentos dos poderes capitalistas e diz que não era exagero dizer que esses erros eram nada ao lado daqueles cometidos pelos poderes capitalistas e pela Segunda Internacional Social-Democrata. Cita especificamente o Tratado de Versalhes, e sua conclusão é que as perspectivas revolucionárias mundiais eram favoráveis e que, "se certas condições" fossem cumpridas, seriam ainda melhores. Essas condições referiam-se, de fato, ao nível de assimilação das conquistas políticas bolcheviques como um fator para a vitória da revolução. Em particular, podemos dizer, Lenin aludia às perspectivas da esperada revolução alemã, que era nesse momento uma questão em aberto.

É dentro do contexto da relação crítica entre as perspectivas da revolução mundial e o processo de assimilação da experiência bolchevique que surge o questionamento crítico da resolução adotada no Terceiro Congresso. Com o benefício da retrospectiva, considerando as observações de Lenin, torna-se evidente que, segundo a concepção de Lenin e Trotsky do caráter socialista da revolução russa como elo inicial da revolução europeia, a avaliação histórica do fracasso da revolução alemã só pode ser abordada adequadamente através

---

242 Lenin V.I. (1974). *Cuadernos Filosóficos*. Moscou: Progreso.

de avaliar em que medida a experiência bolchevique influenciou a política dos comunistas alemães e, decisivamente, o real nível de compreensão da natureza da experiência bolchevique até mesmo entre a liderança da Internacional Comunista.

Entre as várias interpretações do fracasso da revolução alemã em 1923, não são poucas aquelas que afirmam que as condições objetivas para tal revolução não estavam dadas, e que isso teria sido o que levou, em última instância, ao seu fracasso. No entanto, a orientação de Lenin sugere o contrário. O que inicialmente parece enigmático nas reservas de Lenin sobre a resolução do Terceiro Congresso é precisamente o que emerge como um fator decisivo para a avaliação de ambos os eventos, a vitória da revolução russa e a derrota da revolução alemã: o problema da liderança revolucionária, e a relação entre a ação das massas, o partido e sua liderança. Essa lição estratégica de Outubro lança luz não apenas sobre o destino da revolução alemã, mas também sobre o movimento revolucionário internacional nas décadas seguintes.

O último apelo de Lenin ao Quarto Congresso foi malsucedido porque, um ano depois, após o fracasso do Outubro alemão, o Comitê Executivo da Internacional Comunista promoveu a chamada Bolchevização dos partidos comunistas a instâncias de Zinoviev e Kuusinen. Notavelmente, essa iniciativa foi liderada por aqueles responsáveis pela elaboração, sob supervisão de Lenin, das *21 Condições para Admissão na Internacional Comunista* em 1920 (Zinoviev) e das *Teses sobre Estrutura e Métodos* em 1921 (Kuusinen). A regimentação dos partidos comunistas, endossada no Quinto Congresso da Internacional Comunista em 1924 com base nas teses da "bolchevização", visava precisamente desviar a atenção das responsabilidades do Comitê Executivo no fracasso alemão. Simultaneamente, buscava responsabilizar facções não alinhadas, críticas à liderança da IC, dentro do PC alemão.

A bolchevização, com sua apologia do "monolitismo", impediu um balanço político da revolução alemã, fundamental para o futuro da Revolução Mundial, paralisou o desenvolvimento político dos partidos comunistas, e consolidou a ascensão da burocracia ascendente na União Soviética, abrindo o caminho para a posterior Stalinização e a subordinação da IC aos interesses da casta burocrática contrarrevolucionária na URSS. Em outras palavras, o curso exatamente oposto às advertências de Lenin, tanto no destino da Rússia Soviética quanto no campo da Internacional. Esse processo teve entre suas consequências mais graves o bloqueio daquilo que Lenin alertou como um desafio essencial e problemático, isto é, a necessidade da assimilação adequada da experiência política, organizacional e metodológica da Revolução de Outubro como um fator decisivo para as perspectivas da revolução mundial. As grandes questões que surgem para nós, e que estão em jogo na sinalização de Lenin no Quarto Congresso da Internacional Comunista, podem ser resumidas da seguinte forma: Como se desenvolve historicamente uma liderança revolucionária genuína? Que caminhos e métodos permitem que certos indivíduos surjam no seio do movimento histórico da classe trabalhadora para levarem sua luta à vitória? Como é forjada e que qualidades deve ter uma liderança para responder de maneira vitoriosa às mudanças violentas que caracterizam as situações revolucionárias? Como é desenvolvida a capacidade de sintetizar, na prática, a mistura de necessidade histórica e contingência que define cada situação revolucionária única?

A resposta para essas questões pode ser extraída da própria trajetória histórica de Lenin como construtor de partido e líder revolucionário. Isso pode ser melhor compreendido à luz da análise de Plekhanov sobre *O Papel do Indivíduo na História*,[243] bem conhecida pelo próprio Lenin e claramente inspirada na lógica dialética de Hegel. O chamado "pai do marxismo russo" disse que um grande homem é um pioneiro porque vê mais longe do que os outros e quer mais do que os outros: "Ele resolve problemas científicos priorizados pelo curso anterior do desenvolvimento mental da sociedade; ele aponta novas necessidades sociais criadas pelo desenvolvimento anterior das relações sociais; e ele assume a tarefa de satisfazer essas necessidades. Ele é um herói, não no sentido de um herói que pode interromper ou mudar o curso natural das coisas, mas no sentido de que sua atividade é uma expressão consciente e livre desse curso inevitável e inconsciente. Este é todo o seu significado, este é seu poder."

Nessa última cena no palco do Quarto Congresso da Internacional Comunista, no final da vida política de Lenin, o que temos é uma orientação metodológica inestimável sobre a estruturação e o desenvolvimento político da classe trabalhadora: seu legado, disse Lenin, não deve ser entendido como uma solução universal, mas como a formulação rigorosa de um problema, um chamado lançado à classe trabalhadora mundial para assumir uma tarefa crítica, a

---

243 Plejanov, G. (1964). *Obras Escogidas 1*. Buenos Aires: Quetzal.

ser enfrentada de forma renovada em cada circunstância histórica. A contribuição definitiva de Lenin está em revelar que o processo de constituição da classe trabalhadora como sujeito consciente da revolução – sua estruturação como partido político para a conquista do poder – está inseparavelmente ligado, em suas formas e dinâmicas, ao desenvolvimento de uma liderança política. Esta liderança é forjada através da relação dialética entre prática revolucionária e compreensão teórica, uma relação enraizada na assimilação sistemática de toda a experiência histórica de luta das massas exploradas.

O desafio atual de construir partidos revolucionários dos trabalhadores em todo o mundo, e o partido mundial da revolução socialista, exigem um esforço profundo de estudo e reavaliação do legado de Outubro, uma ampla deliberação e sua implementação entre as massas. A condição para futuras vitórias, como Lenin nos diz, exige um estudo decisivo, inevitável e antidogmático, um estudo "do zero", da experiência bolchevique e das inúmeras lições deixadas pelo grande líder da revolução proletária contemporânea.

(Texto da apresentação do autor no Seminário on line *Lenin's Legacy 100 Years On*, organizado por *RedMed* e International Socialist Center Christian Rakovski, 21 de janeiro de 2024. São Petersburgo – Istambul – Atenas – Budapeste – São Paulo)

LENIN: UMA ALTERNATIVA AO CAPITALISMO

Tamás Krausz[244]

Para nós, a herança de Lenin é a voz do movimento vivo da classe trabalhadora, do despertar político e social das classes subordinadas e da concretização histórica da sua vontade revolucionária à escala global. Para as pequenas e grandes nações, a alternativa prático-política e econômica ao capitalismo – ao lado de Marx e Engels – começa com Lenin. Lenin deixou aos trabalhadores de todo o mundo os objetivos revolucionários e as experiências práticas com as quais eles podem defender-se ainda hoje contra o mundo do capital. Uma experiência viva em um mundo diferente. As diferentes camadas da burocracia soviética e da Europa de Leste, com o apoio das instituições globais do capital, transformaram a propriedade estatal soviética como propriedade potencialmente social em propriedade privada. Como as pessoas dizem, a "nova classe" roubou a propriedade estatal da forma em que Trotsky previu esta possibilidade em 1936. Porque ele pôde ver isso? Porque o socialismo como sistema social permaneceu incompleto.

O que aprendemos com a nossa fracassada experiência socialista? Em primeiro lugar, Lenin sublinhou muitas vezes que o socialismo não pode ser "introduzido"; depois da revolução socialista, é necessário todo um período histórico para "aprender" a prática e a cultura da democracia direta e do autogoverno, que é a principal função da economia mista do período de transição para o socialismo. Socialismo não é mercado. O socialismo é a satisfação das necessidades dos indivíduos e das comunidades segundo o trabalho baseado nas capacidades – sem a tutela do capital e do Estado.

Stalin e seus camaradas, e as elites do poder do período pós-Stalin, não compreenderam este núcleo do projeto socialista. Para eles, socialismo

---

[244] Professor de História da Rússia da Eötvös Loránd University of Sciences, de Budapeste, e um dos mais conhecidos intelectuais e ativistas políticos de seu país, autor de *Reconstruindo Lenin: uma Biografia Intelectual* (Boitempo).

significava "poder de Estado", o que Lenin criticou tão radicalmente no seu *O Estado e a Revolução*.

Quando Lenin postulou o seu próprio conceito de "três passos" no *Estado e a Revolução* – em que o socialismo, como a "fase inferior" do comunismo, é precedido por um "período de transição" – ele não poderia saber que a Revolução Russa seria deixada por conta própria. Como resultado, o socialismo teórico como projeto prático foi cancelado; o que foi realizado foi uma espécie de socialismo de Estado, na sua forma peculiarmente russa, algo que ele teria desejado ao máximo evitar.

Assim, as considerações teóricas e as possibilidades práticas entraram num conflito inevitável já no segundo dia da Revolução de Outubro. Afinal, todos os grandes conflitos e contradições estavam enraizados nesse fato, de uma forma ou de outra. Lenin estava consciente do fato de que o "atraso russo" (o desenvolvimento semiperiférico), que facilitou a causa da revolução, estava muito longe de apoiar a realização do socialismo.

A realização direta do socialismo foi transferida para um futuro distante, e foram feitas concessões ao sistema de economia de mercado. Como vemos Lenin sublinhar muitas vezes, o socialismo não pode ser "introduzido"; após a revolução socialista, é necessário todo um período histórico para "aprender" a prática da democracia direta e do autogoverno, que é a principal função da economia mista multissetorial do período de transição. Como o próprio Lenin disse após a introdução da *Nova Política Económica* (NEP): "Agora temos o direito de dizer que para nós o mero crescimento da cooperação... é idêntico ao crescimento do socialismo e, ao mesmo tempo, temos de admitir que houve uma modificação radical em toda a nossa visão do socialismo. A modificação radical é esta; antigamente colocávamos, e tínhamos de colocar, a ênfase principal na luta política, na revolução, na conquista do poder político, etc. Agora a ênfase está a mudar e a passar para o trabalho pacífico, organizacional e 'cultural'. Devo dizer que a ênfase está mudando para o trabalho educativo, não fossem as nossas relações internacionais, não fosse o fato de termos de lutar pela nossa posição à escala mundial".

Os anos 1928-1933 marcaram um ponto de viragem na história da NEP e na história do socialismo. O sistema económico multissetorial foi abolido com a "revolução de cima para baixo" de Stalin, e a viragem stalinista varreu – à par da instituição da propriedade privada – também as "ilhas de socialismo".

No entanto, ao nível da propaganda política, a realização do socialismo foi declarada como realizada na Constituição de 1936. Na realidade, porém, foi estabelecido um novo sistema social e económico, a que nos referimos como socialismo de Estado, cujo estudo é um tema importante para nós em todo o mundo.

No entanto, o trabalho da vida de Lenin continua a ser de enorme importância para os povos do mundo até à realização do socialismo, uma vez que não houve outra alternativa relevante ao capitalismo durante os últimos séculos. No entanto, por mais complicada que seja a história do socialismo de Estado, sua experiência mostra-nos que mesmo nesta forma houve importantes conquistas sociais e culturais para as classes subordinadas na Europa Oriental e na União Soviética. A principal lição ainda é que estas conquistas só podem ser duradouras se os trabalhadores assumirem a propriedade estatal sob o seu controle direto, através de suas próprias organizações.

O socialismo de Lenin visava mudar a sociedade e a política como um todo, porque ele sabia que qualquer abordagem parcial implicaria a possibilidade de regressão, de restauração. Ele, portanto, não tinha em alta conta uma política desprovida dos ideais do socialismo. Não existe "socialismo verde", nem "socialismo de minorias baseadas na identidade". Da mesma forma, Lenin não acreditava no "socialismo medieval", o que também se refletia na sua concepção de anticolonialismo: ele confiava apenas num verdadeiro movimento antiimperialista que olhasse para o futuro, que não representasse o mundo pré-moderno e supersticioso, mas o mundo do Iluminismo, o humanismo, o materialismo dialético, com o homem no centro e a emancipação da mulher/homem oprimido e da classe oprimida.

Entendemos que o socialismo-comunismo pelo qual Lenin lutou é uma oportunidade histórica contra a ordem mundial genocida do capitalismo, e a sua realização depende antes de tudo das classes subordinadas às quais pertencemos.

(Texto apresentado no Seminário on line *Lenin's Legacy 100 Years On*, organizado por *RedMed* e International Socialist Center Christian Rakovski, 21 de janeiro de 2024. São Petersburgo – Istambul – Atenas – Budapeste – São Paulo)

EM DEFESA DE LENIN

Darya Mitina[245]

É insuportável para mim saber que agora nos reunimos sem Alexander Vladimirovitch Buzgalin. Normalmente, ele se autodenominava marxista, mas era leninista ao mesmo tempo, é claro.

Este ano, 2024, é o centenário da morte de Vladimir Ilyich Lenin. Na verdade, todo o século desde a vitória do Grande Outubro de 1917 passou sob o signo de V. I. Lenin e do leninismo e, ao mesmo tempo, numa luta amarga contra eles pelas forças da reação global. Muitas vezes, estas comemorações pretendem despertar a memória de certas personalidades do passado que, embora tenham deixado a sua marca na história, há muito perderam a sua relevância para o presente. Tal destino se abateu sobre muitos heróis famosos daquela época; os nobres czaristas, os funcionários públicos, os líderes do partido da Duma e até mesmo todo o gabinete de ministros do Governo Provisório da Rússia pós-imperial; muitos dos contemporâneos de V. I. Lenin, mas não ele mesmo.

Após o recuo temporário do sistema de socialismo em todo o mundo e a vitória do contrarrevolucionário Outubro Negro de 1993 na própria Rússia, não houve um dia em que todas as correntes reacionárias, desde os liberais-fundamentalistas sem noção até aos francamente neonazistas, que se juntaram a eles com base no anticomunismo, não tentaram derrubar o legado ideológico e político de Lenin e até mesmo erradicar qualquer menção a ele. Da toponímia das localidades russas ao seu enterro histórico no coração da capital russa. Ao longo dos últimos trinta anos, dezenas de aventureiros e transeuntes políticos fizeram e continuam a fazer nomes duvidosos na ostensiva luta contra o mundialmente famoso Mausoléu de Lenin.

---

245 Darya Alexandrovna Mitina (Дарья Александровна Митина) é dirigente política, historiadora e crítica de cinema russa. É Secretária de Assuntos Internacionais e membro da Comissão Política do Partido Comunista Unificado da Rússia. Foi deputada da Duma do Estado na segunda convocação (1995-1999). Nas eleições para a Duma de 2016, foi candidata pelo partido *Comunistas da Rússia*. Primeira secretária do Comitê Central da Liga da Juventude Comunista Russa (*Komsomol*), sendo uma de suas fundadoras em 1993. Em maio-agosto de 2014, foi representante do Ministério das Relações Exteriores da República Popular de Donetsk na Rússia.

Ao mesmo tempo, as obras de Lenin e Marx ainda ocupam o primeiro lugar no mundo entre a literatura traduzida.

Na Rússia, em 1991, havia cerca de 7.000 monumentos a Lenin, hoje restam aproximadamente 6.000. O povo russo não sucumbiu à louca onda de descomunização que Yeltsin e os Yeltsinistas tentaram iniciar. Os monumentos foram preservados em quase todas as capitais ou regiões da Federação Russa, com exceção de Grozny (em Grozny, Lenin [seu monumento] foi demolido no início da década de 1990), na grande maioria dos centros regionais e em muitas cidades pequenas e municípios. Em Moscou, mais de 100 monumentos foram preservados, em São Petersburgo há mais de 50 monumentos a Lenin. Em 2020, por iniciativa do OKP, Partido Comunista Unificado da Rússia, o meu partido, foi criado um destacamento móvel para combater a descomunização. Conseguimos proteger vários monumentos a Lenin, Dzerzhinsky e outros revolucionários, da demolição em diversas cidades.

Nos últimos anos, vários monumentos a Lenin foram construídos graças ao esforço público de esquerda, graças aos comunistas, graças aos socialistas, superando a resistência das autoridades.

Mas não se trata apenas de uma questão de propaganda relacionada com monumentos. Na Rússia de hoje, as autoridades estão a fazer tudo o que podem para menosprezar o papel de Lenin, cobrir o mausoléu, distorcer a história da luta leninista e denegri-la. Sabemos que o presidente Putin repete regularmente a tese absolutamente falsa e anti-histórica de que Lenin "plantou uma bomba sob a Rússia", transformando assim o criador num destruidor, o unificador da terra num inimigo da sua integridade.

O recordista indiscutível certamente, em termos de degradação e extinção, é a antiga Ucrânia soviética, que se destacou no campo da descomunização total. Mas seria ingénuo pensar que esta última é uma exceção à regra. Em todas partes o vetor dominante segue a linha de negação de Lenin e do leninismo. As forças mais reacionárias ganham vantagem e as formas mais atrasadas de relações sociais triunfam. Como resultado, mesmo um quarto de século após a supressão violenta do projeto soviético, nenhuma das antigas repúblicas da URSS atingiu o nível de desenvolvimento de 1991.

É por isso que, quanto mais óbvio se torna para os contemporâneos o impasse histórico em que a humanidade se encontra face ao recuo do socialismo, mais se torna forte a campanha para denegrir a imagem luminosa de V. I. Lenin, um brilhante cientista materialista, um notável revolucionário criativo, fundador da um Estado fundamentalmente novo de maiorias, na forma da República Socialista Federativa Soviética Russa.

No que diz respeito à própria Rússia, tudo o que hoje acontece, a diferenciação social selvagem, o domínio da burocracia corrupta, o desrespeito por todas os fundamentos democráticos, incluindo os princípios federativos, é uma consequência direta da trágica apostasia. Este é o resultado do afastamento do nosso país do projeto fundamental de Lenin e do desmantelamento da República Socialista Federativa Soviética Russa. Na verdade, muitas das mais notórias "bombas atómicas" ou "minas" foram lançadas na fundação da atual Federação Russa. Mas não por V. I. Lenin e pelo projeto soviético, mas precisamente por aqueles que primeiro transformaram a maior república da URSS num apêndice colonial do mundo dos predadores capitalistas, e hoje, com a mesma obstinação tola, sonham com um "terceiro" e salvador caminho especial. Manter os despojos e permanecer na mesma linha com os mesmos predadores, mas apenas em pé de igualdade. No entanto, tal caminho é um beco sem saída e é profundamente hostil aos interesses da grande maioria, aos interesses da Rússia trabalhadora, da Rússia da classe trabalhadora.

Ao prestar homenagem à memória do líder imortal e professor de toda a humanidade e da classe trabalhadora, estamos convencidos de que o melhor monumento a Lenin, tanto há cem anos como agora, será o trabalho dos comunistas para popularizar o multifacetado conhecimento científico e prático de Lenin, um património, que continua a ser para nós uma comprovada referência ideológica e política. Não um dogma, mas um método científico eficaz que visa a reorganização revolucionária da realidade. A construção de uma nova realidade, da qual o próprio Vladimir Ilyich Lenin declarou providencialmente: "Se os trabalhadores e camponeses aprenderem, sentirem e virem que defendem o seu poder soviético, o poder dos trabalhadores, que defendem a causa cuja vitória a eles e seus filhos lhes permitirão desfrutar de todas as vantagens da cultura, de todas as criações do trabalho humano, esse povo nunca será derrotado"

Com Lenin e o leninismo triunfaremos!

(Transcrição da apresentação da autora no Seminário on line *Lenin's Legacy 100 Years On*, organizado por *RedMed* e International Socialist Center Christian Rakovski, 21 de janeiro de 2024. São Petersburgo – Istambul – Atenas – Budapeste – São Paulo)

LENIN PARA O FUTURO

Savas Mikhail-Matsas[246]

Queremos prestar homenagem a todos aqueles que heroicamente defenderam, contra todos os seus coveiros, e desenvolveram criativamente, o legado de Lenin nos últimos cem anos, tanto na União Soviética como em todo o mundo. Em particular, hoje, queremos prestar homenagem ao nosso camarada Alexander Vladimirovitch Buzgalin, um marxista internacionalmente conhecido, professor de Economia Política e de Estudos Marxistas na Universidade Estatal Lomonosov de Moscou, fundador do movimento e da revista *Alternativyi*, autor de muitos importantes livros e artigos, organizador de muitos eventos científicos, culturais e políticos de sucesso, na Rússia e internacionalmente. Dedicou toda a sua vida à investigação teórica e à luta política, especialmente no trágico período que se seguiu ao colapso da União Soviética, para defender o comunismo contra as deformações burocráticas e as calúnias burguesas, para promover o internacionalismo em ação, para desenvolver a herança de Lenin, para renovar um marxismo criativo, para educar uma nova geração jovem em direção dos caminhos da emancipação, rumo a um *Homo Novus Creator*.

Porquê regressar hoje a Lenin? Por que precisamos de redescobrir a sua contribuição teórica e política revolucionária agora, nos nossos tempos turbulentos? No bicentenário do nascimento de Marx, em 2018, notamos as reações de conhecidos porta-vozes da classe capitalista e da grande imprensa burguesa: o respeitável jornal burguês americano *New York Times*, em 30 de abril de 2018, publicou um artigo, com o alegre título: *Feliz aniversário, Karl Marx, você estava certo!*[247] Pouco depois, em 4 de maio de 2018, a voz da City de Londres, o igualmente respeitável e burguês *Financial Times*, apresentou

---

246 Médico oncologista, Doutor em Filosofia, ex dirigente da Cooordenação pela Refundação da IV Internacional, dirigente do EEK (Εργατικό Επαναστατικό Κόμμα), Partido Operário Revolucionário, da Grécia.
247 Jason Barker. Happy birthday, Karl Marx, you were right! *New York Times*, 30 de abril de 2018.

uma resenha literária do historiador económico Adam Tooze, sob a impressionante manchete: "Porque Karl Marx é mais relevante do que nunca".[248] Nada semelhante pôde ser notado hoje, no centenário da morte de Lenin. Por que?

O reconhecimento de Marx por parte dos seus oponentes foi causado pela erupção, em 2008, de uma crise capitalista global explosiva, inesperada para eles, ainda em curso, e que está a espiralar sem solução até agora. Eles têm de voltar-se para Marx, com horror, devido à total incapacidade da economia burguesa para explicar a crise. Têm de admitir que "não pode explicar o passado – a falta de prognóstico da crise global de 2007 e a falta de compreensão das suas causas mais profundas; também não consegue compreender o presente – porque a crise continua não resolvida, apesar das medidas extraordinárias e heterodoxas de gigantescos pacotes de estímulo, flexibilização quantitativa e taxas de juro quase nulas, tomadas pelos bancos centrais e pelos governos; e, por último, mas não menos importante, talvez não consigam ver o futuro, embora sinais sinistros já apareçam no horizonte".[249] Como escreveu um deles, Chris Giles: "O futuro é incerto. O presente é incerto. O passado é incerto".[250]

Nestas condições de falência teórica, impasse epistemológico e desorientação generalizada, economistas liberais como Nouriel Roubini podem "concordar em que a convicção de Marx de que o capitalismo tem uma tendência inerente para se autodestruir permanece tão presciente como sempre". A classe dominante, os seus grupos de reflexão, analistas e apologistas, podem concordar em que a destruição do capitalismo, até mesmo o fim do mundo, é possível – mas nunca uma revolução socialista vitoriosa! E Lenin está insoluvelmente ligado precisamente à vitoriosa Revolução de Outubro. Para piorar a situação, o próprio líder bolchevique caracterizou esse evento como o início de uma revolução socialista mundial, uma perspectiva histórica e um futuro horrível para todos os governantes do mundo atual.

A grande maioria deles tenta consolar-se pensando que Lenin foi enterrado para sempre em 1991 sob as ruínas da desintegração da União Soviética. Concluem, consequentemente, que, juntamente com Lenin, foi enterrada a ameaça, surgida em 1917, de uma evolução revolucionária do capitalismo mundial. Este pensamento positivo dominante provou ser uma ilusão. Terminou

---

248 Adam Tooze. Why Karl Marx is more relevant than ever, *Financial Times*, 4 de maio de 2018.
249 Savvas Matsas. Karl Marx and the future, *Critique* 47:1, Londres, 2019.
250 Chris Giles. Has economics failed? *Financial Times*, 23 de abril de 2018.

juntamente com a falacia de Fukuyama do "fim da história", da "vitória final e completa do capitalismo liberal", e com a desilusão de um "momento monopolar", de um "Império mundial" governado pelos EUA. Contrariamente às expectativas burguesas, a história acelerou a sua marcha, o capitalismo liberal mergulhou numa crise global prolongada e crescente, o declínio do capitalismo americano e da sua hegemonia mundial manifesta-se de formas cada vez mais brutais, intensificando o seu impulso para guerras imperialistas. A guerra é a continuação e extensão, com outros meios. de uma política desesperada para contrariar o declínio e a queda de um sistema social historicamente ultrapassado.

Se tudo estava historicamente resolvido para os EUA e para o capitalismo global com a catástrofe da URSS, por que eles precisam completar o desastre de 1991 com uma guerra por procuração da OTAN, na Ucrânia, para fragmentar, colonizar e governar sob regimes fantoches o antigo espaço soviético, a Rússia pós-soviética e, neste caminho de guerra, a China? Será acidental que o imperialismo EUA/OTAN considere como objetivos estratégicos primários e necessidade urgente atacar a Rússia e a China, dois países onde ocorreram as maiores revoluções sociais do século XX? Porque sua absorção num capitalismo global decadente produz e necessita do impulso para uma guerra mundial catastrófica? Estarão eles simplesmente com medo da concorrência de outro rival dentro dos limites do seu sistema mundial em declínio ou estão aterrorizados com a possibilidade de uma reversão do desastre de 1991? Com guerras no coração da Europa e no Médio Oriente, dezenas de outros conflitos militares no Sul Global, o declínio do capitalismo americano e global, o imperialismo, tal como Lenin analisou profundamente em sua natureza, coloca a humanidade à beira do abismo de um holocausto nuclear. Eles têm menos medo de um fim do mundo do que de um novo "momento Lenin"?

Nas condições de uma crise capitalista global insolúvel que pode se transformar numa catástrofe de guerra imperialista mundial, o trabalho teórico de Lenin sobre o imperialismo adquire uma atualidade ardente. Após a eclosão da Primeira Guerra Mundial, o desenvolvimento da barbárie na Europa e o colapso da esquerda socialista internacional, a luta de Lenin, muitas vezes na solidão ou no meio de uma pequena minoria, representa o período mais dramático, mas também o mais criativo da sua vida revolucionária. Foi absolutamente vital para preparar, rearmar politicamente e liderar, juntamente com

Trotsky, o partido bolchevique à frente das massas organizadas em sovietes para o triunfo da Revolução de Outubro de 1917. A ascensão de uma nova subjetividade revolucionária não foi um processo automático nem linear. O caminho para o poder soviético estava cheio de obstáculos, armadilhas, conflitos, cisões, perigos contrarrevolucionários mortais, repressão da vanguarda da classe trabalhadora, realinhamento e reorientação das forças revolucionárias dentro e fora dos bolcheviques. Sem um salto na teoria revolucionária, não seria possível um salto tão tremendo na prática revolucionária.

Trotsky fez, na sua autobiografia, a seguinte avaliação profunda, meditando sobre a vitória do poder soviético em 1917: "O marxismo considera-se a expressão consciente do processo histórico inconsciente. Mas o processo 'inconsciente', no sentido histórico-filosófico do termo e não no psicológico, coincide com a sua expressão consciente apenas no seu ponto mais alto, quando as massas, por pura pressão elementar, rompem a rotina social e dão expressão vitoriosa às necessidades mais profundas do desenvolvimento histórico. Nesses momentos a mais elevada consciência teórica da época funde-se com a ação imediata das massas oprimidas que estão mais distantes da teoria. A união criativa do consciente com o inconsciente é o que normalmente chamamos de 'inspiração'. A revolução é o frenesi inspirado da história".[251]

Desde a eclosão da Grande Guerra e a capitulação da Segunda Internacional, Lenin teve de compreender a natureza histórica específica do imperialismo. Nessa compreensão materialista científica, histórico-dialética, ele concebeu claramente todo o campo de forças do cenário histórico mundial. A guerra imperialista não foi apenas um confronto entre as grandes potências, um conflito militar entre Estados. Envolveu também massas populares, forças de classe com interesses objetivamente inconciliáveis na luta de classes. Nesta base, Lenin desenvolveu a linha de transformação da guerra mundial imperialista numa revolução socialista internacional. Finalmente, com esta linha internacionalista como bússola, ele conseguiu tornar os bolcheviques e os sovietes de trabalhadores, camponeses e soldados em organizações capazes de transformar uma catástrofe bélica no triunfo da revolução socialista na Rússia. O programa revolucionário não era uma lista de exigências dada e fixa, mas um guia de ação teoricamente elaborado do ponto de vista da mais elevada análise

---

251 Leon Trotsky. *Ma Vie*. Paris, Gallimard, 1973, capítulo XX.

quantitativa e qualitativa da realidade em mudança. Sem dialética histórica materialista, não há programa revolucionário de combate.

Após o choque inicial em 1914, o primeiro passo crucial de Lenin foi uma reelaboração decisiva, original e profunda da dialética materialista, por meio de um estudo detalhado da *Ciência da Lógica* de Hegel, bem como de um vasto campo filosófico desde a Antiguidade e Aristóteles até os filósofos de os tempos modernos e o início do século XX. Os *Cadernos Filosóficos* de Lenin são um testemunho único do seu laboratório teórico e um documento vital da sua ruptura metodológica com o chamado "marxismo ortodoxo" da Segunda Internacional, com os fundamentos teóricos do seu oportunismo reformista. O intenso trabalho filosófico-metodológico de Lenin e sua ruptura com o pensamento mecânico e o gradualismo linear penetram e marcam todos os seus escritos sobre o imperialismo, centro de gravidade político da sua investigação e atividade durante a Grande Guerra. O seu pequeno livro *Imperialismo, a Fase Superior do Capitalismo*, com o modesto subtítulo *Um Ensaio Popular*, apresenta, sob condições de censura, de forma condensada, os principais resultados de um imenso trabalho teórico. Baseia-se numa montanha de fatos empíricos e num estudo crítico dos principais debates sobre o imperialismo desse período, particularmente a partir das obras de Hobson e Hilferding. Este incansável trabalho crítico pode ser visto nos seus volumosos *Cadernos sobre o Imperialismo*.

Nesses *Cadernos* não faltam evidências de sua contínua atenção à filosofia, com referências constantes à dialética, suas categorias e conceitos, até mesmo uma nota interessante sobre a *Fenomenologia do Espírito* de Hegel. O folheto sobre o *Imperialismo, Fase Superior do Capitalismo* tem de ser cuidadosamente estudado em conexão e dentro deste quadro epistemológico mais amplo. Qualquer separação eclética de uma citação específica de todo o contexto da investigação e exposição materialista histórico-dialética tem implicações políticas desastrosas.

Um exemplo típico, repetido *ad nauseam*, é o uso indevido da definição de imperialismo de Lenin por meio de cinco características econômicas básicas, mais frequentemente citadas do que compreendidas: (1) a concentração da produção e do capital desenvolveu-se a um nível tão elevado que criou monopólios que desempenham um papel um papel decisivo na vida econômica; (2) a fusão do capital bancário com o capital industrial e a criação, com base neste "capital financeiro", de uma oligarquia financeira; (3) a exportação de capitais, distinta da exportação de mercadorias, adquire uma importância excepcional; (4) a formação de associações capitalistas monopolistas internacionais que partilham o mundo entre si e (5) a divisão territorial do mundo inteiro entre as maiores potências capitalistas está concluída. O imperialismo é o capitalismo no estágio de desenvolvimento em que o domínio dos monopólios e do capital financeiro é estabelecido; em que a exportação de capitais adquiriu pronunciada importância; em que começou a divisão do mundo entre os trustes internacionais, em que se completou a divisão de todos os territórios do globo entre as maiores potências capitalistas.[252]

Essa definição é retirada do contexto e reduzida a uma fórmula abstrata e morta, a ser imposta artificialmente a toda formação social concreta, viva e específica no desenvolvimento histórico mundial desigual e combinado. A dialética entre o universal, o particular e o singular, desaparece. Desta forma distorcida, as advertências do próprio Lenin são ignoradas. Pouco antes da definição do imperialismo em cinco traços básicos, ele alerta sobre "o valor condicional e relativo de todas as definições em geral, que nunca pode abarcar todas as concatenações de um fenómeno em seu pleno desenvolvimento". Imediatamente após a definição, Lenin salienta: "...O imperialismo pode e deve ser definido de forma diferente se tivermos em mente não apenas os conceitos básicos, puramente económicos – aos quais a definição acima se limita – mas também o lugar histórico desta fase do capitalismo em relação ao capitalismo em geral, ou a relação entre o imperialismo e as duas principais tendências do movimento da classe trabalhadora" – nomeadamente a tendência oportunista e a revolucionária.

A tendência oportunista dos nossos dias, por vezes afirmando ser até "leninista", aplica arbitrariamente a definição de cinco pontos para declarar a Rússia e a China como países imperialistas para legitimar a sua posição "equidistante" na guerra por procuração EUA/OTAN na Ucrânia ou no antagonismo agressivo e imperialista dos EUA contra a China. Noutras versões, o mesmo método de justificação formal de uma política reaccionária de "manter distâncias iguais", ao mesmo tempo que usa Lenin contra Lenin, utiliza o pseudoconceito de "subimperialismo" ou de "imperialismo periférico" ou de "capitalismo em transição para o imperialismo" para descrever os conflitos

---

[252] V. I. Lenin. *Imperialism, the Highest Stage of Capitalism*. Nova York, Martino Fine Books, 2011 [1916]. Capítulo VII: "Imperialism as a special stage of capitalism".

entre o Norte Global e o Sul Global. Estes pseudo-conceitos ignoram e/ou rejeitam totalmente a abordagem central de Lenin sobre a natureza histórica do imperialismo: a sua análise e reconhecimento como uma época de transição de um capitalismo "decadente", "parasitário", "podre", "agonizante" – os adjetivos são de Lenin – para o socialismo. Esta transição para um modo de produção social superior, para além do capitalismo, para uma nova forma superior de vida social, para além da forma fetichista do capital, pode começar num ou em vários países, mas só pode ser concluída à escala mundial. Existe a necessidade objetiva de uma revolução mundial permanente, decorrente precisamente da natureza da época de transição do próprio imperialismo, que impede que a conclusão de uma transição mundial seja realizada isoladamente num único país.

Em *Imperialismo, Fase Superior do Capitalismo*, os dois capítulos finais, o capítulo VII (o imperialismo como uma fase especial do capitalismo) e o capítulo VIII (parasitismo e decadência do capitalismo) tornam cristalina a natureza da época imperialista. É por isso que esses dois capítulos específicos são ignorados ou rejeitados como "errados" ou "obsoletos". Sempre, fases "novas", sempre "mais elevadas" de um capitalismo permanentemente renovado são descobertas pelos apologistas do status quo. *Plus ça change, plus c'est la meme chose*. Só pode haver um Eterno Retorno do mesmo capitalismo imortal em diferentes formas. As implicações políticas de tais pressupostos impressionistas são imensas para o presente e para o futuro. "O passado é incerto. O presente é incerto. O futuro é incerto", como admite a ideologia burguesa dominante. Nenhuma orientação é possível, ou mesmo necessária. A única conclusão permitida nada mais é do que o velho sofisma de Thatcher: Não existe alternativa – TINA (*There is not Alternative*).

Sem dúvida, muitas e grandes mudanças ocorreram durante os cem anos desde a morte de Lenin. Uma época de transição é precisamente um processo histórico de mudanças constantes e bruscas. Não uma evolução suave de progresso gradual "de diminuição e aumento", mas de "luta de opostos",[253] de desdobramento de contradições e transformação para o oposto, saltos em frente e regressões, reviravoltas inesperadas de longas sequências de calma e estagnação para explosões vulcânicas, de guerras, revoluções e contrarrevoluções.

---

253 V.I. Lenin. Philosophical notebooks. *Completed Works*. Moscou, Progress, 1972, vol. 38.

Uma época de declínio histórico, salientou Hegel, é a expressão negatva da emergência de um princípio superior de organização social. Na época atual, o capitalismo em declínio é a sua fase histórica especial "quando", escreve Lenin, "as características da época de a transição do capitalismo para um sistema social e económico superior tomou forma e revelou-se em todas as esferas". Este é o ponto essencial da análise de Lenin: o imperialismo não é uma política expansionista, mas a fase histórica de um capitalismo parasitário, decadente e agonizante. É uma época de transição para a reorganização socialista superior da sociedade; um processo não linear de transformação em direção de uma sociedade comunista, o reino da liberdade. Este é o ponto central ignorado e/ou rejeitado por todos os inventores de novas "etapas pós-imperialistas".

A esse ponto essencial está vinculado outro: a transição para além do capitalismo não é, como no passado, uma transição de uma forma de sociedade de classes para outra forma de sociedade de classes. É toda uma época histórica de transição de uma sociedade de classes para uma sociedade sem classes, o comunismo mundial. Não é uma evolução linear automática, necessita de uma revolução socialista mundial. O papel da subjetividade revolucionária torna-se imenso, preponderante. Para conduzir a transição, é necessária a participação consciente da classe trabalhadora como classe universal, que não pode emancipar-se sem liderar uma emancipação humana universal de todas as formas de exploração e opressão. Para cumprir a sua tarefa histórica, a classe trabalhadora tem de ser organizada nos seus próprios órgãos independentes de luta de massas e de poder político, antes de mais nada, ser organizada em partidos de combate revolucionários e de uma Internacional revolucionária. Aqui, neste ponto central. palpita o coração vivo do legado de Lenin.

Não pertence a um passado remoto, mas a um futuro aberto e necessário. O futuro está aberto, não predeterminado. O seu resultado depende da luta viva das forças vivas a nível nacional e internacional. É necessário porque surge de contradições e tendências objetivas. O dilema histórico que se coloca hoje a uma humanidade que luta no meio da atual crise capitalista global, produzindo condições de destruição social sem precedentes, catástrofe climática, guerra mundial, incluindo um holocausto nuclear, não se limita, como no passado, à alternativa "socialismo ou barbárie". É socialismo ou não há futuro.

(Texto apresentado no Seminário on line *Lenin's Legacy 100 Years On*, organizado por *RedMed* e International Socialist Center Christian Rakovski, 21 de janeiro de 2024. São Petersburgo – Istambul – Atenas – Budapeste – São Paulo)

Impresso na Prime Graph
em papel offset 75 g/m²
fonte utilizada adobe caslon pro
março / 2024